W0345676

manuel des études littéraires françaises

XVIIIe siècle

Frontispice de l'Encyclopédie.
Gravure de Cochin fils. (B. N. Imp.)

P.-G. CASTEX

Membre de l'Institut,
Ancien élève
de l'École Normale Supérieure
Professeur à La Sorbonne

P. SURER

Agrégé des Lettres
Maître assistant
à La Sorbonne

manuel des études littéraires françaises

XVIIIe siècle

Hachette, 79, Bd St-Germain, Paris

© HACHETTE 1966.

La loi du 11 mars 1957 n'autorisant, aux termes des alinéas 2 et 3 de l'article 41, d'une part que les « copies ou reproductions strictement réservées à l'usage privé du copiste et non destinées à une utilisation collective », et, d'autre part, que les analyses et les courtes citations dans un but d'exemple et d'illustration « toute représentation ou reproduction intégrale ou partielle, faite sans le consentement de l'auteur ou de ses ayants droit ou ayants cause est illicite » (alinéa 1 de l'article 40). Cette représentation ou reproduction, par quelque procédé que ce soit, constituerait donc une contrefaçon sanctionnée par les articles 425 et suivants du Code pénal.

I.S.B.N. 2.01.000663.1.

P R É F A C E

Ce manuel des études littéraires françaises est destiné aux élèves des lycées et collèges, des écoles normales et des établissements qui préparent au Baccalauréat de l'enseignement secondaire. Il rendra aussi des services, après le Baccalauréat, aux élèves des classes supérieures des lycées et aux étudiants des Universités.

Il comporte trois éléments :

- *une histoire de la littérature française*
- *un choix de textes commentés*
- *des sujets de composition française.*

L'histoire de la littérature, qui est la partie essentielle de l'ouvrage, répond à deux exigences.

Une exigence de renouvellement.

Nous avons voulu restituer aussi strictement que possible, dans le mouvement de chaque chapitre comme dans l'économie générale de l'exposé, le seul ordre qui ne fût pas arbitraire : l'ordre chronologique. De nombreux manuels isolent en deux développements distincts la vie et l'œuvre des écrivains. Nous rompons avec cette tradition, au moins en ce qui concerne les auteurs de première importance. Nous esquissons leur évolution dans une analyse qui suit à la fois les étapes de leur existence et les moments de leur création littéraire : ainsi, chacun de leurs ouvrages essentiels est présenté à sa date, en relation avec les données de la biographie qui peuvent en expliquer la genèse, et c'est seulement au terme de cette analyse que nous regroupons, en une sorte de synthèse, les aspects principaux de leur génie ou de leur talent.

Nous avons mis notre exposé au courant des travaux les plus récents. L'érudition moderne a profondément modifié l'opinion qu'on pouvait se faire au siècle dernier, ou parfois même il y a seulement vingt ans, sur tel grand écrivain ou telle grande période. Ainsi pour les chansons de geste : « si Joseph Bédier, dans son célèbre ouvrage « Les Légendes épiques », a détruit d'anciennes erreurs, quelques-unes de ses conclusions ne sauraient plus être acceptées sans réserves. Ainsi pour la période du XVIIe siècle qui précède la grande génération classique : les études contemporaines sur le mouvement libertin, sur l'esprit précieux, sur l'art baroque, permettent aujourd'hui de la définir d'une façon positive; nous ne pouvons voir dans les écrivains de ce temps qui n'ont pas accepté d'emblée la discipline de Malherbe des attardés ou des égarés. A propos de nos plus grandes gloires même, que de légendes ont été ruinées! Corneille, La Fontaine, Boileau, Rousseau, Balzac apparaissent sous un nouvel éclairage.

Nous avons également tenu compte de l'évolution du goût. L'histoire littéraire se renouvelle constamment; chaque génération revise et modifie les jugements de celle qui l'a précédée; s'il importe de ne jamais céder aux caprices de la mode, il n'est pas permis d'entretenir, par un respect superstitieux de la tradition, des préjugés évidents. Le recul qui manquait encore au début de ce siècle nous permet de mieux discerner aujourd'hui les tendances principales de notre poésie depuis Baudelaire; nous avons jugé indispensable d'indiquer aux élèves l'importance réelle d'un Verlaine, d'un Rimbaud, d'un Mallarmé, d'un Apollinaire et du mouvement surréaliste. Même pour les écrivains plus anciens, un reclassement s'impose : Agrippa d'Aubigné, Nodier, Nerval, d'autres encore ont été longtemps méconnus : nous leur avons donné leur place. Nous consacrons enfin un chapitre au cinéma.

Une exigence de netteté.

Nous avons apporté un soin particulier à la charpente de l'exposé. Nous nous sommes proposé de donner aux élèves des cadres très nets, afin de leur faire bien saisir la continuité de l'évolution littéraire, les caractères généraux de chaque période, les tendances dominantes des principales écoles, les intentions maîtresses des grands écrivains. Pour réaliser ce dessein, nous avons, cela va sans dire, renoncé à toute érudition, et nous avons omis jusqu'au nom de certains auteurs secondaires, plutôt que de procéder à de vaines énumérations.

Nous avons attaché une grande importance à la mise en pages et à la disposition typographique, qui tendent à mettre en valeur les faits majeurs et les idées importantes. Des tableaux rappellent les dates principales, marquent la relation entre les événements historiques et les événements littéraires ou illustrent certains développements délicats : nous avons figuré les étapes de la formation de la

langue française, les diverses attitudes des théologiens en face du problème de la Grâce, la classification des gouvernements proposée par Montesquieu, la structure d'un roman balzacien.
Enfin, nous avons établi pour les plus grands écrivains, de François Villon à Albert Camus, des schémas qui donnent une vision d'ensemble de leur vie et de leur œuvre. Le schéma comporte un ou plusieurs cercles, où sont indiqués les événements capitaux, les crises décisives qui jalonnent l'existence de chaque écrivain : ainsi, pour Mme de Sévigné la séparation d'avec sa fille, qui est à l'origine de ses plus belles lettres; pour Victor Hugo, le deuil, puis l'exil, qui mûrissent son génie. Ces cercles coupent une flèche où s'inscrivent les grandes divisions de l'étude chronologique et au-dessus de laquelle on trouvera l'indication des œuvres principales et de leur caractère essentiel. Ces schémas, examinés avant toute étude, permettent aux élèves de prendre un premier contact avec l'auteur; consultés au cours de l'étude, ils l'orientent et en soulignent le plan; revus après l'étude, ils en fixent les cadres dans la mémoire.

Nous avons ajouté à la plupart des chapitres une ou deux textes commentés; ainsi, l'élève retrouve à propos d'exemples concrets les notions qui lui ont été données et s'initie en même temps à la pratique de l'explication de textes. Chaque fragment est suivi dans son développement et dans sa continuité, et l'étude de la forme n'est pas séparée de l'étude du fond.

Enfin, des sujets de composition française invitent l'élève à mettre en œuvre les connaissances acquises et à exercer son jugement. Certains de ces sujets ont été proposés à des examens; d'autres sont inédits et donnent à réfléchir sur des opinions formulées, non seulement par les critiques traditionnels, mais par des écrivains ou essayistes contemporains. A côté des sujets de dissertations, qui sont les plus nombreux, figurent des sujets de lettres, de dialogues et de narrations; nous avons mis l'accent sur ces derniers genres pour la partie de l'ouvrage consacrée au Moyen Age.

Nous avons indiqué à la fin de chaque chapitre quelques ouvrages à consulter. Nous ne pouvions dresser une bibliographie véritable : nous avons seulement rappelé, à propos de chaque écrivain, les travaux qui font autorité, et signalé quelques études récentes.

Castex et Surer.

VUE GÉNÉRALE

LE SIÈCLE DES PHILOSOPHES

D'une manière générale, on désigne sous le nom de philosophe tout homme qui réfléchit sur les grands problèmes métaphysiques (origine, nature, destinée du monde ou des êtres vivants) et qui cherche à les résoudre en un système universel. Cependant, au temps de Montesquieu, de Diderot et de Voltaire, le terme a pris une valeur particulière. Beaucoup de ceux qu'on appelle philosophes condamnent la métaphysique et pensent qu'il est vain de méditer sur l'inconnaissable; tous, en revanche, s'intéressent aux questions d'ordre politique, social, moral ou religieux dont dépend le bonheur de l'homme sur la terre. Ces questions, ils prétendent les examiner par eux-mêmes, en faisant abstraction de tous les préjugés. « Le philosophe, lit-on dans l'*Encyclopédie*, n'admet rien sans preuve; il n'acquiesce point à des notions trompeuses; il pose exactement les limites du certain, du probable et du douteux. » Ainsi, les philosophes s'insurgent, dans tous les domaines, contre le principe d'autorité, déjà dénoncé au siècle précédent par Descartes et par les libertins; ils bousculent les opinions les plus répandues, les traditions les mieux assises. Ils opèrent une révolution dans les esprits qui précède la grande révolution dans les institutions et dans les mœurs.

I Les progrès de l'esprit philosophique et la fidélité au goût classique (1715-1750)

Pendant la première moitié du XVIIIe siècle, l'esprit philosophique profite, pour s'affirmer, de la faiblesse du gouvernement; mais les écrivains les plus hardis dans leur critique sociale demeurent en littérature fidèles au goût classique.

L'AFFAISSEMENT DE L'AUTORITÉ

Dès la mort de Louis XIV, la crise d'autorité à laquelle succombera le régime est virtuellement ouverte. Le duc d'Orléans, nommé régent, relâche la vigilance de la censure et de la police. Louis XV réagit; mais il ne peut étouffer l'expression des mécontentements que provoque sa politique décevante, surtout après la mort du cardinal Fleury, qui le prive d'un serviteur habile et d'un bon conseiller. Ce mécontentement est porté à son comble, en 1748, lorsque le Roi, après une guerre victorieuse contre Marie-Thérèse d'Autriche, signe le traité d'Aix-la-Chapelle et achète une paix d'ailleurs précaire par l'abandon de toutes ses conquêtes. Cette crise laisse le champ libre aux novateurs, dont les idées trouvent dans l'opinion publique une audience de plus en plus large.

LES PRINCIPES DE LA PHILOSOPHIE

L'esprit d'examen. *A la foi traditionnelle, les philosophes substituent, comme principes de connaissance, la raison et l'expérience.* Descartes leur a appris à discerner la vérité de l'erreur par l'exercice de la réflexion logique; Spinoza leur a proposé en exemple une critique de la révélation; les empiristes anglais, Locke en particulier, contribuent à leur donner le goût des faits positifs.

L'esprit scientifique. *Ainsi tend à se substituer au prestige de la religion le prestige de la science humaine.* Le système de Newton suscite de grandes curiosités dans le public cultivé, gagne des sympathies de plus en plus nombreuses dans le monde savant et finit par s'imposer aux dépens de l'ancienne physique, imbue de préjugés. Dans les Académies de province et même chez les particuliers, expériences et recherches de laboratoire se multiplient. En même temps progresse l'érudition historique et archéologique.

L'esprit cosmopolite. *En outre, une vive curiosité se répand pour les institutions et pour les mœurs des pays étrangers.* Les échanges internationaux se développent; les voyageurs deviennent de plus en plus nombreux. L'Angleterre connaît une faveur particulière : des comparaisons souvent cruelles pour l'amour-propre national s'établissent entre les institutions françaises et anglaises.

LES TRADITIONS DE LA LITTÉRATURE

En matière d'art, cependant, les grands classiques demeurent des modèles respectés. Un Saint-Simon ne leur doit rien, sans doute; mais son exemple est unique. Les genres consacrés, tragédie, comédie, roman, sont encore cultivés par de nombreux écrivains, qui, en les renouvelant, contribuent avec plus ou moins de bonheur à les sauver : le théâtre de Marivaux, si original qu'il soit, est une exquise réussite classique. Quant aux ouvrages philosophiques de Montesquieu et de Voltaire, ils s'imposent par une lucidité de pensée et par une clarté d'expression qui sont également conformes au génie du classicisme.

Louis XV enfant.
Médaille commémorative du sacre.

II Les conquêtes de l'esprit philosophique et l'éclosion de la sensibilité romantique (1750-1795)

A partir de 1750 environ, les philosophes, qui disposent d'une liberté de plus en plus grande, attaquent le pouvoir royal et dénoncent la corruption des mœurs avec une violence sans cesse accrue; ils préparent, sans en prendre clairement conscience, une révolution politique et sociale. Une réaction naît cependant contre la sécheresse de leur rationalisme, au nom d'exigences sentimentales ou mystiques; ainsi s'annonce, à plus longue échéance, une révolution littéraire.

L'EFFONDREMENT DE L'AUTORITÉ

Les erreurs répétées de la politique royale précipitent la ruine du régime. Sous Louis XV, les désastres militaires et diplomatiques s'accumulent : la France est vaincue par Frédéric II dans la guerre de Sept Ans; elle abandonne à l'Angleterre l'Inde et le Canada. Sous Louis XVI, malgré les efforts clairvoyants d'un Turgot, la monarchie achève de se discréditer; le Roi, isolé du peuple, se laisse compromettre et manœuvrer par les privilégiés; il ne peut enrayer l'opposition systématique des Parlements, ni surtout la terrible crise financière qui sera la cause prochaine de la Révolution.

LES AUDACES DE LA PHILOSOPHIE

Hardiesse de la réflexion métaphysique. *Les philosophes battent en brèche les anciens systèmes.* Condillac fait dériver de la sensation toute l'activité de l'esprit. Plus hardis encore, d'Holbach, La Mettrie, Diderot nient l'existence de l'âme, voient dans la pensée une faculté organique et fondent le matérialisme moderne. En même temps que rayonne la croyance en un déterminisme universel se trouve mis en cause le postulat de la liberté psychologique sur lequel reposait la morale traditionnelle; des morales purement humaines se répandent, fondées sur une exigence d'équilibre social ou de bonheur.

Violence de la critique antireligieuse. *Les dogmes de la foi révélée subissent les attaques d'une exégèse malveillante.* Les mystères sont ouvertement dénoncés comme des fables absurdes, et les miracles comme des impostures. Aux enseignements de l'Église, les philosophes opposent tantôt un déisme vague, tantôt un athéisme déclaré.

Envahissement des influences étrangères. *L'esprit cosmopolite gagne sans cesse du terrain.* L'Angleterre demeure à la mode. La Prusse de Frédéric II attire un moment Voltaire; la Russie de Catherine II séduit Diderot; tous deux croient qu'un prince sage pourrait éviter l'arbitraire, sans cesser d'être maître souverain, en suivant les conseils éclairés d'un ministre philosophe.

LE RENOUVELLEMENT DE LA LITTÉRATURE

Dans les œuvres littéraires, les tendances philosophiques s'accusent. Voltaire, à partir de 1760, exerce une véritable royauté intellectuelle; il dénonce inlassablement les abus de la justice, les excès du fanatisme religieux. Diderot entreprend de publier l'*Encyclopédie* qui, au nom de la raison et de la science, combat les croyances traditionnelles. Rousseau, que ses tendances mystiques opposent aux autres philosophes, se montre particulièrement hardi dans sa critique politique et sociale; il pose le principe de la souveraineté populaire. Beaumarchais campe dans deux comédies un personnage de valet qui fait figure de tribun. André Chénier lui-même, dont les idylles marquent un retour à l'antiquité grecque, rêve de composer une grande épopée à la gloire du génie moderne. *Cependant, le goût littéraire se transforme.* Le public français commence à se lasser des analyses un peu sèches auxquelles se plaisent encore les philosophes. Il accueille avec faveur les œuvres étrangères qui répondent à son besoin d'émotion ou de mystère : les romans anglais de Richardson, les poésies anglaises de Gray, de Young; les poésies irlandaises de Macpherson, attribuées au barde Ossian; la *Messiade* de Klopstock; le *Werther* de Gœthe. Ce même public est reconnaissant à Buffon de lui révéler la majesté de la nature, à Diderot de lui découvrir la vertu rayonnante de l'enthousiasme, à Rousseau surtout de mettre en honneur les délires de l'imagination et les délices du sentiment. Ainsi s'éveille peu à peu l'état d'âme qui trouvera sa complète expression dans le mouvement préromantique et romantique.

OUVRAGES A CONSULTER

J. Ehrard. *Littérature française. Le XVIIIème siècle, I* (1720-1750). R. Mauzi et S. Menant. *Littérature française. Le XVIIIème siècle, II* (1750-1778). B. Didier. *Littérature française. Le XVIIIème siècle, III* (1778-1820). Arthaud, 1975.

A. Adam. *Le Mouvement philosophique dans la première moitié du XVIIIème siècle*, Sedes, 1967. E. Cassirer. *La Philosophie des Lumières*, trad. franc., Fayard, 1966. J.-M. Goulemot et M. Launay. *Le Siècle des Lumières*, Seuil, 1968. J. Dagen. *L'Histoire de l'esprit humain dans la littérature française de Fontenelle à Condorcet*, Klincksieck, 1977.

P. Trahard. *Les Maîtres de la sensibilité française au XVIIIème siècle*, 4 vol., Boivin, 1931-1933. J. Ehrard. *L'Idée de Nature en France dans la première moitié du XVIIIème siècle*, 2 vol., S.E.V.P.E.N. 1964. R. Mauzi. *L'Idée du bonheur au XVIIIème siècle*, A. Colin, 1960.

La duchesse du Maine. Portrait par Largillière.

PREMIÈRE PARTIE

LES PROGRÈS DE L'ESPRIT PHILOSOPHIQUE

CHAPITRE PREMIER

Les transformations de la vie sociale

Au début du XVIIIe siècle, la diffusion des idées nouvelles est favorisée par les transformations de la vie sociale. Tandis qu'à Paris et même en province la vie de société se développe grâce à la prospérité économique, le prestige de Versailles décline. Les hommes de lettres désertent de plus en plus la Cour et, désormais affranchis de toute sujétion, aspirent à vivre de leur plume; ils travaillent dans l'agitation du monde et pénètrent partout où l'on peut discuter. Au Club de l'Entresol et dans les cafés à la mode, comme le café Procope, ils discutent librement les problèmes du jour. L'idéal nouveau commence à pénétrer dans les salons : si l'on ne songe guère qu'à se divertir chez la duchesse du Maine, chez Mme de Lambert on prend parti, en littérature, pour l'esprit moderne; chez Mme de Tencin, on intrigue et on prépare la lutte philosophique.

1695	Ouverture du café Procope.	**1699-1753**	Salon de la duchesse du Maine.
1720-1731	Activité du Club de l'Entresol.	**1710-1733**	Salon de Mme de Lambert.
		1726-1749	Salon de Mme de Tencin.

I L'ÉVOLUTION DES MŒURS

Le goût du plaisir et le goût du luxe caractérisent essentiellement les mœurs de la société française sous la Régence et dans la première moitié du règne de Louis XV.

LE GOÛT DU PLAISIR

Par réaction contre la solennité morose des dernières années du règne de Louis XIV, la Régence marque les débuts d'une ère de frivolité et de plaisir. Les philosophes empiristes de l'école anglaise contribuent à répandre une morale facile, qui incite à la joie de vivre :

> Voici le temps de l'aimable Régence,
> Temps fortuné marqué par la licence,

s'écrie Voltaire. Les hommes au pouvoir donnent eux-mêmes l'exemple de mœurs dissolues : le Régent, « fanfaron de vices », festoie dans sa résidence du Palais-Royal avec les « roués », ses compagnons de plaisir.

La passion du jeu et surtout la passion du théâtre se développent dans des milieux de plus en plus étendus. Toute la France « cabotine » : on joue la comédie chez la duchesse du Maine, à Sceaux; chez la marquise de Pompadour, à Versailles; on interprète des opéras-comiques sur de petits théâtres de marionnettes; acteurs professionnels et gens du monde collaborent à ces divertissements, qui sont suivis de soupers fins; l'habitude de donner la comédie fait considérer la vie comme une pièce de théâtre, où chacun tient son rôle sans rien prendre au sérieux.

La transformation des mœurs exerce une action sur les arts et la littérature; les gracieuses fantaisies de Watteau et de Lancret, peintres des « fêtes galantes »; les *Lettres persanes* et *Le Temple de Gnide* de Montesquieu, *Le Mondain* de Voltaire, reflètent les goûts d'une époque élégante, mais frivole, et assez cyniquement épicurienne.

LE GOÛT DU LUXE

Au goût du plaisir est intimement associé le goût du luxe. La réalisation de fortunes colossales au temps de Law, et surtout la prospérité économique sous le ministère Fleury, permettent à beaucoup de gens de mener un train de vie fastueux. « Aujourd'hui, écrit l'historien Duclos, évoquant le temps de la Régence, personne ne met de bornes à ses désirs. » On raffine à l'égard de la table, de l'habillement et des équipages; on recherche l'élégance et le confort dans la décoration intérieure des appartements; certains arts mineurs, comme l'ébénisterie, l'orfèvrerie, la reliure et la gravure, jouissent d'une vogue inconnue jusqu'alors.

Les économistes et même quelques hommes de lettres démontrent que la richesse d'un pays est en rapport avec l'intensité de sa circulation monétaire. Montesquieu va jusqu'à poser en principe que le luxe est une nécessité dans une monarchie : « Pour que l'état monarchique se soutienne, le luxe doit aller en croissant, du laboureur à l'artisan, au négociant, aux nobles, aux magistrats, aux grands seigneurs, aux traitants principaux, aux princes; sans quoi tout serait perdu. »

Personnages de fêtes galantes.

Watteau.
L'Indifférent.
Musée du Louvre.

Watteau.
La Finette.
Musée du Louvre.

II LA CONDITION DES ÉCRIVAINS

A l'aisance bourgeoise, les écrivains ne participent guère. Leur condition matérielle, souvent médiocre et parfois menacée, n'est pas en rapport avec le rôle essentiel qu'ils jouent dans la vie sociale.

LA MÉDIOCRITÉ MATÉRIELLE

Beaucoup d'écrivains vivent de leur plume; mais le travail intellectuel est mal rétribué. Jusqu'en 1777, aucune législation ne fixe le droit de propriété littéraire. Les auteurs peu connus végètent misérablement; ils « compilent pour avoir du pain ». Les auteurs célèbres ne sont guère plus favorisés : Montesquieu ne tire aucun profit matériel de son œuvre maîtresse, *L'Esprit des Lois*, éditée pourtant vingt-deux fois en moins de deux ans et traduite dans toutes les langues. Seul Voltaire fit fortune, mais son cas est spécial : ses revenus provenaient surtout de ses spéculations financières et des propriétés qu'il avait pu acquérir grâce à elles; lui-même reconnaît que le métier d'écrivain est « assez ingrat », et il donne en exemple l'Angleterre, où l'on a un tel respect pour les talents « qu'un homme de mérite y fait toujours fortune ».

L'INSÉCURITÉ

La censure et les persécutions entravent encore la liberté d'expression. La hardiesse croissante des ouvrages suscite des répressions sévères. Un arrêt du Conseil du Roi ou du Parlement peut supprimer un ouvrage par le feu ou par le pilon; une simple lettre de cachet suffit pour envoyer son auteur à la Bastille ou à Vincennes. Ainsi Voltaire fut emprisonné en 1717 pour avoir laissé circuler une satire politique écrite de sa main; Diderot, en 1749, pour avoir publié la *Lettre sur les Aveugles*, où perçait son irréligion. Encore après 1750, malgré l'affaiblissement du pouvoir central, la surveillance continue à s'exercer : la publication de l'*Encyclopédie* fut suspendue à plusieurs reprises, et un arrêt du Parlement obligea Rousseau à fuir en Suisse, après la publication de l'*Émile*.

LE PRESTIGE SOCIAL

Les hommes de lettres, cependant, acquièrent, avec l'indépendance, le droit à la considération. Protégés par le roi ou par les grands, les auteurs du XVIIe siècle ne pouvaient s'exprimer en toute liberté. Au XVIIIe siècle, la cour cesse d'être le point de mire des écrivains; et comme le pouvoir ne les patronne plus, ils échappent à sa tutelle et s'affranchissent. Du même coup, leur condition est universellement respectée : les grands seigneurs et même les souverains étrangers leur prodiguent les hommages les plus flatteurs et se disputent l'honneur de les recevoir. Partout l'aristocratie de l'esprit jouit d'un prestige incontesté.

Enfin, les hommes de lettres deviennent les maîtres de l'opinion. L'homme de cabinet du XVIIe siècle se transforme en homme d'action. Il prend conscience de la force qu'il représente; il veut être à la fois l'interprète et le guide de l'opinion publique. La République des Lettres, formée par l'union des écrivains, prétend jouer un rôle de premier plan dans la politique et elle dresse, en face du pouvoir, les droits de la pensée.

III LES FOYERS DE LA VIE INTELLECTUELLE

Les écrivains se réunissent dans les endroits à la mode : clubs, cafés, salons.

LE CLUB DE L'ENTRESOL

La compagnie privée la plus célèbre est celle que fonda, vers 1720, l'abbé Alary à l'entresol de l'hôtel du président Hénault, place Vendôme.
Elle comprenait une vingtaine de membres. L'un d'eux, le marquis d'Argenson, la définit comme « une espèce de club à l'anglaise ou de société politique parfaitement libre, composée de gens qui aimaient à raisonner sur ce qui se passait... et dire leur avis sans crainte d'être compromis ». On se réunissait à l'Entresol le samedi; l'été, on se promenait aux Tuileries sur les terrasses. On commentait les nouvelles du jour et on lisait des mémoires. Montesquieu, admis dans cette société après le succès des *Lettres persanes*, présenta en 1722 son *Dialogue de Sylla et d'Eucrate*. La hardiesse de ces conférences finit par inquiéter le pouvoir; et les réunions furent pratiquement suspendues après 1731.
L'animateur de ce club était un personnage étrange, l'abbé de Saint-Pierre, aumônier de Madame et « philosophe » renommé. Il avait composé notamment un *Projet de Paix perpétuelle* (1713-1717), qui contenait des vues hardies sur le désarmement et sur la nécessité d'un arbitrage international. C'était un esprit ingénieux et toujours en mouvement. Selon d'Argenson, il fournissait « à lui tout seul pour les lectures plus que tous les autres membres de l'Entresol ».

LES CAFÉS PUBLICS ET PRIVÉS

La première maison de café s'était ouverte en 1667; ce genre d'établissement connut bientôt une vogue extraordinaire; en 1715, on en compte trois cents à Paris. *Les cafés les plus connus furent le café Procope*, ouvert en 1695 par un Sicilien, et où se réunissaient Fontenelle, Piron, Voltaire, Diderot, Marmontel; *le café Gradot*, fréquenté par La Motte; *le café Laurent*, où, selon Montesquieu, « on apprête le café de telle manière qu'il donne de l'esprit à ceux qui en prennent » (*Lettres persanes*, XXXVI). Tout en consommant le moka brûlant ou la limonade glacée, *gens de lettres et beaux esprits se communiquaient en cachette les libelles interdits, faisaient assaut de verve et entretenaient par leurs polémiques une atmosphère chargée d'orage;* le public, intrigué, faisait cercle autour des « nouvellistes » qui répandaient avec conviction des rumeurs parfois extravagantes, ou des poètes qui débitaient des chansons satiriques contre le gouvernement.
Le succès de ces cafés publics fut tel que la mode se répandit dans le beau monde de transformer certains jours les salons en cafés. On disposait dans une salle de petites tables avec des jeux et des boissons; la maîtresse du lieu, vêtue à l'anglaise, s'installait derrière une table en forme de comptoir, tandis que les valets, qu'on appelait déjà « garçons », circulaient en vestes et en bonnets blancs.

LE SALON DE LA DUCHESSE DU MAINE (1699-1753)

La duchesse du Maine, petite-fille de Condé, voulut restaurer la splendeur des grandes années du règne de Louis XIV et faire de son domaine, à Sceaux, un Versailles en miniature. La « cour de Sceaux » accueillit des hommes de lettres comme Fontenelle et La Motte, des poètes galants comme Chaulieu et La Fare; M. de Malézieu, mathématicien, poète et précepteur du jeune duc, était le grand ordonnateur des réjouissances. Les conversations brillantes, les jeux littéraires, alternaient avec les fêtes champêtres et les « grandes nuits », qui déployaient leurs fastes dans le parc, à la lueur des flambeaux. En 1718, cependant, fut découverte la conspiration contre le Régent ourdie par Cellamare, ambassadeur d'Espagne : la duchesse était complice et fut embastillée. Les réceptions, un moment suspendues, reprirent bientôt, sans connaître le même éclat.

LE SALON DE LA MARQUISE DE LAMBERT (1710-1733)

La marquise de Lambert voulut réagir contre les mœurs de la Régence et faire revivre, sous une forme plus noble et plus sincère, l'idéal précieux de l'Hôtel de Rambouillet. Son salon, ouvert rue de Richelieu, accueillit une assistance choisie; le mardi était réservé aux gens de lettres, le mercredi aux gens de qualité. Parmi les familiers se retrouvaient Fontenelle, La Motte, l'abbé de Saint-Pierre, Montesquieu, Marivaux, le président Hénault, le marquis d'Argenson; et aussi Mme de Caylus, Mme d'Aulnoy. On causait, on lisait, on discutait avec passion sur des thèmes littéraires (les bergers d'une idylle peuvent-ils avoir les manières polies des gens du monde?); on manifestait de la sympathie pour les doctrines des « Modernes »; parfois aussi Fontenelle satisfaisait les curiosités des mondains en mêlant la science à la galanterie.

LE SALON DE MADAME DE TENCIN (1726-1749)

Mme de Tencin, après une jeunesse tumultueuse, au cours de laquelle elle se signala par la passion de l'agiotage et par des aventures scandaleuses, accueillit, rue Saint-Honoré, une société nombreuse, où des financiers, des courtisans, des magistrats, des militaires, des abbés, se mêlaient aux hommes de lettres. Duclos, l'abbé Prévost, Marmontel, Piron, Mably, Helvétius et les anciens habitués des mardis chez la marquise de Lambert constituaient le noyau littéraire de l'assemblée; des étrangers de marque, comme Lord Bolingbroke, Lord Chesterfield, paraissaient aux réceptions, lorsqu'ils étaient de passage à Paris. Mme de Tencin encourageait les propos brillants ou piquants; mais un perpétuel besoin d'intrigue lui faisait préférer aux entretiens littéraires la discussion des idées nouvelles : *elle mit à la mode, dans les cercles mondains, les « conversations de philosophie ».*

OUVRAGES A CONSULTER

M. GLOTZ ET M. MAIRE. *Les Salons du XVIIIème siècle*, Hachette, 1945.

Marivaux. Portrait par Van Loo.

CHAPITRE II

L'Évolution des genres littéraires

Pendant la première moitié du XVIIIe siècle, à l'exception de Saint-Simon, génie indépendant et inclassable, les grands écrivains apparaissent tous formés à l'école du classicisme; et les genres traditionnels, tragédie, comédie, roman, connaissent encore la vogue. Ces genres, pourtant, évoluent. Marivaux se libère de la tradition de Molière et crée une formule nouvelle de comédie en donnant la première place à l'analyse nuancée des sentiments amoureux. Lesage introduit dans le roman des intentions satiriques; Marivaux et l'abbé Prévost mêlent des traits d'observation contemporaine à l'étude des sentiments et des passions. Enfin, la réflexion morale change de caractère avec Vauvenargues, qui, s'opposant aux penseurs du siècle précédent, formule les principes d'une sagesse tout humaine, fondée sur le culte de l'action et la confiance dans la nature.

MÉMOIRES	**1734-1753**	Saint-Simon : *Mémoires.*
THÉATRE	**1730**	Marivaux : *Le Jeu de l'Amour et du Hasard.*
ROMAN	**1715-1735**	Lesage : *Gil Blas.*
	1731	Abbé Prévost : *Manon Lescaut.*
	1731-1741	Marivaux : *La Vie de Marianne.*
RÉFLEXION MORALE	**1746**	Vauvenargues : *Œuvres.*

I LES MÉMOIRES : SAINT-SIMON (1675-1755)

Le duc de Saint-Simon, après avoir vainement tenté de satisfaire son immense ambition dans l'armée, puis à la Cour et dans la diplomatie, se retira et composa ses Mémoires. *C'est une œuvre de passion, souvent suspecte quant à la vérité historique, mais étonnamment pénétrante, et d'un style unique dans notre littérature.*

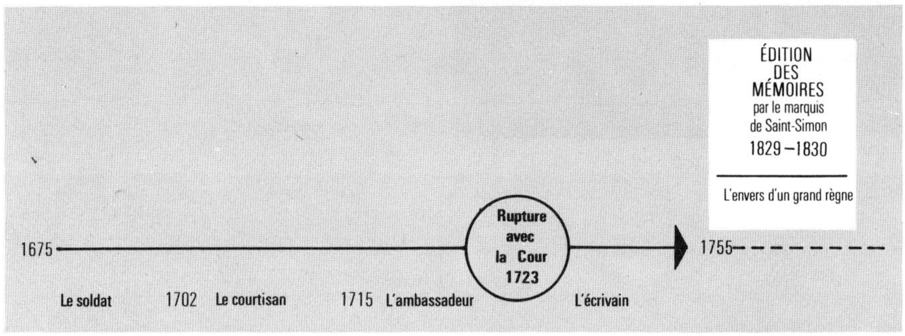

A Les rancœurs de l'homme

Le soldat, le courtisan et l'ambassadeur (1675-1723). Le jeune duc de Saint-Simon, destiné aux armes par l'illustration de sa race, rêve d'abord de devenir un grand capitaine. En 1693, il est nommé « mestre de camp »; mais, irrité de ne pas figurer dans une promotion de brigadiers, il quitte l'armée en 1702. Il s'installe alors à Versailles et aspire à jouer un rôle à la Cour; mais ses titres et ses mérites ne lui semblent pas prisés à leur valeur. Le courtisan mécontent espère devenir homme d'Etat, à l'avènement de son ami le duc d'Orléans comme régent (1715); en fait, il appartient au Conseil de Régence et demande officiellement au roi d'Espagne la main de l'Infante pour Louis XV. Mais la mort du Régent met fin à sa carrière diplomatique.

L'écrivain (1723-1755). Aigri par ses expériences malheureuses, Saint-Simon rompt avec la Cour. Depuis l'âge de dix-neuf ans, il avait pris l'habitude de noter ses impressions : il va entreprendre la rédaction de ses souvenirs. En 1734, le duc de Luynes lui ayant communiqué une copie du journal de Dangeau, aide de camp de Louis XIV, il surcharge d'annotations marginales le texte trop sec de ce chroniqueur impassible. Bientôt, son dessein prend plus d'ampleur : à un tableau extérieur de la Cour, il substitue sa vision personnelle, qui pénètre les dessous du régime. Ses *Mémoires*, achevés en 1753, embrassent la dernière partie du règne de Louis XIV et les années de Régence. Confisqués sur l'ordre de Choiseul, ils furent consultés au XVIIIe siècle par quelques écrivains privilégiés comme Duclos, Marmontel, Voltaire; la première édition à peu près complète fut publiée seulement sous Charles X, par le marquis de Saint-Simon, petit-fils de l'auteur.

B Les mérites et les faiblesses de l'historien

Saint-Simon a déclaré : « Je n'ai songé qu'à l'exactitude et à la vérité. J'ose dire que l'une et l'autre se trouvent étroitement liées dans mes *Mémoires*, qu'elles en sont la loi et l'âme. » De fait, il apporte sur le règne de Louis XIV une foule de renseignements précis. Ses témoignages, pourtant, sont sujets à caution.

UNE INFORMATION PRÉCISE

Saint-Simon a réuni dans ses Mémoires des impressions prises sur le vif et des documents de première main. Bien placé pour connaître la Cour, il a observé et noté, « perçant de ses regards clandestins chaque visage, chaque maintien, chaque mouvement, et y délectant sa curiosité ». En outre, il a interrogé de nombreux témoins : non content de mettre à contribution les hauts personnages qui ont survécu au grand règne et qui sont pour la plupart ses amis personnels, les ducs de Chevreuse et de Beauvilliers, la princesse des Ursins, il s'informe auprès des médecins, des chirurgiens, des laquais et des servantes, bref, auprès de tous ceux qui ont pu pénétrer dans l'intimité des grands, dans le secret de leurs intrigues ou de leurs aventures.

D'autre part, il a puisé à de nombreuses sources. Il possédait à portée de la main, dans sa bibliothèque, tous les mémoires antérieurs, et des ouvrages encyclopédiques comme le dictionnaire de Bayle ou celui de Moreri. Il put également utiliser les documents diplomatiques mis à sa disposition par le marquis de Torcy, ancien ministre des Affaires étrangères.

DES TÉMOIGNAGES SUSPECTS

Saint-Simon, cependant, ne contrôle pas toujours son information. Recueille-t-il des renseignements sur ses ennemis personnels, il ne lui vient pas à l'esprit d'en contester l'authenticité. Sans discernement, il accepte les anecdotes qui, transmises de bouche en bouche, s'éloignent chaque fois un peu plus de la vérité. Or, comme sa verve métamorphose les ragots en récits brillants, le lecteur sous le charme risque de ne pas déceler la crédulité excessive du mémorialiste.

Surtout, il n'est pas objectif. Il reconnaît lui-même que la passion l'aveugle : « Je ne me pique pas d'impartialité. On trouvera trop dans les *Mémoires* que la louange et le blâme coulent de source à l'égard de ceux dont je suis affecté, et que l'un et l'autre est froid sur ceux qui me sont le plus indifférents. » Ses sympathies s'exaltent jusqu'à l'adoration; il est « épris » de M. de Beauvilliers; il admire profondément M. de Rancé; il fait un héros du duc de Bourgogne; il est tout à la dévotion du duc d'Orléans. Ses haines s'expriment avec violence : il se déchaîne contre les parvenus, Colbert, Louvois, Mme de Maintenon; contre les bâtards; contre les gens de robe, les bourgeois et la « canaille ». Ce grand seigneur pousse à l'extrême le préjugé aristocratique; il ne peut pardonner à Louis XIV d'avoir réduit la noblesse à un rôle de parade et reproche à son règne d'avoir été celui « de la roture et de la vile bourgeoisie ». Constamment, sous l'historien, perce le partisan.

C La pénétration du psychologue

Si de sérieuses réserves s'imposent quant à l'objectivité de l'historien, on doit admirer sans restrictions, chez Saint-Simon, la pénétration du psychologue. Sa curiosité passionnée le poussait d'instinct à observer ses semblables. Il fixe sa « prunelle étincelante » sur le microcosme de la Cour où il a vécu un quart de siècle; il démonte toute la mécanique de Versailles; il fait craquer le vernis mondain et scrute avidement les consciences. L'acuité et la profondeur de la vision sont surtout remarquables dans la galerie de portraits et de tableaux qui, sur la trame des faits quotidiens et des anecdotes de Cour, se détachent avec un puissant relief.

LES PORTRAITS

Saint-Simon saisit d'abord la « figure extérieure » des êtres. Il excelle à projeter une lumière crue sur le détail grotesque, sur la tare qui marque un visage ou une silhouette. C'est Dubois, « effilé, chafouin, à mine de fouine »; Monsieur, frère du Roi, « petit homme ventru, monté sur des échasses »; la duchesse de Bourgogne, « régulièrement laide, les joues pendantes, le front trop avancé, un nez qui ne disait rien, de grosses lèvres mordantes, ... peu de dents et toutes pourries »; Fénelon, « grand homme maigre, bien fait, pâle, avec un grand nez, des yeux dont le feu et l'esprit sortaient comme un torrent ».
Il fait ensuite minutieusement le tour de son modèle; il le fixe dans ses postures et dans ses grimaces. Le moindre indice extérieur, l'expression furtive d'un regard, le tremblement d'une main, un chuchotement, lui suffit pour déceler le mouvement réel des âmes, les drames profonds, les désirs et les passions inavouables. Les détails s'accumulent, les retouches se superposent, les traits physiques et moraux s'enchevêtrent; c'est la vie même, saisie et reproduite dans sa mouvante complexité.

LES TABLEAUX

Saint-Simon est encore plus à l'aise dans la composition de fresques puissantes, où les personnages les plus variés s'agitent et se pressent, sous un éclairage savamment nuancé. Il peint les funérailles de la Dauphine, le mariage du duc de Chartres, le lit de Justice du 26 août 1718. Le tableau le plus célèbre est celui de la mort du Grand Dauphin. Pour les uns, c'est une catastrophe; pour les autres, c'est une délivrance. Sous le voile d'affliction qu'exige la bienséance, le psychologue décèle la nuance exacte des sentiments. Les sots « tiraient des soupirs de leurs talons et louaient Monseigneur »; d'autres, plus fins, « s'inquiétaient déjà de la santé du roi ». Mais le trait dominant du tableau, c'est la joie triomphante et mal déguisée de ceux à qui l'événement va profiter : « Leurs yeux suppléaient au peu d'agitation de leur corps... Un je ne sais quoi de plus libre de toute la personne, à travers le soin de se tenir et de se composer; un vif, une sorte d'étincelant autour d'eux, les distinguait malgré qu'ils en eussent. » Avec ce guide implacable, le lecteur goûte l'âcre volupté de pénétrer dans un univers où les âmes, mises à nu, étalent leurs humeurs et leurs plaies.

D Le génie de l'écrivain

Au service de ses dons de psychologue, Saint-Simon a mis les étonnantes ressources de son génie d'écrivain. L'auteur des *Mémoires* s'est libéré avec désinvolture de toute contrainte : exclusivement préoccupé de rendre ce qu'il voit, il se crée une langue et un style bien à lui, sans équivalent dans aucune littérature. Le goût s'effare; mais l'imagination est conquise par la richesse imprévue du vocabulaire, par le mouvement intense qui emporte la phrase.

UN STYLE BARBARE

Saint-Simon met sa coquetterie à ne jamais passer pour un écrivain de profession. Lui qui pousse jusqu'à la manie le souci de l'étiquette et le respect des anciennes traditions, il méprise la grammaire et la rhétorique : « Je ne fus jamais un sujet académique; je n'ai pu me défaire d'écrire rapidement. » *Les négligences fourmillent dans sa prose* : périodes interminables, où la pensée se dilue et s'égare; phrases décousues, enchevêtrées, inarticulées, parfois même incohérentes; incorrections, disparates, surcharges, répétitions de termes, ellipses et anacoluthes, expressions heurtées et bizarres, font un style barbare, propre à effaroucher ceux-là mêmes qui ne sont pas des puristes. Les contemporains furent unanimes dans le blâme : « Cela est mal écrit », disait la marquise de Créqui; « le style est abominable », s'écriait Mme du Deffand. Ils étaient sensibles à d'incontestables faiblesses, sans voir toujours qu'elles étaient la condition même d'éclatantes beautés.

UN STYLE FULGURANT

Saint-Simon bouscule le vocabulaire en lui imposant ses conquêtes. Les termes d'usage courant lui semblent souvent pauvres et incolores; les expressions toutes faites ne collent pas à la pensée : ce sont des vêtements de confection. Il rompt avec les habitudes routinières, pour donner aux mots l'accent et la saveur qui correspondent à la sensation du moment. Dans ce dessein, il recourt à des archaïsmes, à des latinismes, à des néologismes; et surtout à des expressions triviales : « fricasser sa fortune »; « se crever de poisson ». A chaque instant, il emploie des formules abruptes, forgées pour la circonstance, qui frappent le lecteur par leur étrangeté, mais qui se gravent en traits magnifiques et ineffaçables : « j'étouffais de silence »; « ce scélérat qui grince les dernières dents qui lui restent »; « je nageais dans ma vengeance »; « une fadeur à faire vomir »; « une fumée de fausseté qui sortait de tous ses pores ».

Il bouscule la phrase en lui imposant son mouvement. Saint-Simon est « emporté toujours par la matière et peu attentif à la manière de la rendre, sinon pour la bien expliquer ». Sa pensée tumultueuse ne saurait se couler dans des moules. Les idées qui se pressent, les passions qui bouillonnent, il faut les rendre avec le maximum de force : la phrase épouse les contours de la pensée, brise les digues qui s'opposent à sa poussée, charrie tout un flot d'images et se fraie un chemin coûte que coûte, dans un mouvement torrentiel. On comprend qu'une prose aussi originale ait été louée avec enthousiasme par les romantiques.

II LE THÉATRE

Pendant la première moitié du siècle, la tragédie et la comédie demeurent des genres à la mode; mais les œuvres représentées n'ont pas grand éclat. Seul, Marivaux s'impose par l'originalité et par la qualité de son talent.

A La tragédie

De nombreux théoriciens s'emploient à rajeunir le genre tragique. Ainsi La Motte demande plus de mouvement et combat l'abus des règles; l'abbé Trublet réclame une tragédie en prose. Les œuvres, cependant, sont médiocres.

Crébillon (1674-1762). *Crébillon s'est fait un nom en circonscrivant un domaine original d'inspiration* : « Corneille a pris le ciel, Racine la terre; il me reste l'enfer. » Dans ses pièces les plus célèbres, *Atrée et Thyeste* (1707), *Rhadamiste et Zénobie* (1711), il cherche avant tout à créer une impression de terreur. Pour y parvenir, il met sous les yeux des spectateurs des scènes atroces : Atrée, après avoir fait égorger le fils de Thyeste, remplit du sang de sa victime la coupe où les deux frères doivent boire pour sceller leur amitié. Ainsi, Crébillon substitue des effets brutaux à l'étude nuancée de caractères qui faisait la profondeur de la tragédie racinienne. En outre, s'il a quelques tirades bien venues, sa langue est en général emphatique et maladroite, sa versification pauvre. A partir de 1718, Voltaire, dramaturge aussi habile et meilleur écrivain, est pour lui un rival redoutable.

B La comédie

La plupart des auteurs comiques imitent encore Molière; mais ils sont loin d'atteindre à la même profondeur et à la même puissance.

Destouches (1680-1754). Destouches écrivit d'abord des comédies de caractères, comme *L'Irrésolu*; puis, sous l'influence anglaise, des comédies sentimentales (*Le Philosophe marié*). Sa pièce la plus réussie est *Le Glorieux* (1732) : il y peint un original plein de vanité, le comte de Tufière, qui finalement s'humilie par amour. Destouches est bon observateur et bon écrivain; mais il manque un peu de verve et de gaieté.

Piron (1689-1773). Piron composa de nombreuses pièces pour le Théâtre de la Foire. Il cultiva les genres les plus divers, passant de l'opéra-comique à la tragédie et de la comédie bouffonne à la pastorale. Il survit par une comédie en cinq actes et en vers, *La Métromanie* (1738), où se trouve plaisamment figurée l'aventure d'un vieillard possédé par la furie de composer des poésies galantes.

Gresset (1709-1777). Gresset, poète, lui aussi, donna au théâtre une comédie assez âpre, *Le Méchant* (1747), où se trouve campé avec justesse un inquiétant personnage de petit-maître. La pièce fournit un bon document sur les mœurs d'une époque immorale et frivole; elle est écrite dans une langue alerte et habilement versifiée.

C Marivaux (1688-1763)

Marivaux fut un mondain raffiné et connut de brillants succès dans les salons. Il écrivit d'abord pour son plaisir, puis, ayant subi un revers de fortune, par nécessité. Publiciste, romancier, auteur dramatique, il doit l'essentiel de sa gloire à des comédies d'amour, où il mêle exquisement rire et émotion, subtilité et profondeur.

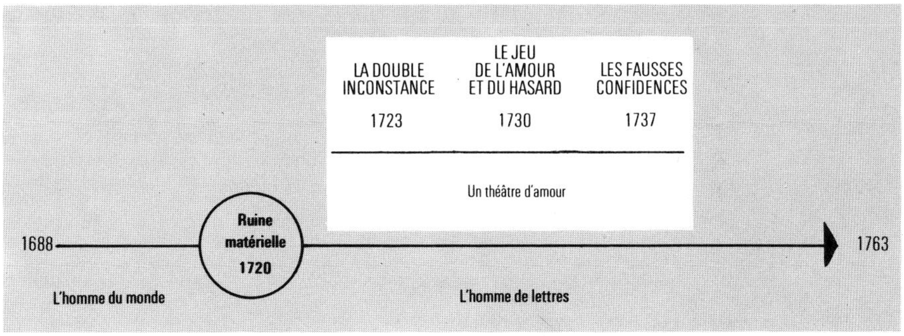

1 *La carrière de Marivaux*

L'HOMME DU MONDE (1688-1720)

Pierre Carlet de Chamblain de Marivaux, né à Paris, passe son enfance à Riom, puis revient faire son droit dans la capitale, où il se fixe. Sous le patronage de La Motte et de Fontenelle, il est reçu dans le salon de Mme de Lambert, où il se signale par le charme de sa conversation. De bonne heure, il montre un goût très vif pour la littérature. Il écrit une comédie et plusieurs romans. Pour plaire à ses protecteurs, il se range du côté des Modernes et publie une *Iliade travestie*. Mais ces premiers essais littéraires ne sont guère que les divertissements d'un amateur mondain.

L'HOMME DE LETTRES (1720-1763)

En 1720, à la suite de la banqueroute Law, Marivaux est ruiné. Il doit désormais écrire pour gagner sa vie et devient un véritable homme de lettres. Il rédige diverses publications suivant la formule du périodique anglais *Le Spectateur*, d'Addison : *Le Spectateur français*; *L'Indigent philosophe*; *Le Cabinet du Philosophe*; mais il s'impose surtout par une suite de brillantes comédies, dont la plus célèbre est *Le Jeu de l'Amour et du Hasard* (1730). Il écrit aussi deux nouveaux romans, *La Vie de Marianne* (1731-1741), *Le Paysan parvenu* (1735-1736). Il continue à fréquenter les salons et trouve en Mme de Tencin une protectrice généreuse; en 1742, il est élu à l'Académie. Bientôt, cependant, il commence à passer de mode; sa vie s'achève dans une demi-retraite.

2 *L'œuvre dramatique de Marivaux*

UNE PRODUCTION VARIÉE

Marivaux exerça son talent dramatique dans des directions diverses. Il écrivit des comédies d'aventures romanesques (*Le Prince travesti*, 1724); des comédies à tendances sociales et philosophiques (*L'Ile des Esclaves*, 1725); des pièces à thèse morale (*L'École des Mères*, 1732); des pièces bourgeoises et sentimentales (*La Femme fidèle*, 1755).

L'Ile des Esclaves.

A la suite d'un naufrage, un couple de maîtres et un couple d'esclaves abordent dans une île où les rôles sont intervertis : les esclaves sont émancipés ; les maîtres sont réduits en esclavage. En attendant que chacun retrouve son ancienne condition, Trivelin, le justicier de cette république insulaire, tire la leçon de l'aventure : « La différence des conditions n'est qu'une épreuve que les dieux font sur nous. »

L'École des Mères.

La tyrannique Mme Argante élève sa fille Angélique dans la plus sévère contrainte et voudrait lui faire épouser M. Damis. Mais Angélique aime Eraste, fils de M. Damis, et se révolte. L'amour des jeunes gens finit par triompher de l'autorité d'une mère et des prétentions d'un père qui, à son insu, se trouve être le rival de son fils. La pièce rappelle à la fois *L'École des Maris*, *L'École des Femmes* et *L'Avare*.

LE THÉATRE D'AMOUR

Marivaux pourtant doit ses plus grands succès à des comédies d'amour qui, pour la plupart, furent jouées au Théâtre Italien. Avec *Le Jeu de l'Amour et du Hasard* (1730), on peut citer parmi les plus réussies *La Double Inconstance* (1723); *Les Fausses Confidences* (1737); *L'Épreuve* (1740).

Le Jeu de l'Amour et du Hasard.

Acte I. Le jeu du hasard. Silvia obtient de son père, M. Orgon, la permission d'observer son prétendant Dorante sous le déguisement de sa servante Lisette, qui jouera le rôle de la maîtresse. Dans une intention analogue, Dorante change de rôle avec son valet Arlequin. Dès leur première rencontre, les deux jeunes gens sont étonnés de trouver l'un chez l'autre une distinction et une délicatesse supérieures à leur état.

Acte II. L'amour entre dans le jeu. Lisette et Arlequin se plaisent. Silvia ressent de l'inclination pour Dorante. Dorante, troublé lui-même parle de s'en aller : Silvia lui laisse alors entrevoir le fond de son cœur, puis, honteuse, veut quitter son rôle ; mais son père s'y oppose. Enfin Dorante, résolu à en finir, se démasque. Silvia, rassurée et joyeuse, continue le jeu.

Acte III. L'amour gagne la partie. Le fils de M. Orgon, Mario, rudoie Dorante et, pour éveiller sa jalousie, feint d'aimer Silvia. Les valets se démasquent l'un à l'autre. Dorante cependant, plein d'amertume, fait mine de se retirer. Déjà Silvia s'alarme ; mais il revient et finit par la demander en mariage. Silvia est donc parvenue à ses fins et peut à son tour se démasquer.

La Double Inconstance.

Un Prince, charmé par la beauté d'une de ses sujettes, Silvia, l'a fait enlever. Mais Silvia entend rester fidèle à son fiancé, le paysan Arlequin, et elle refuse de voir son ravisseur. Cependant le Prince s'avise de se faire passer auprès de Silvia pour un officier du palais ; il se montre plein de délicatesse et réussit bientôt à la troubler. De son côté, la coquette Flaminia, fille d'un domestique du Prince, flatte Arlequin, que l'on a fait venir au palais, et gagne son cœur. Les deux fiancés doivent s'avouer leur « double inconstance ». Le Prince dévoile son rang ; il épousera Silvia et donne Flaminia à Arlequin.

Les Fausses Confidences.

Dorante, jeune homme de bonne famille, mais ruiné, est amoureux d'une jeune veuve fort riche, Araminte. Sur le conseil de son ancien valet Dubois, il s'introduit chez elle en qualité d'intendant. Dubois s'est mis lui-même au service d'Araminte ; il confie à sa maîtresse comme un secret, alors qu'il est de connivence avec Dorante, que son intendant l'aime, mais, en fin psychologue, il lui recommande de ne pas répondre à cette passion. Ces « fausses confidences » ont le résultat attendu : elles éveillent l'amour chez Araminte, qui épousera Dorante.

Silvia. Portrait par F. de Troy. (collection privée)

Zanetta-Rosa-Giovanna Benozzi, dite Silvia (1700-1758),
fut la plus célèbre interprète de Marivaux.
Un mémorialiste du temps écrit à son propos :
« On n'a jamais pu trouver une actrice capable de la remplacer...
Tout en elle était nature
et l'art qui la perfectionnait était toujours caché. »

3 *L'originalité de Marivaux*

Marivaux s'est flatté de n'imiter personne : « J'aimerais mieux être assis humblement sur le dernier banc dans la petite troupe des auteurs originaux qu'orgueilleusement placé à la première ligne dans le nombreux bétail des singes littéraires. » S'il se répète parfois d'une pièce à l'autre, du moins est-il, dans sa manière, pleinement personnel.

MARIVAUX ET MOLIÈRE

Marivaux s'est généralement affranchi de la tradition de Molière. Il ne cultive guère les procédés de la farce : il pare de grâce et de fraîcheur le burlesque Arlequin de la Comédie Italienne (*Arlequin poli par l'amour*); et les personnages tout uniment comiques de son théâtre sont en général des personnages secondaires, comme celui du pédant Hortensius, dans *La Seconde Surprise de l'Amour*, ou du fermier Blaise, dans *L'Épreuve.* Il ne peint guère non plus les mœurs contemporaines : ses comédies se déroulent souvent dans un cadre fantaisiste comme les féeries de Shakespeare ou les fêtes costumées de Watteau; et elles s'accommodent des types traditionnels du théâtre italien : un ou deux couples d'amoureux, un ou deux couples de valets, parfois un père débonnaire ou une mère tyrannique; ainsi, sur les théâtres de marionnettes, jouait-on toutes les pièces avec les mêmes poupées. Pas davantage, on ne trouve dans son théâtre un échantillonnage de caractères en action : il n'étudie pas l'homme en général, mais l'amour avec ses nuances; il ne met pas en lumière l'obsession d'un être dominé par un vice ou une passion maîtresse, mais il décrit l'aspect mouvant d'une âme qui traverse une crise; il s'intéresse, non à une manière d'être, mais à un état. *A ce titre, sa technique s'apparenterait plutôt à celle de Racine.*

MARIVAUX ET RACINE

A la différence de Racine, cependant, qui peint les effets de la passion en présence d'un obstacle réel et insurmontable, Marivaux, génie essentiellement comique, imagine seulement des obstacles fictifs, des difficultés passagères, qui éprouvent les héros sans mettre leur bonheur en danger. Il s'agit parfois d'une clause matérielle (*Le Legs*); plus souvent d'une disposition d'âme qui ne résiste pas à l'assaut de l'amour, préjugé social (*Le Jeu de l'Amour et du Hasard*), préjugé moral (*La Surprise de l'Amour*), méfiance fondée sur une déception antérieure (*La Seconde Surprise de l'Amour*), besoin maladif de certitude (*L'Épreuve*), ou encore timidité naturelle, irrésolution et, presque toujours, amour-propre. Il arrive enfin que les personnages créent eux-mêmes l'obstacle en recourant à un artifice, comme le déguisement, afin de mieux contrôler les sentiments de leur partenaire (*Le Jeu de l'Amour et du Hasard*). Jamais nous ne sommes véritablement inquiets : nous sommes sûrs d'avance que la méprise sera reconnue, le malentendu dissipé; aussi ne cessons-nous de sourire, même lorsque nous voyons des larmes couler. Le dénouement est toujours heureux, et toujours attendu. Tout l'art de l'écrivain consiste à meubler l'attente du spectateur par l'attrait de l'analyse et de la forme.

4 *Le marivaudage*

Cet art si personnel, tout entier en nuances, pare une observation d'une grande valeur humaine; et le terme de « marivaudage », parfois pris en mauvaise part, enferme en réalité une signification profonde et éternelle.

LA PSYCHOLOGIE

La psychologie de Marivaux est raffinée comme la psychologie précieuse, mais nullement conventionnelle. Le cadre de ses comédies est fantaisiste; mais l'intrigue, très simple, laisse peu de place au romanesque, et la peinture demeure toujours vraie. Toute âme un peu délicate a pu connaître, dans les moments où, accaparée par un sentiment, elle croit jouer son bonheur, ces scrupules, ces hésitations et ces élans qui sont, chez Marivaux, la matière ordinaire de l'analyse. Silvia passe de la curiosité à l'intérêt et de l'intérêt à l'amour; la tendresse qui l'envahit réduit peu à peu l'amour-propre qui proteste : ces mouvements ne nous déconcertent pas, car ils procèdent d'une étude minutieuse et exacte.

L'EXPRESSION

De même, l'expression de Marivaux est élégante, sans tomber dans les excès précieux. Certes, les valets qui jouent aux maîtres parlent comme Mascarille et Jodelet; mais, chez Silvia et Dorante, la délicatesse du langage est commandée par la subtilité des nuances à traduire; les pudeurs, les hésitations, les réticences, reproduisent les mouvements de l'âme. Du reste, lorsque l'émotion d'un personnage est à son comble, elle se révèle souvent par un cri du cœur admirable de simplicité. « Je rêve à moi et je n'y entends rien », s'étonne, dans son trouble, l'héroïne de *La Double Inconstance.* « Je vois clair dans mon cœur », murmure au contraire Silvia, éclairée enfin sur le compte de Dorante.

UNE ÉCOLE DE VÉRITÉ

D'une manière générale, le théâtre de Marivaux est bien une école de vérité. Cette vérité ne consiste pas dans une prétendue couleur locale ni dans la minutieuse exactitude des détails concrets, mais dans la justesse de l'observation psychologique et de sa transposition : *c'est la vérité intérieure du classicisme.* Marivaux est un classique; aussi n'a-t-il pas du tout vieilli. Il a parcouru en explorateur consciencieux ces mille « sentiers du cœur humain » que les précieux avaient voulu tracer sur une carte. Son exemple sera suivi. Musset, au XIXe siècle, imitera la grâce de son dialogue et y mêlera son lyrisme jaillissant, mais n'égalera pas toujours la délicatesse, la profondeur, la sobriété de ses analyses.
Au XXe siècle encore, on retrouve dans le théâtre de Giraudoux ce scintillement, frivole en apparence, qui recouvre une connaissance profonde du cœur humain, et qui est comme la parure de l'esprit classique.

III LE ROMAN

A partir de 1715, le roman se renouvelle, surtout grâce à Lesage, à Marivaux, à l'abbé Prévost.

A Lesage romancier

Si, par ses comédies (cf. XVIIe siècle, p. 131), Lesage se rattachait à la tradition de Molière, ses romans, remarquables surtout par leur pittoresque et leur virulence satirique, en font bien un homme du XVIIIe siècle. Dans *Le Diable boiteux*, le jeune écolier Cléophas découvre les secrets de Madrid en compagnie du démon Asmodée qui soulève pour lui les toits de chaque maison. Dans l'*Histoire de Gil Blas de Santillane* (1715-1735), son œuvre la plus originale, un autre jeune écolier apprend à connaître la société et à faire son chemin parmi les hommes.

Un ample tableau de mœurs : Gil Blas.

Première et deuxième parties (1715). Le bachelier Gil Blas de Santillane, un jeune étourdi naïf et vaniteux, quitte la maison paternelle, sur une mule, avec quelques ducats en poche. Il connaît des aventures variées, pour la plupart fâcheuses. Il va jusqu'à frayer avec des brigands. Il finit par s'installer comme intendant du gentilhomme Don Alphonse de Leyva, qui lui donne le domaine de Lirias (livres I à VI).

Troisième et quatrième parties (1725-1735). Gil Blas sert dans de plus hautes maisons, notamment chez l'archevêque de Grenade. Il devient secrétaire du duc de Lerme ; mais une intrigue de cour le conduit en prison (livres VII à IX). Il rejoint Lirias et se marie ; veuf, il revient à la politique et sert le comte d'Olivarès ; enfin il se retire, se remarie, et, à soixante ans, goûte le calme bonheur de la vie familiale (livres X à XII).

Lesage imite l'inspiration et la technique du roman dit picaresque, né en Espagne au XVIe siècle. Gil Blas, qui, longtemps, demeure voué à l'état de valet, qui fréquente des milieux bas ou corrompus et se laisse entraîner dans une suite d'aventures mouvementées et pittoresques, ressemble au personnage du « picaro » espagnol. Selon le goût picaresque aussi, des histoires secondaires sont insérées dans la trame du récit principal, qui va un train assez cahoté, comme s'il s'agissait seulement de divertir un lecteur frivole et peu pressé.

Lesage, cependant, se préoccupe en même temps de peindre la société contemporaine. Il compose un décor pour les aventures de son personnage en empruntant à des mémoires ou à des récits de voyageurs des éléments de couleur locale; il fixe avec soin les détails du mobilier, de l'habillement, et décrit avec précision le ménage d'un homme de lettres, ou la trousse d'un garçon barbier. Les aventures du héros servent de prétexte au romancier pour introduire son lecteur dans des milieux qu'il connaît plus ou moins directement : grande et petite noblesse, haut et bas clergé, bourgeois, auteurs, comédiens, valets, aventuriers. Toute la société française se trouve ainsi censurée avec légèreté par un observateur au regard impitoyable. Enfin, un style dépouillé, alerte, imagé, contribue à créer une atmosphère de vie. *Lesage annonce l'avènement d'une esthétique nouvelle, dont l'idéal est, non plus la vérité générale et permanente des caractères, mais la vérité individuelle et singulière des mœurs et des conditions.*

B Marivaux romancier

Si Marivaux s'est illustré surtout par son théâtre, ses romans suffiraient à son renom. Il parodie d'abord avec discrétion le goût précieux (*Pharsamon ou les Folies romanesques*, 1712; *Les Effets surprenants de la sympathie*, 1713-1714); puis il évolue vers le réalisme (*La Voiture embourbée*, 1714); il donne enfin, beaucoup plus tard, ses deux œuvres maîtresses : *La Vie de Marianne* (1731-1741), *Le Paysan parvenu* (1735-1736).

La destinée d'une orpheline : La Vie de Marianne.

Marianne, à quinze ans, est seule à Paris. Une religieuse la confie à M. de Climal, qui la place chez une lingère, Mme Dutour. Elle tombe amoureuse d'un jeune homme fort élégant, Valville, qui l'aime aussi. Un malentendu les sépare ; en outre, elle est importunée par son protecteur et doit chercher refuge au couvent. Elle est recueillie par la charitable Mme de Miran, mère de Valville, qui projette de la marier à son fils ; mais une parente la fait enlever pour éviter une mésalliance. Libérée, elle doit ensuite souffrir l'infidélité de Valville. Pour la consoler, une religieuse lui conte sa propre histoire. (Marivaux écrivit onze livres de ce roman ; Mme Riccoboni ajouta un douzième livre ; mais elle laissa l'œuvre inachevée.)

La carrière d'un intrigant : Le Paysan parvenu.

M. Jacob, paysan champenois, est venu à Paris pour porter des barriques de vin dans la maison de son seigneur ; il décide de faire sa fortune ; son charme et sa finesse le serviront. D'abord domestique d'une coquette, il séduit une jeune chambrière ; puis il s'introduit dans la maison de deux bourgeoises riches et dévotes, plaît à toutes deux, épouse l'une d'elles pour ses écus. Désormais nanti d'une position sociale, il manœuvre dans les coulisses de la finance et de la politique, acquiert une fortune considérable, devient contrôleur général des fermes en Champagne, fermier général et seigneur de son village ; il se consacre alors au bien public. (Le roman est achevé en huit livres ; seuls les cinq premiers sont de Marivaux.)

Par sa manière, Marivaux se rattache à la tradition précieuse. Il mêle sans cesse au roman portraits et analyses; il raffine sur les sentiments; il multiplie les péripéties et insère dans son récit des épisodes secondaires; comme les romanciers précieux, il tient le lecteur en haleine, non seulement par l'intérêt de l'action, mais aussi par l'ingéniosité de son esprit.

Cependant, il sait peindre les mœurs telles qu'il les a observées. L'univers de Marivaux n'est pas chimérique comme celui des précieux. Le romancier décrit la vie quotidienne à la ville : l'histoire de Marianne est celle d'une fille du peuple exposée aux misères et aux dangers de la vie parisienne; l'histoire de M. Jacob est celle d'un roturier qui s'élève au sein d'une société en pleine transformation.

En outre, il donne beaucoup de vérité à ses personnages. M. Jacob impose d'emblée sa personnalité : il surprend par un extraordinaire mélange de naïveté et de ruse, de bonhomie et de cynisme. Marianne est une création plus intéressante encore : elle allie la profondeur à la frivolité, et la délicatesse de son âme plaît autant que les charmes de son visage. L'amour est la grande affaire de sa vie, et elle discerne avec lucidité quelles modifications subit son sentiment lorsque interviennent les scrupules de l'amour-propre, les exigences du devoir ou les tourments de la jalousie. Comme dans son théâtre, Marivaux intéresse et émeut en découvrant dans leur vérité complexe les secrets du cœur humain.

C L'abbé Prévost (1687-1763)

UNE CARRIÈRE TOURMENTÉE

Antoine-François Prévost, de bonne heure attiré par l'aventure, quitte le noviciat jésuite pour s'engager dans l'armée; mais, en 1720, il revient à la vie religieuse et entre chez les Bénédictins. Il étudie la théologie, enseigne les humanités; ordonné prêtre en 1726, il remporte de vifs succès comme prédicateur mondain. Il commence à rédiger en secret les *Mémoires d'un homme de qualité.* En 1727, il s'échappe de l'abbaye de Saint-Germain-des-Prés; poursuivi par son ordre, il doit passer à l'étranger (1728).
Pendant son exil en Angleterre et en Hollande, qui dura sept ans, Prévost s'initie à la littérature anglaise, achève ses *Mémoires,* qui comptent finalement sept volumes, donne encore les huit volumes de l'*Histoire de M. Cleveland, fils naturel de Cromwell,* et fonde un périodique d'information et de critique, dont il assure presque seul la rédaction, *Le Pour et le Contre.*
En 1735, il est de nouveau admis chez les Bénédictins, puis devient aumônier du prince de Conti et s'installe à Paris. Son activité d'écrivain est inlassable : il compose de nouveaux romans; traduit de nombreux ouvrages de l'anglais, notamment les romans de Richardson, *Pamela, Clarisse Harlowe, Grandison*; entreprend une *Histoire générale des Voyages,* puis une *Histoire des Condés.* Au cours de ses dernières années, installé dans un bénéfice ecclésiastique, il médite un ouvrage à la gloire de la religion chrétienne; mais il meurt, frappé d'apoplexie, sans avoir réalisé son dessein.

UN CHEF-D'ŒUVRE ROMANESQUE

Le tome VII des *Mémoires d'un homme de qualité* (1731) contient le chef-d'œuvre de l'abbé Prévost : *La Véritable Histoire du chevalier Des Grieux et de Manon Lescaut,* qui connaîtra bientôt en France un grand succès et sera édité à part en 1753.

L'histoire d'une passion : Manon Lescaut.

La naissance d'un amour fatal. A la veille de quitter Amiens, où il vient d'achever ses études, pour regagner la maison paternelle, Des Grieux rencontre Manon et l'enlève en chaise de poste. Les deux jeunes gens s'installent à Paris. Manon, par amour du luxe, trompe cruellement Des Grieux qui, désespéré, finit par chercher l'oubli au séminaire de Saint-Sulpice. Manon lui rend visite au parloir : le voilà reconquis ! Il la suit et s'établit avec elle à Chaillot.

La déchéance de Des Grieux. Des Grieux est exploité par le frère de Manon, un fort mauvais sujet, puis ruiné par un incendie. Pour conserver celle qu'il aime, il emprunte et triche au jeu ; mais on lui vole ses gains. De connivence avec lui, Manon tente alors de duper le vieux G. M., qui les fait arrêter. Des Grieux s'évade en tuant un domestique de la prison ; il fait évader Manon avec la complicité d'un valet. Tous deux cherchent à se venger du vieux G. M. sur la personne de son fils, qui est amoureux d'elle : ils sont de nouveau arrêtés.

L'expiation. Des Grieux est libéré, mais Manon est déportée en Louisiane. Il prépare contre le convoi qui l'emmène un attentat à main armée ; mais ses complices se dérobent au moment décisif. Il suit alors Manon à la Nouvelle-Orléans, se bat en duel pour elle et l'entraîne avec lui dans le désert. Manon meurt, épuisée, mais purifiée par la souffrance ; Des Grieux, que son fidèle ami Tiberge est venu retrouver, rentre avec lui en France, anéanti.

Deux illustrations pour « Manon Lescaut ».
Dessins de Pasquier, édition de 1753. (B. N. Rés.)

Première rencontre
de Manon et du chevalier des Grieux.

Des Grieux rejoint Manon
dans le convoi des déportées.

LE TALENT DE PRÉVOST

Dans le cadre d'une histoire brève et intense, l'abbé Prévost a peint les mœurs de son temps; mais le roman vaut surtout par l'analyse implacable de la passion amoureuse qui entraîne le héros à sa perte et qui en fait avant la lettre une sorte de personnage romantique.

Le témoignage sur les mœurs. *Comme Lesage dans* Gil Blas, *l'abbé Prévost, dans* Manon Lescaut, *a peint l'immoralité tranquille et comme inconsciente du siècle.* Même lorsqu'il se repent, Des Grieux juge ses propres fautes avec une déconcertante indulgence. « Comme il n'y avait rien après tout dans le gros de ma conduite qui pût me déshonorer absolument, du moins en la mesurant sur celle des jeunes gens d'un certain monde, et qu'une maîtresse ne passe point pour une infamie dans le siècle où nous sommes, non plus qu'un peu d'adresse à s'attirer la fortune du jeu... » Sa corruption est celle de son temps, et l'abbé Prévost en témoigne par sa bouche. *En outre, l'abbé Prévost apparaît dans* Manon Lescaut *comme un initiateur de l'exotisme littéraire.* Il évoque les déportations en Louisiane, qui étaient fréquentes aux environs de 1720; il décrit, en utilisant des récits de voyageurs, les conditions de l'existence dans les terres du Nouveau Monde.

La peinture de la passion. *En même temps, l'abbé Prévost a su atteindre dans l'analyse psychologique à une vérité humaine qui apparente son roman aux chefs-d'œuvre du classicisme.* Il crée habilement le climat nécessaire à la naissance d'une passion : Manon, charmante, mais coquette, inconséquente, amorale, incapable de renoncer à la tentation d'un plaisir ou d'un bijou, est bien faite pour ensorceler et pour perdre un jeune homme naïf, faible et exalté. Des Grieux devient un jouet entre ses mains : elle le reprend quand il a voulu l'oublier; elle étouffe à chaque tentation les protestations de sa conscience; elle l'entraîne au crime et au déshonneur. Il demeure lucide et se rend compte qu'il est envoûté : « C'est mon devoir d'agir comme je raisonne; mais l'action est-elle en mon pouvoir? » Son drame est celui d'Oreste ou de Phèdre; et l'abbé Prévost a traité ainsi, sous la forme du roman, un sujet racinien.

La préfiguration du héros romantique. *Avec* Manon Lescaut, *cependant, l'abbé Prévost apportait une idéologie nouvelle.* Des Grieux fait hardiment de la passion l'excuse de toutes ses erreurs; il la justifie et oppose à l'idéal lointain d'un paradis à mériter l'idéal prochain d'un bonheur terrestre à conquérir : « L'amour, quoiqu'il trompe assez souvent, me promet du moins des satisfactions et des joies, au lieu que la religion veut qu'on s'attarde à une pratique triste et mortifiante. » Ainsi, de propos délibéré, il renverse les barrières de la religion, et aussi de la famille, de la morale, de la société; il brave les malédictions et sera finalement vaincu, victime de sa révolte. Il fait songer à René, avec moins de vague à l'âme; à Hernani, avec moins de panache; et, avant eux, au Saint-Preux de *La Nouvelle Héloïse*. En avance sur son siècle, l'abbé Prévost annonce ainsi de loin l'inspiration préromantique et romantique.

IV LA POÉSIE

UNE ÉPOQUE ANTIPOÉTIQUE

De toutes nos époques littéraires, la première moitié du XVIIIe *siècle est la plus pauvre en belles œuvres poétiques.* Elle justifierait l'opinion de Chénier : « De toutes les nations de l'Europe, les Français sont ceux qui aiment le moins la poésie et qui s'y connaissent le moins. »

On n'aime pas la poésie. Bien que certains poètes aient connu un succès qui atteignit parfois à l'enthousiasme, l'esprit général du public est hostile à la poésie. Quelques écrivains organisent contre elle une véritable campagne. Par un étrange paradoxe, c'est un poète, Houdart de la Motte, qui est à la tête du mouvement : ce curieux personnage, après avoir écrit quantité d'odes et d'églogues, et traduit en l'abrégeant *L'Iliade* d'Homère, se lança dans une grande controverse afin de prouver la supériorité de la prose sur la poésie, qui obscurcit la pensée et retarde les progrès de la raison. De même, Montesquieu voit dans les poètes des gens « dont le métier est de mettre des entraves au bon sens » et il ne cache pas son mépris pour les poètes lyriques, « qui font de leur art une harmonieuse extravagance ».

On ne comprend pas la poésie. En un temps où l'activité des écrivains est de plus en plus absorbée par les recherches philosophiques, la poésie est considérée comme le passe-temps futile de quelques oisifs, « une ressource innocente contre l'ennui ». Le seul agrément de la poésie réside dans « le vain mérite de la difficulté vaincue » : ainsi l'abbé de Pons compare le poète, qui lutte contre les difficultés de son art, à un danseur de corde. Le sens profond de la poésie est méconnu : le rythme n'est qu'un « bruit mesuré », peu digne de forcer l'attention d'hommes raisonnables. Vauvenargues ne craint pas d'écrire : « Les grands poètes pourraient employer leur esprit à quelque chose de plus utile pour le genre humain que la poésie. »

UNE PRODUCTION SANS ÉCLAT

Au reste, chez aucun poète ne brille l'étincelle du génie. *Certains s'obstinent à pratiquer la haute poésie, qui leur est pourtant fermée.* J.-B. Rousseau (1671-1741), follement célébré en son temps, fut considéré comme le continuateur de Malherbe et de Boileau; ses *Cantates*, ses paraphrases de *Psaumes*, ses *Odes* sacrées et profanes révèlent un sens réel de l'harmonie, malheureusement gâché par un ton oratoire d'une lassante solennité. Le Franc de Pompignan (1709-1784), ennemi des philosophes, auteur de poésies sacrées et d'*Odes*, passa pour un modèle de pureté; en fait, ce poète naïf et compassé ne survit guère que par son *Ode sur la mort de J.-B. Rousseau.*
D'autres, moins prétentieux, manient les petits genres, mieux appropriés au goût du jour. Ainsi, Gresset conte dans *Vert-Vert* l'histoire d'un perroquet qui s'égare dans un couvent de religieuses; Piron, l'infatigable railleur, excelle dans la chanson et trousse l'épigramme avec malice.

V LA PENSÉE MORALE : VAUVENARGUES (1715-1747)

Vauvenargues aurait pu accomplir une brillante carrière, si la chance avait secondé son mérite. Il voulait devenir un grand capitaine; mais l'occasion de s'illustrer lui fit défaut et la maladie ruina son beau projet. Il se consacra alors à la méditation solitaire. Ses Maximes *attestent son amour de la gloire, qu'il ne put satisfaire, son goût pour la vie active, que le destin contraria, sa virile énergie, qui le soutint jusqu'à ses derniers moments.*

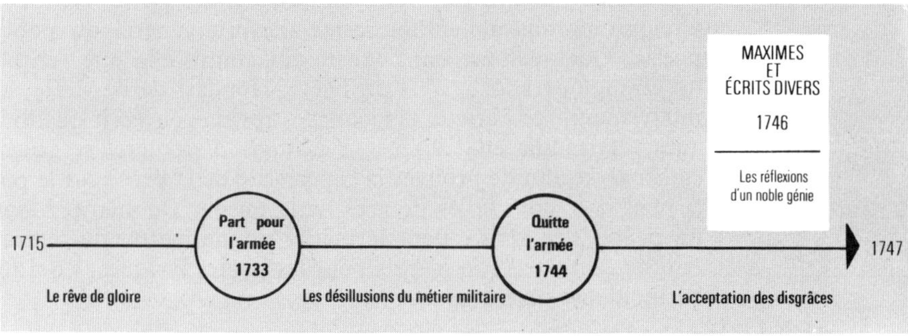

A Les étapes d'un cruel destin

Le rêve de gloire (1715-1733). Luc de Clapiers, marquis de Vauvenargues, conçut de bonne heure le dessein de vivre une existence glorieuse. Il possédait une noble ambition, fondée sur la conscience de son mérite et de ses ressources. A seize ans, la lecture de Plutarque exalte son imagination et touche son cœur. Lorsque, deux ans plus tard, il entre comme sous-lieutenant dans l'armée, il rêve de figurer dans l'histoire au rang des grands capitaines.

Les désillusions du métier militaire (1733-1744). La vie militaire le déçoit. Après s'être distingué en Italie, il doit reprendre une monotone vie de garnison; en 1741, il retourne au combat en Bohême; mais, au cours de la pénible retraite qui termine cette campagne, il tombe malade et on doit le rapatrier, les deux jambes gelées. En 1743, il franchit encore le Rhin, assiste à un nouveau désastre et éprouve la fragilité de sa santé. En 1744, le capitaine de Vauvenargues doit donner sa démission de l'armée.

L'acceptation des disgrâces (1744-1747). Vauvenargues songe un moment à s'illustrer dans la carrière diplomatique; mais comme on se décide enfin à accueillir sa demande, la petite vérole ruine pour toujours sa santé : c'est l'écroulement de tous ses rêves. Il se résigne avec mélancolie à son sort : installé à Paris, il revise les notes qu'il a prises, approfondit les réflexions qu'il a faites. Il a renoncé à toute ambition et s'abstient même de faire figurer son nom en tête des œuvres qu'il publie en 1746, un an avant de mourir.

B Les réflexions d'un noble génie

LE CRITIQUE LITTÉRAIRE

Vauvenargues avait dû interrompre ses études à cause de sa santé; il se cultiva seul. Les jugements sur les écrivains du XVIIe siècle qu'il sema dans ses *Maximes* ou réunit dans ses *Réflexions sur quelques poètes* attestent l'originalité de sa pensée.
Vauvenargues juge les auteurs en toute indépendance d'esprit. Il n'a pas le dogmatisme de Boileau et montre un goût plus personnel que celui de La Bruyère. Sa simplicité naturelle le rend hostile à l'emphase qu'il croit discerner chez Corneille; sa délicatesse est heurtée par les sujets « trop bas » de Molière; au contraire, il est attiré par l'ingénuité de Fénelon, et ses éloges coulent en effusion : « Quelle bonté de cœur, quelle sincérité se marque dans tes écrits! quel éclat de paroles et d'images! ah! que de trésors d'abondance dans ta riche simplicité! » Cette liberté de ton et de mouvement donne beaucoup d'attrait à sa critique.
En même temps, Vauvenargues est habile à pénétrer dans son originalité profonde le mérite d'un écrivain, à découvrir sa faculté maîtresse, à noter le trait dominant de son génie : « Corneille a éminemment la force, Boileau la justesse, La Fontaine la naïveté, Molière les saillies et la vive imitation de la nature.... » Il trouve parfois des formules saisissantes qui définissent un tempérament et illuminent une œuvre : « La raison n'était pas distincte, chez Boileau, du sentiment : c'était son instinct. » Il nuance ses remarques avec un sens très vif de la subtilité psychologique : « On admire, écrit-il à propos de La Fontaine, qu'un esprit si fin ait été en même temps si naturel. » Il excelle à embrasser en un coup d'œil unique des talents différents, qu'il éclaire l'un par l'autre : « La Bruyère était un grand peintre; il n'était peut-être pas un grand philosophe. Le duc de la Rochefoucauld était philosophe, mais n'était pas un peintre. » Il n'est pas moins habile à conduire une étude un peu longue, et son parallèle entre Corneille et Racine peut compter parmi ses meilleures pages. Dans l'ensemble de ses jugements, Vauvenargues a célébré la profondeur, la sobriété, l'honnêteté du génie français au XVIIe siècle : par la délicatesse de son goût et la sûreté de son instinct, cet autodidacte découvrait l'esprit du classicisme.

LE PSYCHOLOGUE

Vauvenargues a beaucoup étudié l'âme humaine. Comme La Bruyère, il peignit des « caractères » : ses meilleurs portraits sont ceux où il décrit des caractères généreux, Hégésippe le passionné, Lycas l'homme ferme, ou le malheureux Clazomène, si courageux, à l'image de Vauvenargues lui-même, pour supporter les coups du destin.
Vauvenargues n'a d'ailleurs pas borné sa curiosité à des analyses concrètes. Il méditait d'écrire un gros ouvrage de psychologie et plaça en tête de ses œuvres une *Introduction à la connaissance de l'esprit humain,* où il étudiait successivement les facultés, les passions, les vices et les vertus de l'âme. Il trouve souvent des formules denses où se résument une pensée claire et une observation profonde : « Le goût est une aptitude à bien juger des objets du sentiment. »

LE MORALISTE

Pour Vauvenargues, l'observation psychologique n'a pas sa fin en elle-même : elle doit déceler « l'origine des principales erreurs » et ainsi étayer une doctrine morale. Faute de temps, il s'est borné à consigner dans ses *Maximes* des remarques particulières. Ces remarques suffisent cependant à lui donner une figure originale, par rapport aux penseurs du siècle précédent.

L'indifférence au surnaturel. *Dieu est absent des* Maximes. *Vauvenargues n'est pas hostile à la religion, mais il ne la pratique pas et il proscrit toute préoccupation métaphysique*; c'est perdre son temps que de discuter sur « l'immortalité de l'âme, sur l'essence des corps et des esprits, sur le mouvement, sur l'espace... Il vaut mieux s'attacher à des choses vraies, instructives et profitables, qu'à ces grandes spéculations dont on ne peut rien conclure de raisonnable et de décisif ». Sa morale est toute terrestre et se circonscrit dans les limites mêmes de la vie. Si la sagesse chrétienne consiste essentiellement à se préparer à la mort, celle de Vauvenargues consiste au contraire à n'y pas songer, afin de vivre avec plénitude : « Pour exécuter de grandes choses, il faut vivre comme si on ne devait jamais mourir »; « La pensée de la mort nous trompe, car elle nous fait oublier de vivre. »

La défiance à l'égard de la raison. *Vauvenargues écarte aussi la doctrine stoïcienne, qui présente l'avantage de proposer une sagesse tout humaine, mais qui fait trop de crédit à la raison.* A son avis, la raison « nous trompe plus souvent que la nature »; elle conseille souvent une peu glorieuse prudence, alors que « les grandes pensées viennent du cœur ». Nous trouvons dans notre cœur « les semences de bonté et de justice »; nous y trouvons aussi le germe de passions fécondes : « Aurions-nous cultivé les arts sans les passions, et la réflexion toute seule nous aurait-elle fait connaître nos ressources ? » L'amour, l'ambition des honneurs, le désir de la gloire ne sont pas pour Vauvenargues les manifestations d'un fâcheux égoïsme, ni des faiblesses dangereuses qui troublent la sérénité intérieure, mais de précieux moteurs pour l'activité humaine.

Le culte de l'action. *Au gré de Vauvenargues, l'action est la loi même de la vie :* « Plus nous agissons, plus nous produisons, plus nous vivons. » L'homme a besoin d'elle pour être heureux; et « il n'est pas de plus doux plaisir que le fruit du travail ». Aussi la plus précieuse des facultés humaines est-elle la volonté ; et la première des vertus, le courage, qui est la mesure de la grandeur d'âme. *Ainsi Vauvenargues propose un idéal d'héroïsme et de dévouement ; il recommande, pour y atteindre, de suivre les généreuses impulsions de l'instinct.* Les philosophes ont vainement rempli leurs ouvrages « d'invectives contre la nature ». L'homme n'est pas déchu, comme le pense Pascal, ni gâté par les passions, comme le croient les stoïciens, ni corrompu par l'amour-propre, comme le prétend La Rochefoucauld; il mérite qu'on lui « restitue toutes ses vertus ». Vauvenargues s'y est employé : par son robuste optimisme, il réconcilie l'homme avec lui-même et avec la vie.

L'ÉCRIVAIN

Au service d'une pensée pénétrante et noble, Vauvenargues mettait d'éminentes qualités d'écrivain. Son mérite tient surtout à la netteté concise de sa langue et à la fraîcheur de ses images.

Vauvenargues cultive cette netteté qu'il définit comme « le vernis des maîtres ». Selon lui, « l'obscurité est le royaume de l'erreur »; d'accord avec Boileau et La Bruyère, il estime que toute pensée juste et profonde doit être exprimée simplement. Il se préoccupe surtout de définir les termes avec rigueur, de les employer avec discernement; et le mérite de l'idée frappe d'autant plus que l'expression est plus dépouillée et plus sobre : « La guerre est moins onéreuse que la servitude »; « On ne peut être juste si on n'est pas humain. » Il condamne les ornements trompeurs et se méfie de l'éloquence. Ses maximes les plus réussies sont celles qui éveillent en quelques mots tout un monde de réflexions, grâce à un rapprochement de termes inattendu, mais profondément réfléchi : « Nos plus sûrs protecteurs sont nos talents »; « L'art de plaire est l'art de tromper. »

Parfois, cependant, Vauvenargues, suivant la pente d'un naturel aimable, rehausse ses maximes d'images qui le rapprochent de Fénelon, plutôt que du pur usage classique. Il lui arrive même de paraître mièvre, au jugement de Voltaire : « Les premiers jours du printemps ont moins de grâce que la vertu naissante d'un jeune homme »; « Les feux de l'amour ne sont pas si doux que les premiers regards de la gloire. » Ses impressions naissent d'une imagination fraîche et qui demeure toujours guidée par une réflexion psychologique ou morale.

L'ŒUVRE DE VAUVENARGUES

Vauvenargues vécut en indépendant; et on fausserait le sens de son œuvre si l'on prétendait l'expliquer par l'influence exclusive d'une école. Par son goût, il est un héritier du classicisme. Par sa doctrine morale, il se rattache à l'humanisme du XVIIIe siècle : comme Voltaire, il exalte la justice et fait confiance à l'homme. Quelques-unes de ses idées, enfin, le font apparaître comme un précurseur : hostile au scepticisme mondain, à la frivolité, à l'ironie, à la « raison » implacable et sèche, ardent à exalter les mouvements de l'instinct, les élans de la passion et la bonté de la nature, il fait parfois songer à Rousseau. Comme la plupart des romantiques, il fut hanté par le désir de vivre une destinée singulière; enfin, par son culte de l'action et de l'énergie, il s'apparente aux héros stendhaliens.

OUVRAGES A CONSULTER

SAINT-SIMON, *Mémoires*, éd. G. Truc, Pléiade, Gallimard. MARIVAUX. *Théâtre complet*, 2 vol., *La Vie de Marianne*, *Le Paysan parvenu*, éd. F. Deloffre, Classiques Garnier, 1968 et 1957-1959. PREVOST. *Manon Lescaut*, éd. F. Deloffre et R. Picard, Classiques Garnier, 1965.
Y. COIRAULT. *L'Optique de Saint-Simon*, A. Colin, 1965. M. ARLAND. *Marivaux*, Gallimard, 1950. F. DELOFFRE. *Marivaux et le marivaudage*, Les Belles-Lettres, 1965. H. COULET. *Le Roman jusqu'à la Révolution*, coll. U, A. Colin, 1966. R. LAUFER. *Lesage et le métier de romancier*, Gallimard, 1971. J. SGARD, *Prévost romancier*, José Corti, 1968.

I *PORTRAIT DU DUC DE BOURGOGNE*

Il était plutôt petit que grand, le visage long et brun, le haut parfait avec les plus beaux yeux du monde, un regard vif, touchant, frappant, admirable, assez ordinairement doux, toujours perçant, et une physionomie agréable, haute, fine, spirituelle jusqu'à inspirer de l'esprit. Le bas du visage assez pointu, et le nez long, élevé, mais point beau, n'allait pas si bien; des cheveux châtains si crépus et en telle quantité qu'ils bouffaient à l'excès; les lèvres et la bouche agréables quand il ne parlait point; mais quoique ses dents ne fussent pas vilaines, le râtelier supérieur s'avançait trop et emboîtait presque celui de dessous, ce qui, en parlant et en riant, faisait un effet désagréable. Il avait les plus belles jambes et les plus beaux pieds qu'après le roi j'aie jamais vus à personne, mais trop longues, aussi bien que ses cuisses, pour la proportion de son corps. Il sortit droit d'entre les mains des femmes. On s'aperçut de bonne heure que sa taille commençait à tourner. On employa aussitôt et longtemps le collier et la croix de fer, qu'il portait tant qu'il était dans son appartement, même devant le monde; et on n'oublia aucun des jeux et des exercices propres à le redresser. La nature demeura la plus forte. Il devint bossu, mais si particulièrement d'une épaule qu'il en fut boiteux, non qu'il n'eût les cuisses et les jambes parfaitement égales, mais parce que, à mesure que cette épaule grossit, il n'y eut plus, des deux hanches jusqu'aux pieds, la même distance, et, au lieu d'être à plomb, il pencha d'un côté.

SAINT-SIMON, *Mémoires*.

Situation du passage.

Le duc de Bourgogne, dont Saint-Simon nous présente ici le portrait, n'est autre que l'élève de Fénelon. Petit-fils du roi, fils du Grand Dauphin, père de celui qui devint plus tard Louis XV, il devait succéder à Louis XIV. Saint-Simon, qui aimait et admirait le jeune prince, fut parmi ses partisans les plus convaincus; il l'avait intéressé à ses projets de réformes sociales et comptait accéder au pouvoir en même temps que lui. Cet espoir fut déçu par la mort mystérieuse et prématurée du duc de Bourgogne, en 1712.

Le portrait.

Le portrait « en pied » du duc de Bourgogne commence par la description de son visage. A peine un trait de crayon à la hâte, pour esquisser approximativement la silhouette de son modèle : *il était plutôt petit que grand.* Puis le peintre entreprend l'étude approfondie de la physionomie : telle est la méthode habituelle de Saint-Simon, toujours avide de pénétrer, sous les traits d'un être humain, tout ce qui porte la marque de son tempérament et de ses pensées intimes. Le visage du duc présente une étrange dissymétrie : *le haut* est *parfait avec les plus beaux yeux du monde, un regard vif, touchant, frappant, admirable, assez ordinairement doux, toujours perçant.* Saint-Simon accumule ainsi, sans liaison aucune, les épithètes, qui, en se superposant et en se corrigeant les unes par les autres, finissent par donner la note exacte et comme la sensation même de la réalité. De même, sa *physionomie* était *agréable, haute, fine, spirituelle jusqu'à inspirer de l'esprit.* Saint-Simon, qui considérait le duc de Bourgogne comme un esprit brillant, se plaît ici à déceler dans les traits de son visage des témoignages de son intelligence.

Malheureusement, *le bas du visage assez pointu, et le nez long, élevé, mais point beau, n'allait pas si bien.* Cette phrase, à dessein terminée par une expression dont la familiarité fixe l'attention, et les notations suivantes sur les *cheveux*, les *lèvres*, la *bouche* et les *dents*, qui s'entassent avec un certain désordre (pourquoi insérer une description des cheveux dans les lignes consacrées au *bas du visage?*) nous laissent deviner, sous le masque de tous les jours, l'âme complexe et insaisissable du duc de Bourgogne. D'esprit élevé, mais dur et ombrageux, il cédait en son jeune âge à des emportements furieux, que Fénelon seul sut dompter, grâce à sa souple ténacité. Cette dualité éclate dans le portrait tracé par Saint-Simon : le haut du visage, si harmonieux, c'est l'élément noble; le bas, ce *nez long*, ces *dents* qui avancent, ce sont les instincts mauvais, le goût de la raillerie, la fougue colérique. L'allure du passage, malgré l'accumulation des adjectifs, est rapide et saccadée : c'est presque le ton d'un signalement de police. Au reste, avec quel réalisme, dépourvu de toute complaisance, Saint-Simon représente celui qui fut « son duc »! *Le râtelier supérieur s'avançait trop et emboîtait presque celui de dessous.* Le style de l'écrivain a souvent de ces éclairs : un mot comme *emboîtait* est bien choisi, et tellement riche dans sa précision, que l'image aussitôt en jaillit, puissante, originale, toujours vraie. Ainsi, cette mâchoire qui avance se rabat sur la mâchoire inférieure comme le couvercle d'une boîte.

Après avoir minutieusement décrit le visage, Saint-Simon passe sans transition au bas du corps. Là encore, les contrastes sont mis en relief : *il avait les plus belles jambes et les plus beaux pieds qu'après le roi j'aie jamais vus à personne*; mais la critique succède immédiatement à l'éloge, car l'affection que Saint-Simon portait au duc n'émousse en rien sa cruelle perspicacité : ses jambes étaient *trop longues, aussi bien que ses cuisses, pour la proportion de son corps.* A point nommé surgit le terme évocateur, qui se grave dans l'esprit : *on s'aperçut de bonne heure que sa taille commençait à tourner.* Une extrême minutie préside, dès lors, à la description de sa disgrâce physique; rien n'est omis, ni *le collier et la croix de fer*, qu'on faisait porter à l'enfant, ni les *jeux* et les *exercices*, qu'on lui imposait pour essayer de redresser sa taille. Une courte phrase, qui contraste avec les longues périodes voisines, exprime, dans sa banale sécheresse, le caractère tragique de l'évolution qui fit du jeune duc un infirme : *la nature* fut *la plus forte.* Le duc est *bossu*; le duc est *boiteux.* Et l'examen approfondi de cette double infirmité est aussi impitoyable qu'une dissection; *non qu'il n'eût les cuisses et les jambes parfaitement égales... et, au lieu d'être à plomb, il pencha d'un côté.* Cette sûreté de main, cette cruauté aussi, font penser aux peintures de Goya; il est des moments où Saint-Simon effraie à force d'exactitude et de réalisme; rien d'humain chez lui; son regard enregistre tout implacablement, comme ferait une machine.

Conclusion.

Ce passage est caractéristique de la manière de Saint-Simon. Le **peintre procède par petites touches,** accumule les traits, compose peu à peu un portrait auquel rien ne manque : peut-être même cette multitude de détails nuit-elle au relief de l'ensemble. **La passion, cependant, anime ces notations si minutieuses :** l'écrivain possède un style si riche dans sa correction parfois douteuse, si fertile en revirements subits, en raccourcis fulgurants, en images originales, qu'on ne songe guère à lui reprocher d'avoir développé son portrait avec une complaisance quelque peu excessive.

SILVIA.
Trêve de badinage; c'est un homme de condition qui m'est prédit pour époux, et je n'en rabattrai rien.

DORANTE.
Parbleu! Si j'étais tel, la prédiction me menacerait; j'aurais peur de la vérifier. Je n'ai point de foi à l'astrologie, mais j'en ai beaucoup à ton visage.

SILVIA, *à part.*
Il ne tarit point.... *Haut.* Finiras-tu? Que t'importe la prédiction, puisqu'elle t'exclut?

DORANTE. Elle n'a pas prédit que je ne t'aimerais point.

SILVIA. Non, mais elle a dit que tu n'y gagnerais rien, et moi, je te le confirme.

DORANTE.
Tu fais fort bien, Lisette, cette fierté-là te va à merveille, et quoiqu'elle me fasse mon procès, je suis pourtant bien aise de te la voir; je te l'ai souhaitée d'abord que je t'ai vue; il te fallait encore cette grâce-là et je me console d'y perdre, parce que tu y gagnes.

SILVIA, *à part.*
Mais en vérité, voilà un garçon qui me surprend, malgré que j'en aie... *Haut.* Dis-moi, qui es-tu, toi qui me parles ainsi?

DORANTE. Le fils d'honnêtes gens qui n'étaient pas riches.

SILVIA.
Va, je te souhaite de bon cœur une meilleure situation que la tienne et je voudrais y contribuer, la fortune a tort avec toi.

DORANTE.
Ma foi, l'amour a plus tort qu'elle; j'aimerais mieux qu'il me fût permis de te demander ton cœur, que d'avoir tous les biens du monde.

SILVIA, *à part.*
Nous voilà, grâce au Ciel, en conversation réglée. *Haut.* Bourguignon, je ne saurais me fâcher des discours que tu me tiens, mais, je t'en prie, changeons d'intention. Venons à ton maître. Tu peux te dispenser de me parler d'amour, je pense.

DORANTE. Tu pourrais bien te passer de m'en faire sentir, toi.

SILVIA.
Ah! je m'en fâcherai; tu m'impatientes. Encore une fois, laisse là ton amour.

DORANTE. Quitte donc ta figure.

SILVIA, *à part.*
A la fin, je crois qu'il m'amuse.... *Haut.* Eh bien, Bourguignon, tu ne veux donc pas finir? Faudra-t-il que je te quitte? *à part.* Je devrais déjà l'avoir fait.

MARIVAUX, *Le Jeu de l'Amour et du Hasard*, I, 7.

Situation du passage.

Dorante, sous un déguisement de valet, après avoir annoncé à la famille de Silvia la venue de son prétendu maître, se trouve pour la première fois seul avec la jeune fille sous un déguisement de soubrette. Ils ont, avec l'habit, le tutoiement qui convient à des domestiques, mais les manières et le langage de personnes de qualité. Ce contraste est déjà un élément d'intérêt pour le spectateur; et il va faire naître chez les deux partenaires un étonnement réciproque, qui est sur le chemin de l'amour.

Le texte.

Au début de la scène, Dorante a admiré la distinction de Silvia, et elle lui a répondu, pour couper court à ses avances, qu'elle a juré de n'aimer jamais qu'une personne de condition; Dorante a riposté qu'il a fait le même serment et qu'après tout, ils sont peut-être tous deux de condition sans le savoir.

Silvia rompt le cours de l'entretien, car elle ne veut pas écouter les galanteries d'un valet : *Trêve de badinage...* mais elle ne part pas, car sa curiosité est éveillée. Le dialogue va rebondir d'abord autour de l'idée de prédiction qu'elle a lancée; ses paroles, qui décourageraient un vrai valet, font réfléchir Dorante; on sent que l'intérêt qu'il prend est déjà assez fort pour le troubler : *La prédiction me menacerait; j'aurais peur de la vérifier.* Il songe au préjugé social dont son amour finira par triompher : ce serait un scandale pour un gentilhomme d'épouser une soubrette. Mais il est encore assez calme pour mentir : *Si j'étais tel...* et pour faire de l'esprit grâce à un rapprochement de mots inattendu, *j'ai foi... à ton visage*, c'est ta beauté qui me fait croire à la prédiction.

Cette nouvelle élégance de langage retient Silvia et la scène est ponctuée d'un aparté qui révèle au spectateur son admiration involontaire : *Il ne tarit point.* De nouveau, pourtant, elle fait mine de vouloir arrêter l'entretien : *Finiras-tu?*; mais elle est prise au jeu et interroge, curieuse de l'homme, puisqu'elle est curieuse de ce qu'il trouvera à répondre : *Que t'importe la prédiction, puisqu'elle t'exclut?* Dorante se garde bien de révéler la vérité (la prédiction ne l'exclut pas, puisqu'il est gentilhomme); mais il se pare gracieusement d'un amour sans espoir : *elle n'a pas prédit que je ne t'aimerais point*, dans une réplique qui amène une rebuffade inattendue de Silvia : *Non, mais elle a dit que tu n'y gagnerais rien, et moi, je te le confirme.* De nouveau, l'entretien semble rompu. En tout cas, c'en est fini de ce nouveau badinage, le badinage sur la prédiction.

Après s'être étonnés de découvrir l'un chez l'autre la distinction du langage et de l'esprit, Dorante et Silvia vont s'étonner de découvrir l'un chez l'autre la distinction morale. La fierté de Silvia séduit Dorante : *Cette fierté-là te va à merveille... il te fallait encore cette grâce.* Réplique étonnante dans la bouche d'un valet, par la délicatesse du sentiment, et aussi, comme toujours, par la forme; la phrase est même un peu recherchée; Dorante emploie hardiment l'abstrait, à la manière des précieuses : *Quoique* cette fierté *me fasse mon procès;* et l'antithèse : *Je me console d'y perdre, parce que tu y gagnes.*

Silvia est séduite de voir qu'il a assez de délicatesse pour apprécier sa fierté; et sa surprise croissante est marquée par un nouvel aparté : *Mais en vérité...* Sa curiosité est décidément sollicitée; maintenant elle ne songe plus à rompre l'entretien, et elle interroge de nouveau; Dorante a fait un progrès de plus dans son cœur : *Dis-moi, qui es-tu, toi qui me parles ainsi?* Contre toute évidence, elle pense que Dorante ne peut être un valet; elle le plaint et voudrait l'aider : *la fortune a tort avec toi...*; sous cette générosité perce l'amour naissant. Et Dorante répond par un nouveau jeu d'esprit, en reprenant au vol le mot de Silvia, qu'il accole à un sujet différent : *Ma foi, l'amour a plus tort qu'elle.* Mais en lui, l'émotion monte, et la parole, de spirituelle, devient enflammée : *J'aimerais mieux qu'il me fût permis...* Silvia le sent, et son aparté : *Nous voilà, grâce au Ciel, en conversation réglée*, traduit cette fois une brusque prise de conscience, en présence d'une situation décidément inconvenante. De nouveau, elle va rompre l'entretien. On sent percer dans ses paroles une excuse qu'elle se donne elle-même : *Je ne saurais me fâcher...* Se fâche-t-on en effet des propos d'un valet? Mais est-ce maladresse ou coquetterie inconsciente? En faisant taire Dorante, elle le ramène à son sujet : *Tu peux te dispenser de me parler d'amour, je pense.* Comme tout à l'heure, Dorante montre la vivacité de son esprit en reprenant le mot de Silvia : *Tu pourrais bien te passer de m'en faire sentir, toi*, mettant en antithèse *sentir* et *parler*. Le ton de Silvia devient de plus en plus ému et direct : *Ah! Je m'en fâcherai; tu m'impatientes;* et elle donne à Dorante l'occasion d'une nouvelle pointe : *laisse là ton amour. — Quitte donc ta figure.* Encore une fois, l'esprit de Dorante sert sa cause. Et puis, la vanité de Silvia est flattée : *A la fin, je crois qu'il m'amuse.* Elle parle encore de partir, mais cette fois au futur : *Faudra-t-il que je te quitte?* Et, en écoutant ses propres paroles, elle a honte de sa faiblesse : *Je devrais déjà l'avoir fait.* En deux répliques, elle est passée d'une feinte impatience au sourire et du sourire à la honte.

Conclusion.

L'intérêt psychologique. Dorante n'a encore pour Silvia qu'un sentiment naissant. Son esprit est encore libre : il en joue pour la conquérir; mais certaines phrases révèlent déjà une émotion assez profonde. Silvia est moins maîtresse d'elle; elle fait moins d'esprit; on sent dans toute leur spontanéité naître en elle la curiosité, l'intérêt, l'admiration, qui éveilleront l'amour; déjà elle est à la fois flattée, attirée et mal à l'aise, car son orgueil n'admet pas le sentiment qui naît en elle : elle se révèle nerveuse, instable. Marivaux sait ainsi saisir les nuances les plus fragiles, toutes les finesses du cœur.

L'intérêt dramatique. L'intérêt dramatique est lié à l'intérêt psychologique. On voit lentement monter la curiosité et l'amour dans le cœur de Dorante et surtout dans celui de Silvia. Dorante gagne peu à peu sa cause et l'auteur nous le fait sentir par les apartés de Silvia et par le progrès de l'émotion dans le dialogue; Silvia, prise entre son amour-propre, qui l'éloigne de Dorante, et l'amour qui s'insinue en elle, ne cesse de chercher à rompre l'entretien, pour le laisser rebondir, puisqu'elle ne peut se décider à partir. La scène puise donc son mouvement et son rythme dans le jeu profond des sentiments.

Le style. Dorante conquiert surtout Silvia par la délicatesse de son esprit : il n'est donc pas étonnant que son rôle soit rempli de pointes. Tous deux s'expriment avec une extrême élégance : c'est elle qui fait le piquant du dialogue. Le style est ainsi en harmonie profonde avec le sens général de la scène.

SUJETS DE COMPOSITION FRANÇAISE

1 Saint-Simon prit l'habitude, dès 1694, de noter ses impressions. Il écrit vers cette date à l'un de ses amis pour lui faire part de son projet d'écrire des Mémoires.

2 Commenter ce jugement de Gustave Larroumet sur Marivaux : « Que l'on suppose un instant la littérature française privée des comédies de Regnard, des tragédies de Voltaire, certes elle manquerait d'œuvres excellentes à divers titres, mais notre patrimoine littéraire en serait-il diminué ?... Enlevez au contraire le théâtre de Marivaux : vous mutilerez non seulement la littérature française, mais l'esprit français. »

3 Justifier cette indication de Jean Giraudoux sur les personnages de Marivaux : « Le débat du héros et de l'héroïne n'est pas le jeu d'une coquetterie..., mais la recherche d'un assentiment puissant qui les liera pour une vie commune. »

4 Le personnage de Manon dans *Manon Lescaut.*

5 Illustrer cette maxime de Vauvenargues : « La modération des faibles est médiocrité. »

CHAPITRE III

Montesquieu. Gravure de Henriquez.

MONTESQUIEU

Aucune crise importante n'a marqué l'existence paisible de Montesquieu. Comme ses aïeux, il est d'abord magistrat; pour se distraire, il écrit son premier grand ouvrage, les Lettres persanes, *où se trouve esquissée avec esprit une critique hardie des institutions et des mœurs françaises. Libéré bientôt de sa charge parlementaire, il se consacre à l'étude et à la réflexion. Il précise et affermit ses idées politiques pendant un séjour en Angleterre; puis il se retire dans son château de la Brède, où il rédige ses* Considérations sur les causes de la grandeur des Romains et de leur décadence, *œuvre historique pleine de vues pénétrantes et neuves, puis* L'Esprit des Lois, *véritable traité de philosophie politique. Enfin, de précieux* Cahiers *permettent de mieux définir son attitude devant la vie et le monde. La vigueur et la continuité de la réflexion donnent à l'œuvre de Montesquieu une puissante unité; elles font apparaître son auteur comme l'un des penseurs les plus profonds de son siècle.*

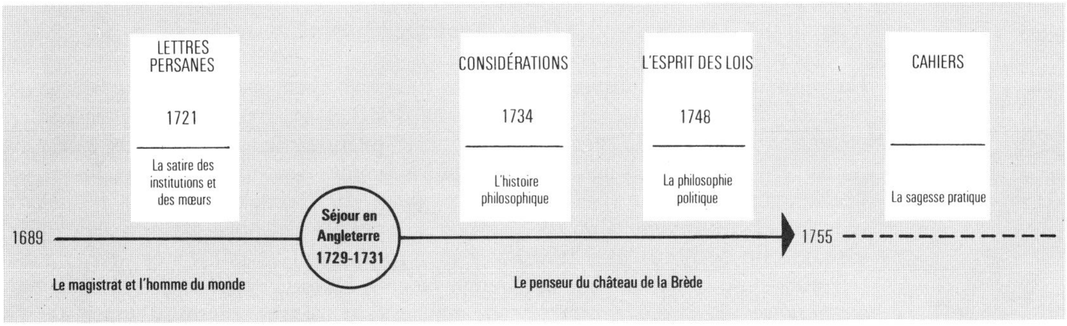

I LA CARRIÈRE DE MONTESQUIEU

A Le magistrat et l'homme du monde (1689-1731)

LA JEUNESSE DE MONTESQUIEU (1689-1721)

Charles-Louis de Secondat, baron de la Brède et de Montesquieu, est né au château de la Brède, non loin de Bordeaux. Il appartient à une famille de parlementaires. Il fait de solides études chez les Oratoriens de Juilly, puis il étudie le Droit. En 1716, il est président à mortier au Parlement de Guyenne; mais il manifeste peu d'intérêt pour ses fonctions. Afin de se distraire, il donne dans le goût du temps pour l'érudition et pour les recherches scientifiques : il rédige pour l'Académie de Bordeaux, dont il est membre, une *Dissertation sur la politique des Romains dans la religion*, puis des mémoires *Sur les causes de l'écho*, *Sur l'usage des glandes rénales*, *Sur le flux et le reflux de la mer*... Surtout, il se délasse en écrivant secrètement une sorte de roman oriental par lettres, qui parut en 1721, à Amsterdam, sous le voile de l'anonymat : ces *Lettres persanes* connurent d'emblée un succès considérable.

LES LETTRES PERSANES (1721)

L'Orient était fort à la mode, en France, depuis environ cinquante ans; Montesquieu se souvient de plusieurs ouvrages qui avaient vivement intéressé le public : *Les Amusements sérieux et comiques d'un Siamois à Paris*, par Dufresny (1707); les récits de voyages de Tavernier (1676-1719) et Chardin (1711); la traduction par Galland des *Mille et une Nuits* (1704-1717). Il imagine que deux Persans, Usbek et Rica, visitent l'Europe, en particulier la France : les deux voyageurs écrivent leurs impressions à leurs compatriotes, qui les tiennent au courant de ce qui se passe en Perse. Le genre de la lettre permettait à Montesquieu de passer avec désinvolture d'un sujet à l'autre et de présenter tour à tour des aspects variés de son souple talent.

Le roman libertin. *Une intrigue de harem constitue la trame de l'ouvrage.* En l'absence du respectable Usbek, le grand eunuque noir a toutes sortes de difficultés avec le sérail de son maître. En donnant ainsi aux *Lettres persanes* un aspect licencieux, Montesquieu ne cédait pas seulement au goût du temps : il faisait passer sans trop de risque des attaques hardies contre le régime qu'on n'aurait pas tolérées dans un écrit d'apparence plus sérieuse.

La peinture des mœurs. *Les* Lettres persanes *contiennent toute une galerie de portraits*, à la façon de La Bruyère, mais dessinés avec plus de mouvement et de bonne humeur : le fermier d'impôts, le poète famélique, le vieux guerrier (lettre 48); le grand seigneur, l'homme à bonnes fortunes, le nouvelliste; le décisionnaire (lettre 72). *Elles évoquent aussi des scènes de la vie parisienne* : le lecteur est promené d'un café où l'on se querelle à propos d'Homère jusqu'à un salon où de beaux esprits vantent réciproquement leurs mérites; des Tuileries où s'étale la badauderie parisienne jusqu'à l'Académie française, « ce corps à quarante têtes toutes remplies de figures, de métaphores et d'antithèses ».

La lecture d'une gazette (B. N. Est.)

La satire des institutions. *Enfin un grand nombre de lettres touchent à des questions religieuses, morales ou politiques.* Montesquieu ne respecte rien : son ironie s'exerce à propos du pape, comme à propos du roi, représenté sous l'aspect d'un despote oriental. Il aborde avec une hardiesse inaccoutumée le problème du divorce (lettre 116) ou de la dépopulation (lettre 117). Il expose ses idées sur les colonies, sur l'esclavage, sur les lois; il esquisse, dans son tableau allégorique des Troglodytes, le portrait d'une république idéale fondée sur la vertu (lettres 11 à 14). Ces pages contiennent les germes d'idées maîtresses, qui s'épanouiront dans *L'Esprit des Lois.*

L'ORIGINALITÉ DES LETTRES PERSANES

Les *Lettres persanes* présentent des aspects profondément originaux. *D'abord Montesquieu inaugure une méthode nouvelle*; il étudie, non plus l'homme en général, mais des hommes considérés en particulier et différents selon les latitudes : « C'est bien la même terre qui nous porte tous deux, écrit Rica à son ami Ibben, mais les hommes du pays où je vis et ceux du pays où tu es sont des hommes bien différents. » *En outre, il aborde des sujets nouveaux* : loin de s'en tenir, comme on le faisait au siècle précédent, à des discussions littéraires ou à la satire sociale, il pose les problèmes les plus graves, sape sans avoir l'air d'y toucher des principes encore indiscutés, formule des théories, suggère des réformes. *Enfin, la forme même est nouvelle* : déjà La Bruyère avait substitué à la période oratoire la phrase courte et incisive; avec Montesquieu, l'expression gagne encore en vivacité légère et spirituelle, et une ironie corrosive commence à se donner carrière.

LE VOYAGE DE MONTESQUIEU

Après la publication des *Lettres persanes*, Montesquieu est accueilli dans les milieux les plus brillants. Il fréquente le Club de l'Entresol, le salon de Mme de Lambert; il écrit un ouvrage léger, *Le Temple de Gnide*, confession sentimentale à peine voilée (1725). En 1726, cependant, il se démet de sa charge pour se consacrer à ses travaux. De plus en plus, il s'intéresse à l'étude des constitutions politiques. Soucieux de confronter ses connaissances livresques avec la réalité, il entreprend de 1728 à 1731 un grand voyage à travers l'Europe.

Montesquieu visite d'abord l'Allemagne, l'Autriche, l'Italie, la Suisse et la Hollande. A La Haye, il entre en relation avec Lord Chesterfield et, en octobre 1729, il s'embarque avec lui pour l'Angleterre. A Londres, il est présenté à la Cour, fréquente les milieux aristocratiques et se fait recevoir comme membre de la Royal Society. Il lit les journaux anglais; il assiste assidûment aux séances des deux chambres; il étudie avec lucidité le mécanisme d'une constitution grâce à laquelle, selon la formule de son ami Chesterfield, « les lois établies empêchent également la monarchie de dégénérer en tyrannie et la liberté en licence ». Il note ses observations, compare, tire des conclusions. Son séjour de deux ans en Angleterre enrichit sa pensée et lui fournit les matériaux indispensables à l'élaboration du grand ouvrage qu'il médite déjà, *L'Esprit des Lois.*

B Le seigneur de la Brède (1731-1755)

LES CONSIDÉRATIONS (1734)

A son retour d'Angleterre, Montesquieu se fixe dans sa terre de la Brède. Il cherche dans les constitutions antiques une confirmation de ses récentes expériences et rédige sur l'histoire du peuple romain un chapitre destiné à *L'Esprit des Lois*. Mais le chapitre prend une telle ampleur qu'il décide de le publier à part : ce sont les *Considérations sur les causes de la grandeur des Romains et de leur décadence*, qui parurent en 1734, à Amsterdam, toujours sans nom d'auteur.

L'Histoire philosophique : les Considérations.

La grandeur romaine (chap. I à VIII). Parmi les causes qui expliquent cette grandeur, le mouvement de l'exposé permet d'en discerner trois essentielles.

La force des institutions militaires. Rome, vouée dès ses origines à la guerre permanente, créa les conditions techniques du succès militaire par l'organisation de l'armée, l'éducation des soldats, la rigueur de la discipline, et les conditions morales, grâce au partage des terres, « chacun ayant un égal intérêt, et très grand, à défendre sa patrie ». Elle put ainsi triompher des Gaulois, de Pyrrhus, d'Hannibal, et conquérir la Grèce, la Macédoine, la Syrie, l'Égypte.

L'habileté de la politique extérieure. Le Sénat Romain fonda sa politique sur des principes constants : séparer pour conquérir, diviser pour régner. Seul Mithridate résista quelque temps.

La sagesse de la politique intérieure. La structure de l'État et le jeu des institutions républicaines rendirent fatales les luttes civiles ; mais ces luttes, loin d'être une cause de décadence, donnaient l'occasion de corriger des abus et attestaient l'existence de la liberté.

La crise (chap. IX à XIII). Rome devait périr de sa propre grandeur. L'Empire devint si étendu que les soldats éloignés de la métropole « perdirent peu à peu l'esprit de citoyens » ; le droit de cité fut si largement octroyé que, finalement, « les sentiments romains ne furent plus ». En outre, les mœurs se corrompirent ; la philosophie grecque gâta les esprits et les cœurs ; le sentiment religieux s'affaiblit ; l'amour du luxe ruina le sens de l'honnêteté et le goût du travail. Profitant de cette situation générale, Sylla, Pompée, César, violèrent la constitution ; et Auguste put instaurer un régime nouveau.

La décadence romaine (chap. XIV à XXIII). Avec Tibère et Caligula, la tyrannie s'établit. Les Romains demeurent asservis sous les maîtres de mérite inégal qui se succèdent jusqu'à Antonin. D'Antonin à Probus, la décadence s'accentue : l'Empire se divise ; la discipline se relâche. Les Barbares menacent Rome : l'Empire d'Occident est le premier abattu ; l'Empire d'Orient, malgré sa faiblesse, subsiste plus longtemps, mais il se ruine peu à peu.

L'INTÉRÊT DES CONSIDÉRATIONS

Dans les Considérations, *comme dans les* Lettres persanes, *la méthode est neuve.* Montesquieu traite son sujet sans idées préconçues, en partant des faits et en recherchant leur explication. Cette attitude le distingue de ses prédécesseurs, Machiavel, qui tirait de l'histoire romaine des leçons de scepticisme politique, Saint-Evremond, qui cultivait le paradoxe et l'hypothèse, Bossuet, qui cherchait dans la marche de l'Histoire l'intervention de la Providence. Montesquieu s'efforce de reconstituer toute la série des intermédiaires qui rattachent les événements à des causes profondes, et il institue ainsi le déterminisme historique. *En outre, la langue possède une constante tenue.* La phrase, parfois périodique, mais sans emphase, plus souvent brève, mais sans sécheresse, rehaussée de comparaisons, d'antithèses, d'images saisissantes, de formules suggestives, garde constamment, dans son allure, une sorte de dignité romaine.

LA PRÉPARATION DE L'ESPRIT DES LOIS

Après 1734, Montesquieu se consacre à l'œuvre immense qui a été la préoccupation de toute sa vie. Il enrichit de l'expérience de ses voyages et de l'apport de ses nouvelles lectures le trésor des matériaux qu'il a déjà accumulés sur les problèmes posés par le gouvernement des sociétés; et il rédige *L'Esprit des Lois*. Il connaît parfois des heures de découragement : « J'ai bien des fois commencé et bien des fois abandonné cet ouvrage; j'ai mille fois envoyé au vent les feuilles que j'avais écrites. » Il s'échappe alors vers Paris, se montre dans quelque salon à la mode; puis il reprend le chemin de la Brède. Le livre est enfin achevé en 1748; il paraît à Genève, et connaît d'emblée un succès considérable : vingt-deux éditions se succèdent en un an et demi.

L'ESPRIT DES LOIS (1748)

L'Esprit des Lois est une œuvre très étendue et très touffue. On discerne pourtant, dans la complexité des problèmes abordés, la démarche générale d'une pensée constamment lucide. *Au début de l'ouvrage, Montesquieu pose une définition capitale* : « *Les lois sont les rapports nécessaires qui dérivent de la nature des choses.* » Les lois sont des rapports : elles ne peuvent donc émaner d'une cause transcendante, comme la volonté de Dieu, ni se déduire de principes à priori, comme la justice absolue. Ces rapports sont nécessaires : les lois ne résultent pas du caprice des législateurs. Ils dérivent de la nature des choses, c'est-à-dire des réalités concrètes, qui varient selon les pays, par exemple le gouvernement, le climat, la religion, les mœurs, le commerce. Ces rapports « forment tous ensemble ce qu'on appelle l'Esprit des Lois ». L'objet de l'ouvrage est de les examiner : entreprise absolument nouvelle, et qui justifie l'orgueilleuse épigraphe « *prolem sine matre creatam* », un enfant né sans mère. Montesquieu étend ainsi à l'étude des lois en général la méthode positive qu'il a déjà appliquée, dans les *Considérations*, à l'étude de l'histoire romaine.

La philosophie politique : L'Esprit des Lois.

Du livre premier au livre XIII, Montesquieu étudie les lois dans leurs rapports avec le caractère du pouvoir gouvernemental et de la constitution. Définition des lois en général (I). Elles doivent être adaptées à la nature des divers gouvernements (II), ainsi qu'à leur principe : vertu pour les républiques, honneur pour les monarchies, crainte pour les despotismes (III). Toutes les lois, lois sur l'éducation (IV), lois constitutionnelles (V), lois pénales (VI), lois somptuaires (VII), doivent maintenir le principe du gouvernement, qu'il serait dangereux de laisser corrompre (VIII). Elles doivent aussi assurer la force défensive (IX) et offensive (X) du pays, garantir la séparation des pouvoirs (XI), s'inspirer d'un esprit libéral dans la fixation des peines (XII) et des impôts (XIII).

Du livre XIV au livre XXXI, Montesquieu étudie les lois dans leurs rapports avec les circonstances particulières, données dans l'espace et dans le temps. Les lois doivent être adaptées à la nature du climat (XIV à XVI), à la nature du terrain (XVII et XVIII), ainsi qu'à l'esprit général des mœurs (XIX). Elles doivent encore être en harmonie avec les conditions économiques : le commerce (XX et XXI), l'usage de la monnaie (XXII), le nombre des habitants (XXIII), la religion établie (XXIV et XXV) et l'ordre des choses sur lesquelles elles statuent (XXVI). Enfin Montesquieu applique ses principes à des cas particuliers et se livre à des considérations historiques sur le droit romain, sur le droit français et sur les lois féodales (XXVII à XXXI). Il n'y a pas de conclusion d'ensemble.

LES THÈSES MAITRESSES DE L'ESPRIT DES LOIS

La classification des gouvernements. *Montesquieu distingue le gouvernement républicain,* qui est « celui où le peuple en corps (démocratie) ou seulement une partie du peuple (aristocratie) a la souveraine puissance »; *le gouvernement monarchique,* « où un seul gouverne, mais par des lois fixes et établies »; *le gouvernement despotique,* « où un seul, sans lois et sans règles, entraîne tout par sa volonté et par ses caprices ».

Le principe des gouvernements. *Chaque gouvernement repose sur un principe ou ressort qui commande son action et assure sa sauvegarde. Le gouvernement républicain a pour principe la vertu* : comme le pouvoir est entre les mains du peuple, les citoyens sont les garants de la loi; la vertu est le sentiment qui doit leur permettre de faire face à leur devoir civique; s'ils y manquent et laissent la loi tomber en désuétude, l'Etat est perdu. *Le gouvernement monarchique a pour principe l'honneur* : comme le pouvoir est entre les mains du monarque, les sujets, étrangers aux affaires, n'ont pas besoin de vertu; mais des corps de privilégiés se voient confier des responsabilités; l'honneur est le sentiment qui doit leur permettre de remplir leur mission; si un corps manque à son honneur, l'équilibre est rompu, la monarchie s'écroule. *Enfin, le gouvernement despotique a pour principe la crainte* : comme le despote exerce seul le pouvoir, la vertu n'y est pas nécessaire; et l'honneur y serait dangereux, car tous les sujets doivent se sentir égaux dans la servitude; « il faut donc que la crainte y abatte le courage et y éteigne jusqu'au moindre sentiment d'ambition ».

La théorie des pouvoirs intermédiaires. *Montesquieu est favorable à une monarchie modérée, où le roi ne puisse s'abandonner à la tentation de devenir un despote, ni le peuple à celle de libérer ses instincts d'indépendance.* A ses yeux, le régime constitutionnel anglais offre un bon modèle de sagesse. *Pour la France, il a voulu fixer le rôle des corps privilégiés,* clergé, noblesse, Parlement, qui, destinés à maintenir dans l'Etat un certain équilibre, sont, selon lui, essentiels à la paix intérieure. Ces corps sont « des pouvoirs intermédiaires, subordonnés et dépendants ». Ils préservent le pays à la fois de l'arbitraire et de l'anarchie; en effet, ils ont intérêt à défendre la liberté contre le monarque, car les privilèges sont des libertés; mais ils ont aussi intérêt à défendre le monarque contre le peuple, car les privilèges sont solidaires du pouvoir du monarque qui les concède.

La théorie de la séparation des pouvoirs. *Dans le même esprit de modération et d'équilibre, Montesquieu recommande que les pouvoirs ne soient pas tous concentrés dans les mêmes mains. Le pouvoir exécutif* décide de la paix et de la guerre, veille à la sécurité intérieure et à l'observation des lois : dans une monarchie, ce pouvoir doit être laissé au roi, car, dans ce domaine, « un seul agit mieux que plusieurs ». *Le pouvoir législatif* rédige, corrige ou abroge les lois : il appartient en principe au peuple ou à ses représentants. *Le pouvoir judiciaire* conserve les lois en dépôt et juge d'après elles : il appartient à des organismes particuliers (dans la monarchie française, aux Parlements).

LA PORTÉE DE L'ESPRIT DES LOIS

L'Esprit des Lois et le libéralisme politique. *Montesquieu est un penseur libéral; et ses idées ont exercé une influence profonde.* Les législateurs des assemblées révolutionnaires lui ont emprunté son principe de la séparation des pouvoirs, où ils voyaient la meilleure garantie contre l'arbitraire et la tyrannie. En outre, ils pouvaient trouver dans *L'Esprit des Lois* tout un programme de réformes : Montesquieu a lutté contre les lettres de cachet, contre la torture et les pénalités barbares, contre l'intolérance, contre le paupérisme, contre la guerre; toutes ses protestations étaient dictées par un profond respect de la personne humaine.

L'Esprit des Lois et la science politique. *Montesquieu a inauguré une méthode nouvelle pour l'étude des faits qui touchent au gouvernement des sociétés.* La politique était, pour Machiavel, une technique réglée par la seule opportunité; pour Bossuet, une mystique ayant ses sources dans l'Ecriture Sainte; elle devient, avec Montesquieu, une science fondée sur la connaissance de rapports nécessaires. L'auteur de *L'Esprit des Lois* a notamment attaché son nom à la théorie dite des climats; il a montré que les tempéraments des individus, et, par suite, les conditions particulières de la vie politique, variaient selon les latitudes; c'est ainsi que les peuples du Nord sont moins sensibles, moins passionnés, plus actifs que les peuples du Midi. Cette théorie, devenue classique, sera étendue par Mme de Staël, puis par Taine, à la critique littéraire. Elle inspire de nos jours les recherches des géographes et des biologistes.

L'ART DE L'ÉCRIVAIN

Montesquieu s'est préoccupé, dans L'Esprit des Lois, *de tenir son public en haleine, malgré l'aridité de la matière. Aussi a-t-il déployé toutes les séductions de la forme* : épigrammes malicieuses, pointes, sentences subtilement ciselées, antithèses recherchées, réminiscences poétiques ou mythologiques, changements de ton. Ces artifices et ces saillies ne doivent d'ailleurs pas faire oublier des qualités littéraires plus solides : la stricte ordonnance de certains chapitres, la plénitude oratoire de certains mouvements, la vigueur expressive de certaines images, la noble simplicité et la densité de la phrase, qui enferme dans un étroit espace l'essence de la pensée et se grave fortement dans l'esprit du lecteur.

LES DERNIÈRES ANNÉES DE MONTESQUIEU (1748-1755)

L'Esprit des Lois souleva de vives attaques. Des catholiques à tendances jansénistes reprochèrent notamment à l'auteur d'avoir étudié les religions « dans une façon de penser humaine ». Montesquieu répondit à ces griefs par une *Défense de L'Esprit des Lois* (1751). Il publia encore, en 1754, une « histoire orientale », *Arsace et Isménie*, qui présente des analogies avec le *Télémaque* de Fénelon. Ce fut son dernier écrit de quelque importance. Gêné dans son travail par des troubles de la vue, il acheva ses jours dans une demi-retraite.

Le château de la Brède,
dans la Gironde, à dix-sept kilomètres au Sud de Bordeaux.

II LA PERSONNALITÉ DE MONTESQUIEU

Montesquieu avait rempli trois cahiers de notes, qui ont été groupées par matières, en 1941, par Bernard Grasset. Ces pages rayonnantes de lucidité permettent de découvrir le fond de son âme. Montesquieu conçoit l'univers comme un champ d'exploration méthodique; jamais il ne s'en remet à l'instinct du soin de diriger sa conduite, ses opinions ou sa plume : il y a pour lui un art de vivre, un art de penser, un art d'écrire.

L'ART DE VIVRE

L'art de vivre consiste dans une recherche méthodique du bonheur : « Il ne faut point beaucoup de philosophie pour être heureux; il n'y a qu'à prendre des idées un peu saines. » Il appartient à la raison de concevoir ces idées et d'engager la volonté conformément à ses vues.

Proscrire les passions. *La raison veille à ne pas laisser l'âme sous la dépendance des passions qui la rendraient malheureuse.* Il est agréable d'aimer, mais non pas d'être enchaîné par l'amour : « J'ai été dans ma jeunesse assez heureux pour m'attacher à des femmes que j'ai cru qui m'aimaient. Dès que j'ai cessé de le croire, je m'en suis détaché soudain. » Il est agréable d'avoir de grands desseins, mais non pas de se laisser tourmenter par l'ambition : « J'ai l'ambition qu'il faut pour me faire prendre part aux choses de cette vie; je n'ai point celle qui pourrait me faire trouver du dégoût dans le poste où la nature m'a mis. » Il est agréable de s'intéresser aux biens de la fortune, mais non pas de subir leur tyrannie : l'argent est un « bon esclave », mais un « méchant maître ».

Accepter le destin. *La raison dispose l'âme à tirer le meilleur parti possible de la situation qui lui est faite :* « Cherchons à nous accommoder de cette vie; ce n'est point à cette vie à s'accommoder à nous. » Montesquieu sait discerner le bon côté de toutes choses : « Je suis presque aussi content avec des sots qu'avec des gens d'esprit. » Si une infirmité survient, il est capable d'y adapter sa vie : « Quand je devins aveugle, je compris d'abord que je saurais être aveugle. » Il entend se préparer à subir le sort commun des mortels : « Je n'ai plus que deux affaires : l'une, de savoir être malade; l'autre, de savoir mourir. »

Cultiver les plaisirs. *La raison enseigne enfin à retirer de la vie le plus grand nombre possible de jouissances.* Il y a un agrément dans le seul sentiment d'exister : « Je m'éveille le matin avec une joie secrète; je vois la lumière avec une sorte de ravissement. Tout le reste du jour, je suis content. » Il y a des satisfactions sociales, fierté de posséder un titre, agrément des conversations mondaines, plaisirs moins frivoles de l'amitié; on doit les multiplier et les varier : « Quand on n'a pas d'appétit, il faut quitter la table et aller à la chasse. » Les joies les plus hautes enfin sont celles que se donne l'esprit dans la solitude et le recueillement : « L'étude a été pour moi le souverain remède contre les dégoûts de la vie, n'ayant jamais eu de chagrin qu'une heure de lecture ne m'ait ôté. »

L'ART DE PENSER

L'art de penser consiste dans une recherche méthodique de la vérité. « Être vrai partout », telle est la règle que s'est donnée Montesquieu. Dans cet ordre de recherche aussi, la raison commande.

Proscrire les préjugés. *La raison affranchit l'âme des préjugés qui lui masquent la vérité :* il en est de tous ordres. Les disputes littéraires sont des querelles de préjugés; le sage en tire enseignement sans prendre parti : « J'aime à voir les querelles des Anciens et des Modernes; cela me fait voir qu'il y a de bons ouvrages parmi les Anciens et les Modernes. » Il en est de même pour les luttes religieuses : « La religion catholique détruira la religion protestante, et ensuite les catholiques deviendront protestants. » C'est encore un préjugé que d'exalter à l'excès sa patrie : « Tout citoyen est obligé de mourir pour sa patrie; personne n'est obligé de mentir pour elle. » Il faut s'élever au-dessus des considérations particulières et inscrire chaque notion à sa place dans l'ordre universel.

Accepter le réel. *Le pire préjugé serait de rejeter l'ordre actuel pour s'abandonner au rêve chimérique d'une révolution,* car cet ordre trouve une justification de fait dans son existence même et dans sa durée : « Le meilleur (gouvernement) de tous est celui dans lequel on vit, et un homme sensé doit l'aimer. » Par honnêteté d'esprit, autant que par amour de la tranquillité, Montesquieu proclame : « Je suis un bon citoyen; mais, dans quelque pays que je fusse né, je l'aurais été tout de même. »

Préparer l'avenir. *Mais la raison qui s'incline devant l'ordre actuel céderait encore à un préjugé, si elle le considérait comme le seul bon.* Même en matière politique, Montesquieu est rebelle aux traditions imposées : « Je n'épouse pas les opinions, excepté celles des livres d'Euclide. » Toute autorité est condamnable si elle n'est raisonnable : « Une chose n'est pas juste parce qu'elle est loi; elle doit être loi parce qu'elle est juste. » L'amour de la raison et de la justice le conduit à accueillir l'idée de toute réforme équitable.

L'ART D'ÉCRIRE

L'art d'écrire, enfin, consiste dans une recherche méthodique de l'effet. Souveraine également dans ce domaine, la raison enseigne à se défier du premier jet, car il faut veiller « à écrire avec ordre, à raisonner juste et à bien former ses raisonnements » : ainsi, le style est la discipline de l'inspiration. Il y a lieu aussi de rehausser la pensée grâce aux prestiges de la rhétorique : Montesquieu dose savamment l'ironie et l'humour; il veut « mettre du sel » dans ses ouvrages. De tous les « philosophes », il est ainsi, peut-être, le plus consciemment artiste.

OUVRAGES A CONSULTER

MONTESQUIEU. *Œuvres complètes*, éd. D. Oster, L'Intégrale, Seuil. *Lettres persanes*, éd. A. Adam, Droz, 1954 ; éd. P. Vernière, Classiques Garnier, 1960. *Cahiers*, B. Grasset, 1941.
J. DEDIEU. *Montesquieu*, éd. nouvelle revue par J. Ehrard, Hatier, 1966. P. VERNIÈRE. *L'Esprit des Lois ou la raison impure*, Sedes, 1977.

UN PERSAN À PARIS

Nous sommes à Paris depuis un mois et nous avons toujours été dans un mouvement continuel. Il faut bien des affaires avant qu'on soit logé, qu'on ait trouvé les gens à qui on est adressé, et qu'on se soit pourvu des choses nécessaires qui manquent toutes à la fois.

Paris est aussi grand qu'Ispahan : les maisons y sont si hautes qu'on jurerait qu'elles ne sont habitées que par des astrologues. Tu juges bien qu'une ville bâtie en l'air qui a six ou sept maisons les unes sur les autres, est extrêmement peuplée; et quand tout le monde est descendu dans la rue, il s'y fait un bel embarras.

Tu ne le croiras pas peut-être, depuis un mois que je suis ici, je n'y ai encore vu marcher personne. Il n'y a point de gens au monde qui tirent mieux parti de leur machine que les Français; ils courent, ils volent : les voitures lentes d'Asie, le pas réglé de nos chameaux, les feraient tomber en syncope. Pour moi, qui ne suis pas fait à ce train et qui vais souvent à pied sans changer d'allure, j'enrage quelquefois comme un chrétien : car encore passe qu'on m'éclabousse depuis les pieds jusqu'à la tête, mais je ne puis pardonner les coups de coude que je reçois régulièrement et périodiquement. Un homme qui vient après moi et qui me passe me fait faire demi-tour; et un autre qui me croise de l'autre côté me remet soudain où le premier m'avait pris; et je n'ai pas fait cent pas, que je suis plus brisé que si j'avais fait dix lieues.

Lettres persanes (lettre 24).

Introduction.

Un mois après son arrivée à Paris, le Persan Rica écrit à un de ses correspondants familiers, Ibben, qui se trouve en Turquie, à Smyrne; il lui fait part de ses premières impressions. Le début de cette lettre est d'une composition souple, sans être désordonnée. On peut distinguer les trois paragraphes : le mouvement continuel à Paris; Ispahan et Paris; les embarras de Paris.

Le texte.

Tandis que Montesquieu prête au grave et méditatif Usbek des considérations politiques et surtout philosophiques, il attribue de préférence à son jeune ami Rica, d'humeur vive et joyeuse, les moqueries légères et les traits satiriques. Rica est arrivé depuis peu dans la capitale. Transplanté tout à coup en Europe, il a eu tout juste le temps de s'étonner de ce qu'il découvre.

Le mouvement continuel à Paris. Sans préambule inutile, en une phrase d'une nerveuse simplicité, Rica va à la fois justifier son silence et jeter son ami dans la stupéfaction : depuis leur arrivée, Usbek et lui ont toujours été *dans un mouvement continuel.* Indication qui serait banale sous la plume d'un Parisien, mais qui témoigne d'un bien compréhensible ébahissement sous la plume d'un Persan, dont la vie s'écoule comme au ralenti. Et déjà la satire, si légère soit-elle, perce ici : que de démarches compliquées (*affaires*) sont nécessaires pour résoudre d'élémentaires problèmes qui ne se posent pas en Perse; comment Ibben ne serait-il pas étonné d'apprendre qu'à Paris on ne peut ni se loger, ni trouver *les gens à qui on est adressé*, ni, ce qui est le comble, se pourvoir *des choses nécessaires qui manquent toutes à la fois*? Ces prétendus civilisés ne seraient-ils que des insensés?

Paris et Ispahan. C'est que la capitale française est une ville surpeuplée : si *Paris est aussi grand qu'Ispahan*, Paris compte 700 000 habitants en 1712; Ispahan n'en compte pas 100 000. La comparaison se poursuit : Rica, habitué aux demeures très basses de la Perse, considère les maisons élevées de Paris avec une stupéfaction analogue à celle que peut éprouver un Français du xxe siècle en présence des buildings de New York : elles *sont si hautes qu'on jurerait qu'elles ne sont habitées que par des astrologues*, impression naturelle chez un Persan, la Perse étant le berceau de l'astrologie. Paris est *une ville bâtie en l'air*, et le spectacle, étrange pour Rica, de ses habitations à plusieurs étages, le fait penser à une superposition de *six ou sept maisons.* Le paragraphe s'achève sur un trait d'une outrance burlesque. Comment imaginer que *tout le monde* descende à la fois dans la rue? Mais, si l'on a la complaisance de l'admettre, on comprend alors qu'il s'y fasse un *bel embarras*; et nous voilà préparés à un nouveau développement.

Les embarras de Paris. Montesquieu renouvelle le thème déjà traité par Boileau : c'est la description de Paris, non plus par un Parisien, mais par un étranger. La première phrase est habilement agencée par le malicieux Rica de manière à intriguer son correspondant : *tu ne le croiras pas peut-être;* Ibben a déjà eu de quoi être ébahi; ce doit être encore plus étonnant! *Depuis un mois que je suis ici ;* Ibben le sait bien; pourquoi le faire ainsi languir? *Je n'y ai encore vu marcher personne.* Ahurissement d'Ibben, doublé cette fois du nôtre. Les Parisiens ne feraient-ils pas usage de leurs jambes? Cependant le mystère se prolonge : la phrase suivante, qui affecte la forme d'une maxime générale, *il n'y a point de gens au monde qui tirent mieux parti de leur machine* (de leur corps) *que les Français*, semble n'avoir guère de rapport avec la question. Voici pourtant le mot de l'énigme : non, les Parisiens ne marchent pas, *ils courent*, *ils volent*, et les deux courtes propositions juxtaposées semblent courir, elles aussi. L'imagination de Rica l'entraîne alors par contraste vers les spectacles familiers de la Perse : elle évoque *les voitures lentes d'Asie*, *le pas réglé des chameaux*, et la phrase, par l'équilibre de ses propositions, donne comme la sensation d'une marche égale et lente. Que feraient les Parisiens, transportés à leur tour en Perse? Ils tomberaient *en syncope*.

Mais revenons à Paris; Rica, qui a conservé une certaine langueur orientale, n'a pu s'habituer à son agitation frénétique; il va *souvent à pied sans changer d'allure*. A quels désagréments il s'expose alors! Comme son esprit est plus vif que son corps, il *enrage quelquefois comme un chrétien* (transposition savoureusement comique de l'expression employée par les chrétiens : « jurer comme un païen »). La suite nous offre un exemple typique de l'humour de Montesquieu. Rica supporte à la rigueur *qu'on l'éclabousse depuis les pieds jusqu'à la tête*, car les ruisseaux se trouvaient alors au milieu de la rue et il faut bien qu'un mahométan accepte avec fatalisme ce qui ne saurait être évité, mais il ne peut *pardonner les coups de coude* qu'il reçoit *régulièrement et périodiquement*, parce qu'ils témoignent d'un inexcusable manque de savoir-vivre. Le comique naît de la disproportion entre les coups de coude, sévèrement blâmés, quoique sans gravité, et les éclaboussures tolérées, quoique désastreuses pour la toilette. Enfin, une courte scène, à peine esquissée, mais d'une cocasserie bouffonne, nous révèle le parti que l'imagination visuelle de Montesquieu sait tirer des changements d'attitude : *un homme qui vient après moi et qui me passe me fait faire demi-tour; et un autre qui me croise de l'autre côté me remet soudain où le premier m'avait pris.* N'y a-t-il pas là le schéma d'un gag de film comique? La dernière phrase : *je n'ai pas fait cent pas, que je suis plus brisé que si j'avais fait dix lieues*, résume, avec l'habituelle outrance de trait, tout ce plaisant développement.

Conclusion.

Ce rapide crayon de la vie parisienne est l'œuvre d'un caricaturiste, qui sait allier l'exagération comique, la finesse et la concision. Derrière Rica, c'est Montesquieu lui-même, le Gascon pétillant et nerveux, que nous entrevoyons à chaque instant. Son style, alerte, plus brillant et moins concentré que celui de La Bruyère, annonce déjà celui de Voltaire dans *Zadig*.

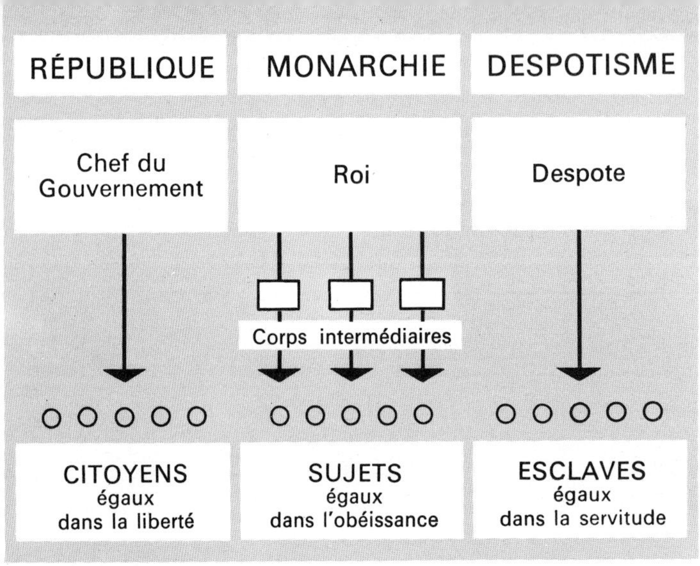

« Le peuple en corps (démocratie) ou seulement une partie du peuple (aristocratie) a la souveraine puissance ». Le peuple délègue son autorité au gouvernement qui le représente.

« Un seul gouverne, mais par des lois fixes et établies ». Des corps intermédiaires ont reçu du souverain une délégation de puissance. Le peuple est soumis à l'autorité royale.

« Un seul, sans lois et sans règles, entraîne tout par sa volonté et par ses caprices ». Le peuple subit le joug tyrannique d'un maître absolu : « on a reçu l'ordre, et cela suffit ».

CLASSIFICATION DES GOUVERNEMENTS D'APRÈS MONTESQUIEU

SUJETS DE COMPOSITION FRANÇAISE

1 Voltaire écrit à Mme du Deffand, au lendemain de la mort de Montesquieu : il exprime son émotion et insiste sur la perte que viennent de subir les lettres françaises.

2 Une lettre persane au XXe siècle, à la manière de Montesquieu. On pourra choisir le milieu scolaire, littéraire, mondain, artistique, sportif, destiné à provoquer des réflexions ou des critiques.

3 Ramon Fernandez écrit, dans *Itinéraire français* : « Les livres de Montesquieu ne semblent pas s'appeler nécessairement les uns les autres. Chacun a sa forme, son histoire et son destin. Les *Lettres persanes* annoncent un genre qui sera fécond, mais qui n'engendrera pas les *Considérations*; et ces *Considérations*, ordonnées comme une belle tragédie, ne font pas prévoir le morcellement et comme le papillotement de *L'Esprit des Lois*... Il y a chez Montesquieu des têtes de ligne pour des itinéraires différents. » Pensez-vous qu'il convienne de partager entièrement l'opinion de ce critique?

4 Un essayiste contemporain, M. Kléber Haedens, écrit : « Les *Cahiers* sont un peu les *Essais* du XVIIIe siècle. » Vous justifierez ce rapprochement et vous élargirez votre enquête en esquissant un parallèle entre Montaigne et Montesquieu.

5 Commenter cette pensée de Montesquieu : « Pour faire de grandes choses, il ne faut pas être au-dessus des hommes; il faut être avec eux. »

6 Montesquieu écrit dans les *Lettres Persanes* que les poètes lyriques « font de leur art une harmonieuse extravagance. » Expliquer et commenter cette opinion.

Voltaire en 1736. Pastel de La Tour.

VOLTAIRE

*Après les mésaventures d'une jeunesse brillante et agitée, Voltaire découvre la civilisation anglaise et s'éveille à la pensée philosophique. Au château de Cirey, où il se réfugie en 1734, il mène une vie mondaine et se livre à l'étude des sciences, à la spéculation métaphysique, aux enquêtes historiques : il se prépare à la lutte. L'ambition l'attire ensuite dans les cours royales; mais il connaît la disgrâce à Paris, puis à Berlin. Le courtisan déçu, partout indésirable, erre à la recherche d'un gîte où il puisse travailler librement. A soixante-cinq ans, enfin, grâce à la fortune qu'il a acquise, il achète le domaine de Ferney, où il se fixe. Il prodigue alors l'activité d'un polémiste et règne sur la République des Lettres; le « patriarche » entre vivant dans la légende. Homme du monde, écrivain encyclopédique au génie universel, soldat de la Raison, apôtre de la civilisation et du progrès, Voltaire incarne l'idéal du philosophe au XVIII*e* siècle; et son art inimitable marque le triomphe de l' « esprit ».*

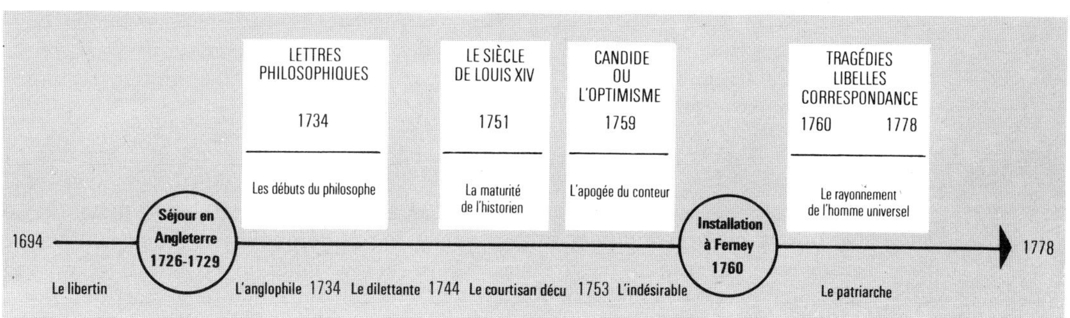

I LA CARRIÈRE DE VOLTAIRE

A Le libertin (1694-1726)

L'ÉLÈVE DES JÉSUITES

François-Marie Arouet, dernier enfant d'un notaire au Châtelet, est né à Paris; il appartient à un milieu de bourgeois aisés et cultivés. Dès l'âge de sept ans, il entre au collège Louis-le-Grand, dirigé par les Jésuites. *Élève brillant, il acquiert une solide culture littéraire;* mais il inquiète ses maîtres par son impertinence et par son indépendance d'esprit. Il commence à se faire de brillantes relations en frayant avec des condisciples d'origine noble, qui demeureront ses amis et deviendront ses protecteurs : d'Argental, les frères d'Argenson.

LES DÉBUTS MONDAINS

A sa sortie du collège, son parrain, l'abbé de Châteauneuf, se charge de son éducation mondaine. Il le présente à la célèbre Ninon de Lenclos, il l'introduit dans la société élégante et libertine du Temple. L'adolescent se trouve d'emblée à l'aise dans ce milieu; il séduit poètes et seigneurs par sa grâce et sa finesse; il compose ses premières poésies, et surtout, il fait des progrès en incrédulité; son père, inquiet, le contraint à fréquenter l'École de Droit, puis l'envoie à La Haye, comme secrétaire de l'ambassadeur; mais le jeune libertin fait scandale.

LES DÉBUTS LITTÉRAIRES

Revenu à Paris, François Arouet travaille comme clerc chez un procureur et se distrait en rimant des vers satiriques. Son père le confie à M. de Caumartin; dans le demi-exil du château de Saint-Ange, il commence le poème de *La Ligue*, sur les guerres de religion, et la tragédie d'*Œdipe*. On lui attribue deux pièces contre le Régent : il est exilé à Sully-sur-Loire (1716); une satire politique sur le règne de Louis XIV le conduit à la Bastille, où il demeure onze mois. Quand il en sort, *Œdipe* est représenté avec succès à la Comédie-Française (1718). Dès lors, *Voltaire mène la vie d'un poète à la mode* : il est reçu par le Régent et fréquente de grands seigneurs, Villars, Richelieu, Lord Bolingbroke; il compose des divertissements pour le mariage de Louis XV. Tout lui sourit : son poème de *La Ligue*, publié en 1723, est porté aux nues; il est pensionné par le Régent, puis par le Roi; enfin, grâce à l'héritage paternel et aux conseils d'amis banquiers, les frères Pâris, il se lance dans de fructueuses spéculations financières. Il est connu désormais sous le pseudonyme de Voltaire, anagramme, suppose-t-on, de Arovet l(e) j(eune).

L'EXIL

Une « catastrophe » interrompt cette félicité. Le chevalier de Rohan-Chabot, à qui Voltaire avait répondu avec impertinence, le fait bâtonner par ses gens. Voltaire exige une réparation par les armes, que le chevalier lui refuse. Il se répand alors en propos menaçants : le chevalier le fait enfermer à la Bastille. Il est bientôt libéré, mais *il doit partir pour l'exil et passe en Angleterre.*

B L'anglophile (1726-1734)

LE SÉJOUR EN ANGLETERRE (1726-1729)

Voltaire, en exil, tire le meilleur parti possible de sa mésaventure. Il continue de mener une vie agréable et il est l'hôte de grands personnages : Lord Bolingbroke, Robert Walpole, le duc de Newcastle, Milord Hervey, ainsi que du riche marchand Falkener. Il est reçu à la Cour par le prince de Galles et fait accepter à la princesse la dédicace de *La Henriade* (1728), qui est le poème épique de *La Ligue*, remanié en dix chants. Il découvre avec enthousiasme un pays qui va exercer une influence décisive sur la formation de son goût et de sa pensée; au contact de l'Angleterre, le bel esprit devient philosophe.

LE SÉJOUR A PARIS (1729-1734)

En mars 1729, Voltaire obtient l'autorisation de rentrer en France : après un séjour à Saint-Germain, il gagne Paris. *Tout en continuant à édifier sa fortune, il compose des œuvres nombreuses et variées : Le Temple du Goût*, ouvrage mêlé de prose et de vers, où le dieu du Goût juge les écrivains classiques; des tragédies, *Brutus*, *La Mort de César*, *Adélaïde du Guesclin*, *Zaïre;* l'*Histoire de Charles XII;* enfin les *Lettres philosophiques* ou *Lettres anglaises*, publiées en Hollande et répandues clandestinement en France avec un succès considérable.

LES DÉBUTS DE L'HISTORIEN : L'HISTOIRE DE CHARLES XII (1731)

Voltaire a conçu son premier ouvrage historique en Angleterre. Il a été séduit par le personnage de Charles XII, roi de Suède, véritable héros de roman, dont la figure étonnait encore le monde. Il le montre d'abord favori de la Fortune, comblé par le succès (livres I à IV), puis vaincu par Pierre de Russie, luttant vainement contre son destin (livres V à VIII).

*Dans l'*Histoire de Charles XII, *Voltaire, comme les écrivains classiques, veut à la fois plaire et instruire.* Il a campé un héros plein de séduction, conquérant inlassable, chef de guerre habile, esprit chimérique aussi, toujours conduit par des projets grandioses; et il a exprimé avec puissance la beauté dramatique de cette vie. En même temps, il a montré aux princes la vanité des grandeurs et la folie des conquêtes : Charles XII illustrait de manière actuelle et convaincante les incroyables revers de la destinée.

*Mais l'*Histoire de Charles XII *est aussi une œuvre originale par l'exactitude scientifique de l'information.* Voltaire a utilisé des documents nombreux et sérieux : ouvrages d'historiens antérieurs, rapports, lettres d'ambassadeurs, témoignages d'anciens officiers du roi; et il a soumis cette documentation à une critique stricte. En outre, son récit, dépouillé des ornements de l'éloquence, va droit au but; il est complété par des indications géographiques, par des tableaux sur les institutions et les coutumes du pays. Par la méthode, l'*Histoire de Charles XII* annonce *Le Siècle de Louis XIV*.

LE CHEF-D'ŒUVRE DU DRAMATURGE : ZAÏRE (1732)

Parmi les tragédies de Voltaire, *Zaïre* est la seule qui soit encore jouée assez régulièrement de nos jours. Voltaire en a conçu le projet en Angleterre; et il s'est inspiré, pour quelques situations, de l'*Othello* de Shakespeare.

Acte I : les amours d'une captive. Zaïre, chrétienne de naissance, est depuis son enfance la captive d'Orosmane, soudan de Jérusalem, qui l'aime et qu'elle aime. Le chevalier Nérestan rapporte de France la rançon de Zaïre et de dix chevaliers français. Orosmane accorde la liberté de cent chrétiens, mais refuse celle du vieux Lusignan, qui est de sang royal, et de Zaïre, qui doit devenir sa femme.

Acte II : le devoir religieux d'une fille. Zaïre intervient auprès d'Orosmane et obtient la liberté de Lusignan qui, libéré, reconnaît son fils en Nérestan, sa fille en Zaïre. Sur ses instances, Zaïre se déclare chrétienne. Orosmane révoque ses précédentes générosités.

Acte III : le conflit de l'amour et du devoir. Zaïre révèle à Nérestan son amour pour Orosmane, mais consent à recevoir le baptême. Orosmane croit deviner entre eux une intrigue d'amour et sa jalousie s'éveille.

Acte IV : la cruelle méprise. Zaïre désespérée répète à Orosmane qu'elle l'aime, mais elle ne peut lui révéler son secret. Orosmane reçoit un billet intercepté de Nérestan, qui convie Zaïre à un rendez-vous secret, et sa fureur se déchaîne.

Acte V : la jalousie criminelle. Zaïre, qui a eu connaissance du billet, se rend à l'appel de Nérestan. Orosmane la poignarde. Éclairé par Nérestan, il se donne la mort, après avoir libéré tous les chrétiens.

LA NAISSANCE DU PHILOSOPHE : LES LETTRES ANGLAISES (1734)

Les *Lettres philosophiques*, ou *Lettres anglaises*, sont au nombre de vingt-cinq. Les sept premières concernent la religion; les trois suivantes, la vie politique et sociale; les lettres onze à dix-sept, la science et la philosophie; les lettres dix-huit à vingt-quatre, la littérature; la vingt-cinquième enfin contient des remarques sur les *Pensées* de Pascal.

Une œuvre de vulgarisation. *Voltaire fait apparaître l'Angleterre comme le pays de la liberté, sous toutes ses formes.* Liberté religieuse : de nombreuses sectes coexistent en paix. Liberté politique : les révolutions de 1648 et 1688 ont permis au Parlement de « régler le pouvoir des rois en leur résistant ». Liberté philosophique : savants et philosophes étudient les faits à la lumière de la raison; ils marchent en tête du mouvement scientifique européen : ainsi, l'inoculation de la petite vérole, pratiquée outre-Manche, rend inoffensive une terrible maladie. Liberté littéraire : les écrivains déploient leur génie sans être asservis à des règles et sont honorés selon leurs mérites; Shakespeare et Milton ont librement produit des œuvres sublimes; Addison fut ministre sous George Ier; Newton repose à Westminster, dans le sépulcre des rois.

Une œuvre de combat. *En même temps, Voltaire condamne implicitement les institutions françaises.* Il attaque indirectement les dogmes du catholicisme; il blâme la monarchie absolue; il dénonce chez ses concitoyens un fâcheux esprit de routine et s'indigne du peu de considération qu'on accorde en France aux hommes de pensée. Ainsi, les *Lettres philosophiques* consacrent les progrès d'un esprit nouveau, prudent encore, mais raisonneur, et orienté déjà vers la critique systématique de l'ordre établi.

C Le dilettante (1734-1744)

LE CHATELAIN DE CIREY

Les Lettres philosophiques *ayant été condamnées par le Parlement, Voltaire, menacé dans sa liberté, cherche refuge chez Mme du Châtelet, au château de Cirey, près de la frontière lorraine.* Pendant dix ans, il va mener une vie conforme à ses vœux. Il se livre aux plaisirs, reçoit sans cesse amis et admirateurs, fonde un théâtre où on représente des comédies, des opéras, qu'il a souvent composés lui-même. Il se complaît dans les intrigues, noue des relations épistolaires avec Frédéric de Prusse, qui monte sur le trône en 1740, et se voit confier en 1742, pendant la crise de la Succession d'Autriche, une mission officieuse. Surtout, il travaille : il écrit de nouvelles tragédies, *Alzire*, *Zulime*, *Mahomet*, *Mérope* (1743); le poème héroï-comique de *La Pucelle*; la satire du *Mondain* et les sept *Discours en vers sur l'Homme.* Tout particulièrement, il mène des recherches historiques, philosophiques et scientifiques : il amasse les éléments de ses futurs ouvrages d'histoire, *Le Siècle de Louis XIV* et l'*Essai sur les Mœurs*; il se passionne pour Leibniz et pour la spéculation métaphysique; il pratique des expériences de physique et des observations d'astronomie dans le laboratoire de Mme du Châtelet, qui est férue de science.

LE POÈTE ÉPICURIEN

Pendant cette période, Voltaire exprime librement sa philosophie d'épicurien et de libertin dans *Le Mondain* et dans les *Discours en vers sur l'Homme.*
Dans Le Mondain (1736), *Voltaire justifie son goût pour le luxe et la civilisation.* A l'aimable temps présent, il oppose le prétendu âge d'or, où régnaient le dénuement et la barbarie. Il peint la vie d'un « mondain » heureux :

> J'aime le luxe et même la mollesse,
> Tous les plaisirs, les arts de toute espèce,
> La propreté, le goût, les ornements :
> Tout honnête homme a de tels sentiments...
> Ah ! le bon temps que ce siècle de fer !

Contre ceux qui prêchent la frugalité et le renoncement, il conclut : « Le Paradis terrestre est où je suis. » Les pouvoirs publics s'émurent de cette fantaisie un peu cynique, et Voltaire dut passer quelque temps en Hollande. La *Défense du Mondain*, publiée l'année suivante, en 1737, apportait quelques atténuations à sa pensée.
Les Discours en vers sur l'Homme (1738), *inspirés d'un poème philosophique de Pope, sont d'un épicurisme plus nuancé et moins égoïste.* Voltaire soutient que le plaisir est naturel à l'homme et que les passions sont bonnes en elles-mêmes; mais il ajoute qu'il faut savoir se contenter de son sort et observer en toute chose, étude ou plaisir, une sage modération. En outre, l'homme, pour être pleinement heureux, devrait pratiquer la tolérance et la fraternité :

> Les miracles sont bons ; mais soulager son frère,
> Mais tirer son ami du sein de la misère,
> Mais à ses ennemis pardonner leurs vertus,
> C'est un plus grand miracle, et qui ne se fait plus.

D Le courtisan déçu (1744-1753)

Au cours de cette période, Voltaire connaît les faveurs royales, mais aussi les caprices des grands et les disgrâces.

LE COURTISAN DE PARIS (1744-1747)

En 1744, d'Argenson, ancien condisciple de Voltaire, est nommé ministre des Affaires étrangères; *Voltaire peut rentrer à Paris. Pendant deux ans, il est bien en cour.* Il célèbre la gloire royale dans le *Poème de Fontenoy*; il écrit des vers de circonstance, des livrets de ballets et d'opéras. En 1746, il est reçu à l'Académie française, nommé gentilhomme ordinaire de la Chambre et historiographe du Roi. Mais il se heurte à la méfiance de la Reine, indispose Louis XV, qui redoute son esprit destructeur et demeure insensible à ses flatteries; il s'aliène enfin Mme de Pompadour. *Disgracié, il séjourne quelque temps à Sceaux, avant de regagner Cirey.*

LES DÉBUTS DU CONTEUR : ZADIG (1747)

A Sceaux, Voltaire découvre les ressources du conte et compose Zadig. On peut voir dans les aventures du héros, tour à tour comblé d'honneurs et plongé dans la disgrâce, une transposition des aventures de Voltaire lui-même pendant les années qu'il vient de vivre à la Cour.

Les épreuves de Zadig à Babylone (chapitres I à VIII). Paré de tous les dons de l'esprit et du cœur, Zadig, jeune Babylonien, rêve d'être heureux ; mais l'amour lui réserve ses déceptions, la science lui vaut d'être condamné par la justice des hommes, la puissance ne lui donne que d'éphémères satisfactions. Devenu favori du roi et premier ministre, il gouverne avec sagesse, mais il tombe amoureux de la reine Astarté, s'en fait aimer, et la jalousie du roi l'oblige à s'enfuir.

Les voyages et les expériences de Zadig. (chapitres IX à XVIII). Pour avoir sauvé une femme des brutalités d'un amant, Zadig devient esclave en Égypte. Il rend de grands services à son maître Setoc, un marchand arabe, qui l'affranchit et l'envoie remplir une mission auprès du roi de Sérendib ; mais la sagesse éclairée de Zadig le désigne aux coups du fanatisme religieux. Il doit fuir encore ; et il tombe au pouvoir des brigands ; heureusement, tout s'arrange au moment critique. Zadig reprend enfin la route de Babylone, retrouve Astarté esclave et la délivre. Le royaume est en révolution et les Babyloniens demandent un roi.

Les dernières épreuves et la découverte du bonheur (chapitres XIX à XXI). Un combat singulier doit désigner le nouveau roi. Zadig y participe incognito ; il est vainqueur, mais on lui vole son armure, signe de sa victoire. Alors l'ange Jesrad, que Zadig a rencontré sous le déguisement d'un ermite, se révèle à lui et l'invite à s'incliner devant les décisions de la Providence. Zadig se fait enfin reconnaître des Babyloniens, devient roi et épouse Astarté.

La leçon de Zadig. Zadig *est d'abord une œuvre de critique sociale et religieuse* : Voltaire dénonce la légèreté des femmes, la sottise des hommes, la corruption des juges, la bassesse des courtisans, l'aveuglement des princes, le fanatisme des prêtres. *En outre,* Zadig *marque une nouvelle étape de la réflexion voltairienne* : le bonheur lui paraît plus difficile à atteindre qu'à l'époque du *Mondain*; la sagesse du héros triomphe, sans doute, mais elle a d'abord entraîné ses disgrâces. En somme, tout va tant bien que mal dans le monde : résignons-nous, sans chercher à comprendre.

LE COURTISAN DE LUNÉVILLE (1747-1750)

Voltaire accompagne Mme du Châtelet à Lunéville et à Commercy, chez le roi Stanislas, beau-père de Louis XV. Malgré le succès qu'il obtient, il trouve cette cour trop médiocre. En 1749, Mme du Châtelet meurt. Sincèrement affligé, Voltaire retourne à Cirey, puis à Paris, où il s'installe chez sa nièce, Mme Denis. En vain, il essaie de retrouver sa faveur à la Cour française. Après bien des hésitations, il cède aux instances de Frédéric de Prusse, qui lui offre un poste de chambellan à Berlin.

LE COURTISAN DE BERLIN (1750-1753)

Voltaire part pour la Prusse en juin 1750. *Il caresse l'espoir d'être le ministre éclairé de Frédéric II,* ce roi philosophe, qui lui prodiguait, dans ses lettres, les marques de respect et d'enthousiasme. Il est accueilli triomphalement à Potsdam, reçoit 20 000 livres de pension, la clef de chambellan et la croix de l'Ordre royal. Il célèbre avec ravissement « le Salomon du Nord » et vante l'agrément de ces « banquets de Platon » où Frédéric réunit des Français savants, comme le mathématicien Maupertuis et le philosophe matérialiste La Mettrie.

Mais bientôt naissent entre le souverain et son hôte de graves malentendus : « le temps se met au beau froid ». La Mettrie rapporte un jour à Voltaire un mot de Frédéric sur son compte : « On presse l'orange et on jette l'écorce. » Un peu plus tard, Voltaire se brouille avec Maupertuis, président de l'Académie de Prusse, et le prend violemment à partie dans la *Diatribe du docteur Akakia*; Frédéric fait brûler le libelle. Voltaire, désabusé, se déclare malade et prend congé. Il regagne la France par petites étapes; mais un ordre de Frédéric le retient prisonnier pendant cinq semaines à Francfort, où il doit se dessaisir des poésies royales, qu'il avait emportées pour se venger de ses déceptions.

LA MATURITÉ DE L'HISTORIEN : LE SIÈCLE DE LOUIS XIV (1751)

Le Siècle de Louis XIV, conçu dès 1732, occupa vingt ans la pensée de Voltaire. Remanié à Berlin, il parut à la fin de 1751. Voltaire le compléta jusqu'en 1756. Sous sa forme définitive, il s'éloigne sensiblement de l'intention première.

Introduction. Voltaire expose son dessein d'ensemble (chap. I) et fait un tableau de l'Europe avant l'avènement de Louis XIV (chap. II).

Histoire politique et militaire du règne (chap. III à XXIV). Sous une forme dramatique, Voltaire évoque la Régence et le ministère Mazarin, puis le gouvernement personnel du Roi et les succès de ses armes, enfin les revers et les malheurs qui assaillirent sa vieillesse. Tableau de l'Europe à la mort de Louis XIV.

Particularités et anecdotes (chap. XXV à XXVIII). Voltaire rassemble dans ces chapitres de « petits faits », alors inconnus, qu'il a puisés dans des mémoires inédits ou recueillis grâce à des témoignages oraux.

Le gouvernement intérieur (chap. XXIX et XXX). Voltaire étudie l'organisation de la justice, du commerce, de la police, des finances, et montre que le Roi a travaillé au bien du pays.

Les sciences et les arts (chap. XXXI à XXXIV). Voltaire juge les artistes, les savants et les écrivains du XVIIe siècle. Il célèbre ce temps où rayonnait l'intelligence, grâce à la protection éclairée du roi.

Les affaires religieuses (chap. XXXV à XXXIX). Voici le revers de la médaille. La raison n'a pas entièrement triomphé sous ce règne : en matière religieuse, le roi a écouté de mauvais conseillers ; sa politique anticalviniste, notamment, fut ruineuse pour l'État. Que n'a-t-il fait régner l'ordre public au-dessus des sectes et des partis !

La genèse de l'ouvrage. *L'intention originelle de Voltaire est d'exalter sans réserve le règne de Louis XIV, afin d'humilier indirectement par contre-coup le règne de Louis XV.* Il se propose de peindre « l'esprit des hommes dans le siècle le plus éclairé qui fut jamais »; et, à cet effet, d'étudier, non seulement les événements militaires et diplomatiques, mais le développement du commerce, des lettres et des arts. Il veut montrer comment un grand roi a pu, grâce à son autorité personnelle, contribuer au progrès de l'humanité.
Mais peu à peu, Voltaire prend conscience que Louis XIV n'a pas été dans tous les domaines le prince idéal et découvre que le siècle fut assombri par les querelles théologiques et confessionnelles. *Il modifie son plan* : au lieu de couronner l'ouvrage par un tableau élogieux de l'activité artistique sous Louis XIV, il réserve pour la conclusion les chapitres consacrés aux affaires religieuses.

La valeur de l'ouvrage. *La qualité du témoignage historique, dans* Le Siècle de Louis XIV, *a été parfois contestée.* On a reproché à Voltaire des insuffisances et des lacunes. De fait, les chapitres sur les sciences et les arts, par exemple, tout en constituant la partie vraiment originale de l'ouvrage, peuvent paraître superficiels. En outre, le parti pris philosophique nuit évidemment à l'impartialité des derniers chapitres. *D'une façon générale, cependant,* Le Siècle de Louis XIV *conserve un intérêt documentaire* : comme dans l'*Histoire de Charles XII*, l'exposé s'appuie sur une information abondante (mémoires inédits, témoignages oraux), contrôlée par une critique sérieuse.
Comme œuvre littéraire, Le Siècle de Louis XIV *est un modèle de concision, de clarté, de variété.* Le récit, riche de substance, est conduit sobrement. Les questions politiques ou diplomatiques sont magistralement débrouillées. Pour exprimer enfin sous tous ses aspects l'âme d'un grand siècle, l'auteur recourt à une présentation savamment variée : ce sont tantôt de vastes tableaux (l'Europe avant et après Louis XIV), tantôt des parallèles (Louis XIV et Guillaume d'Orange), tantôt des récits (la bataille de Rocroi, le passage du Rhin), tantôt des anecdotes, des réflexions, des jugements personnels. Le Siècle de Louis XIV *est bien le chef-d'œuvre de Voltaire historien.*

UN NOUVEAU CONTE PHILOSOPHIQUE : MICROMÉGAS (1752)

Dans *Micromégas*, dont la première conception date de 1739, Voltaire s'inspire du *Gulliver* de Swift et reprend le thème pascalien des deux infinis, en lui donnant une conclusion différente. Il s'éloigne décidément de la spéculation pure, qui est logomachie, et suggère de renoncer aux vaines constructions métaphysiques, pour s'attacher aux sciences positives.

Le héros est un habitant de Sirius ; c'est un géant d'une taille colossale, à notre estimation du moins, car tout est relatif (Micromégas : petit et grand). Il voyage dans l'univers céleste ; et, accompagné d'un habitant de Saturne, arrive sur notre terre. Il y découvre des êtres qui lui paraissent microscopiques : ce sont les hommes. Il engage avec eux d'instructifs entretiens. Il a pitié de leur prétention, car ils font de leur misérable planète le centre du monde et croient que toutes choses ont été créées pour leur convenance ; il s'efforce de les convertir au relativisme. Pourtant, si chétif et si vain qu'il apparaisse, l'homme est savant, grâce à la science mathématique. Micromégas en fait l'épreuve et il est envahi par l'admiration, car ces philosophes humains, qui se disputent pour tenter de définir leur âme, sont d'accord lorsqu'il s'agit d'évaluer des grandeurs.

Menzel. Un souper au château de Sans-Souci.
Au fond et au milieu, Frédéric II. Le second personnage à sa droite est Voltaire.

« Le Roi ... est à souper le plus aimable des hommes, le lien et le charme de la société. »
(Voltaire à d'Argenson, 7 août 1750.)
« Je me suis retranché les dîners du Roi, il y a trop de généraux et de princes.
Je ne pouvais m'accoutumer à être toujours vis-à-vis d'un roi en cérémonie. »
(Voltaire à Madame Denis, 13 octobre 1750.)
« Petit dictionnaire à l'usage des rois... Soupez avec moi ce soir signifie :
je me moquerai de vous ce soir. » (Voltaire à Madame Denis, 18 décembre 1752.)

E L'indésirable (1753-1760)

A LA RECHERCHE D'UN GITE

Voltaire, indésirable à Berlin et à Paris, voudrait enfin vivre chez lui, à sa guise et en grand seigneur. Après un séjour en Alsace, il gagne Lyon, puis Genève. En 1755, il achète, près de Genève, la propriété de Saint-Jean, qu'il baptise « les Délices ». Dans ce séjour, il participe à la rédaction de l'*Encyclopédie* et reprend son activité épistolaire : sa lettre à Rousseau, à propos du *Discours sur l'Origine de l'Inégalité*, est célèbre. Mais il souffre encore des tracasseries des gouvernements : le Grand Conseil de Genève lui interdit de monter des spectacles sur le théâtre qu'il a installé dans sa nouvelle maison. Il cherche alors de nouvelles « tanières », achète une maison à Lausanne, puis, en 1758, le château de Gournay, et, en 1759, le château de Ferney, au pays de Gex, tout près de la frontière suisse.

L'ESSAI SUR LES MŒURS (1756)

L'*Essai sur les Mœurs*, dont le titre complet est *Essai sur l'histoire générale et sur les mœurs et l'esprit des nations*, est le fruit de vingt années de recherches. L'ouvrage avait été entrepris pour Mme du Châtelet, comme un abrégé de l'histoire universelle. Il comporte 197 chapitres. *Après un résumé de l'histoire d'Orient, Voltaire étudie l'histoire universelle depuis le règne de Charlemagne jusqu'au règne de Louis XIV.*

Plus encore que Le Siècle de Louis XIV, *l'*Essai sur les Mœurs *est une histoire de la civilisation.* Voltaire élargit de plus en plus le domaine de l'Histoire. Il réserve une place importante aux anciens peuples de l'Orient, Chine, Inde, Perse, Arabie; il consacre de nombreux chapitres à l'histoire des coutumes, des institutions, des lettres, des arts, des grandes découvertes; il envisage les conquêtes de l'esprit humain et juge les rois, non d'après leurs succès militaires, mais d'après le bien-être qu'ils ont répandu pendant la paix.

L'intention philosophique donne son sens à l'ouvrage. Le cours universel des événements, qui attestait pour Bossuet l'intervention d'une Providence, révèle, pour Voltaire, l'existence d'un progrès humain, dû aux lumières de la raison. Ce progrès, cependant, est encore entravé par la sottise des hommes, plus particulièrement par leurs superstitions et par leur fanatisme. L'amour de l'humanité doit enseigner la modestie et la tolérance.

LE POÈME SUR LE DÉSASTRE DE LISBONNE (1756)

Cependant, le tremblement de terre dont Lisbonne vient d'être victime fournit à Voltaire un argument contre la Providence et contre l'optimisme philosophique. Le poème qu'il compose sur cet événement montre combien sa pensée a évolué depuis *Le Mondain*. Pourquoi la destruction de la capitale portugaise? Pourquoi la mort de milliers d'innocents? Pourquoi tant de souffrances sur la terre? Voltaire conclut que l'ordonnance du monde échappe à notre intelligence. Mais si le mal existe dans la nature, du moins l'homme ne doit-il pas y ajouter encore par sa faute : qu'il travaille donc à combattre le mal moral!

L'APOGÉE DU CONTEUR : CANDIDE (1759)

La sagesse désabusée du *Poème sur le désastre de Lisbonne* ne plut pas à Jean-Jacques Rousseau, qui écrivit à Voltaire pour défendre la Providence. Voltaire maintint sa position et l'illustra trois ans plus tard dans *Candide.* A travers la fiction de ce nouveau conte, il attaquait la doctrine optimiste de Leibniz et de son disciple Wolf; en même temps, il proposait aux hommes des principes de vie et leur enseignait à s'accommoder de leur misérable condition.

Candide ou l'Optimisme.

Candide est élevé au château d'un baron westphalien, avec le fils du baron et avec sa fille, la charmante Cunégonde, sous la direction du précepteur Pangloss, un disciple de Leibniz, qui enseigne que tout est toujours pour le mieux dans le meilleur des mondes. Amoureux de Cunégonde, il est chassé par le baron, puis enrôlé de force par les recruteurs de l'armée bulgare ; il déserte, passe en Hollande et retrouve Pangloss en pitoyable état ; il apprend que le château a été brûlé et que tous les habitants ont été massacrés. Tous deux gagnent Lisbonne, assistent au tremblement de terre et sont condamnés à mort par l'Inquisition. Candide est sauvé par Cunégonde, qui a échappé au massacre de sa famille et qu'il retrouve à Lisbonne. Il doit tuer un Juif et le Grand Inquisiteur pour leur arracher celle qu'il aime ; et il s'embarque avec elle pour l'Amérique. Candide et Cunégonde arrivent à Buenos Aires ; mais Candide, recherché par l'Inquisition, doit se séparer de Cunégonde et s'enfuir au Paraguay. Il y retrouve le frère de Cunégonde, qui est devenu jésuite, et le tue dans une querelle ; puis il gagne le royaume imaginaire d'Eldorado, terre d'abondance et de bonheur, où il ne séjourne pas. Il repart pour l'Europe avec le savant Martin, qui trouve toujours que tout est au plus mal. Tous deux séjournent à Paris, où ils ne rencontrent que des coquins, gagnent l'Angleterre pour voir fusiller l'amiral Byng, puis Venise, où le carnaval réunit les rois en exil. Candide part pour Constantinople ; il y retrouve Pangloss, qui a échappé à l'Inquisition, le fils du baron, qu'il avait mal tué, et Cunégonde, devenue, hélas, vieille et acariâtre. Il l'épouse et s'installe avec ses compagnons dans une métairie, où ils travailleront paisiblement.

Le pessimisme de Candide. *Voltaire, dans* Candide, *souligne l'incohérence du monde et l'absurdité de la vie.* Son héros est entraîné dans une suite d'aventures mauvaises par les hasards de sa destinée. Partout, nous assistons au triomphe du mal : la nature suscite des cataclysmes et d'épouvantables maladies; les hommes sont gouvernés par la sottise, le fanatisme et le vice. A toutes les pages défilent marchands voleurs, soldats brutaux, femmes débauchées, inquisiteurs féroces; c'est une jungle déchaînée, où le fort vit aux dépens du faible et l'adroit aux dépens du naïf.

La sagesse de Candide. *Voltaire, pourtant, ne sombre pas dans le désespoir, et la conclusion du conte enferme une leçon de sagesse.* Candide et ses compagnons vont consulter un vieux Turc qui, sans se soucier de la politique du sultan, mène en famille une vie simple et laborieuse : en suivant son exemple, ils goûteront enfin le contentement et la paix du cœur. « Il faut cultiver notre jardin », telle est la dernière parole prononcée par Candide. Elle signifie : au lieu de courir les aventures ou de nous livrer à de vaines spéculations, il faut nous consacrer, chacun selon notre compétence, à notre tâche journalière et chercher dans une activité bienfaisante un remède au pessimisme. Ainsi fera Voltaire, qui, indifférent désormais à la métaphysique, va mettre les forces de son esprit au service de l'humanité.

F Le patriarche (1760-1778)

En 1760, Voltaire s'installe à Ferney et ne quittera plus guère sa seigneurie jusqu'à la veille de sa mort. L'indépendance enfin conquise lui donne des forces nouvelles. Sa vie offre le spectacle d'une prodigieuse activité, qui se déploie dans tous les domaines.

LE CHATELAIN FASTUEUX

Voltaire s'occupe d'abord, en propriétaire éclairé, de faire valoir son domaine : il défriche, plante, sème, fait bâtir une église, se passionne pour les méthodes nouvelles de l'agriculture. *En même temps, il veille au bien-être de ses « sujets »* : il lutte pour la libération des serfs du Jura, fait délivrer le pays de Gex de la gabelle; il crée une fabrique de bas de soie, une tannerie; et le petit village de Ferney devient, grâce à ses efforts, un bourg de 1 200 habitants.

Voltaire vit au milieu d'une véritable cour. Il héberge des protégés, comme l'arrière-petite-nièce de Corneille; il reçoit les hommages des grands seigneurs, des écrivains, qui, de tous les pays d'Europe, lui rendent visite. Le prince de Ligne, le duc de Villars, le prince de Brunswick, le duc de Lauraguais, le célèbre acteur Lekain, l'économiste Turgot, trouvent auprès de lui un accueil magnifique et quittent avec regret ce séjour de délices. Alors naît la légende de Voltaire : les âmes sensibles éprouvent des « transports » à la vue du grand homme; Voltaire n'est pas seulement le souverain de la République des Lettres; il fait figure d'apôtre.

L'HOMME DE LETTRES

Voltaire continue à cultiver la littérature. Outre d'innombrables lettres, il compose des poésies, et aussi des œuvres critiques : un *Commentaire sur Corneille*; un réquisitoire contre Shakespeare, qu'il a cessé d'admirer; de nouvelles remarques sur les *Pensées* de Pascal.

Son activité littéraire se donne essentiellement pour objet de répandre ses idées philosophiques. Sauf *Tancrède* (1760), pièce à la gloire de l'esprit chevaleresque, ses dernières tragédies, *L'Orphelin de la Chine*, *Les Guèbres ou la Tolérance*, *Les Lois de Minos*, sont de véritables pièces à thèse. Ses nouvelles œuvres historiques contiennent toujours une leçon nettement formulée : dans le *Précis du Siècle de Louis XV*, il attaque les Jésuites, loue les philosophes; dans *l'Histoire du Parlement de Paris*, il souligne les empiétements du Parlement sur le pouvoir royal et dénonce des erreurs judiciaires. Ses nouveaux contes ont une signification satirique ou allégorique très accentuée : dans *Jeannot et Colin*, il raille la vanité et l'ingratitude des parvenus; dans *L'Ingénu* (1767), il s'attaque aux hypocrisies sociales, aux lettres de cachet, à la corruption de la cour et des ministres; dans *L'Homme aux quarante écus*, il oppose à l'humble propriétaire foncier qui possède quarante écus les financiers qui jouissent insolemment de leurs richesses excessives; dans *La Princesse de Babylone*, le récit des aventures de l'héroïne à travers l'Europe, en quête de son amant, sert de prétexte à de piquantes critiques de mœurs.

Le château de Cirey.
(B. N. Est.)

Le château de Ferney.
(B. N. Est.)

Le château de Cirey-sur-Blaise, appartenant à la marquise du Châtelet,
était situé sur le territoire actuel de la Haute-Marne, à 23 km. de Vassy.
« Il faut venir voir l'héroïne et le palais de Cirey, nous cacherons les compas et les quarts de cercle, et nous vous offrirons des fleurs. »
(Lettre à M. de Cideville, 8 décembre 1736.)
Le château de Ferney se trouve dans le pays de Gex, à un kilomètre de la frontière suisse.
« Une maison commode et rustique...;
une terre qui donne beaucoup de foin, de blé, de paille et d'avoine...;
des chênes droits comme des pins, qui touchent le ciel. »
(Lettre à M. de Cideville, 25 novembre 1758.)

LE POLÉMISTE

Les pamphlets. *Chaque année, Voltaire lance des libelles sur des sujets divers.* Il s'affuble de personnalités d'emprunt : Tamponet, docteur en Sorbonne; les aumôniers du roi de Prusse; l'abbé Bazin et son neveu; chacun, cependant, reconnaît l'auteur et nomme Voltaire. Parfois ce sont de virulentes ripostes aux attaques des Le Franc de Pompignan, Palissot, Fréron, contre le clan des philosophes. Parfois aussi, ce sont des pamphlets contre les abus de la justice, contre la torture, contre les Parlements. La plupart du temps, ce sont des pamphlets antireligieux : Voltaire utilise la formule « Ecr.l'inf. » (écrasons l'infâme), et l'infâme revêt toutes les formes de la « superstition » et de l'intolérance. Ainsi, l'*Extrait des sentiments de Jean Meslier* s'attaque aux dogmes du christianisme; le *Sermon des Cinquante* prône la religion naturelle.

L'action humanitaire. *Voltaire s'est employé aussi à défendre et à réhabiliter les victimes de l'intolérance ou d'une prétendue justice.* Ces interventions, souvent couronnées de succès, ont beaucoup contribué à répandre dans le peuple son nom et sa gloire.

L'affaire Calas (1762). Un protestant de Toulouse est accusé d'avoir pendu, avec la complicité de sa famille, son fils aîné, qui songeait à se faire catholique. Le Parlement de Toulouse le condamne à la roue. Après l'exécution, le fils cadet est condamné au bannissement; les autres parents de Calas sont acquittés. Voltaire prend la défense de la malheureuse famille, l'héberge à Ferney, alerte ses amis, rédige des libelles et des requêtes, et, après trois ans d'efforts, obtient l'arrêt de réhabilitation.

L'affaire Sirven (1764). Les Sirven, protestants, sont condamnés à mort, à Mazamet, pour avoir fait périr leur fille. Ils s'échappent et se réfugient à Ferney. Voltaire obtient un nouvel examen du procès et réclame à cette occasion une revision générale de la procédure judiciaire.

L'affaire La Barre (1766). Le Chevalier de la Barre, âgé de dix-neuf ans, est exécuté à Abbeville pour avoir blasphémé et mutilé un crucifix; un exemplaire du *Dictionnaire philosophique* de Voltaire est brûlé avec le corps du supplicié. Voltaire lutte en vain pour obtenir la revision du procès et recueille à Ferney un compagnon de La Barre, d'Etalondes, condamné par contumace.

L'affaire Montbailli (1770). Accusé d'avoir assassiné sa mère, le jeune Montbailli est condamné à mort avec sa femme et exécuté; sa femme obtient un sursis. Après la réforme des Parlements, Voltaire fait acquitter la femme Montbailli. Dans le libelle *La Méprise d'Arras,* il attaque l'arbitraire des jugements, la procédure criminelle et la question.

L'affaire Lally-Tollendal (1776). Gouverneur des Indes françaises, Lally, battu par les Anglais, capitula. Après un procès inique, il fut condamné à mort et décapité. Voltaire lutta pour obtenir sa réhabilitation, dont la nouvelle lui parvint quelques jours avant sa mort.

Les traités philosophiques. *Voltaire composa aussi pendant cette période deux ouvrages philosophiques importants* : le *Traité sur la Tolérance* (1763), écrit à propos de l'affaire Calas; et le *Dictionnaire portatif*, couramment appelé *Dictionnaire philosophique* (1764), conçu à Potsdam dès 1752.

Traité sur la Tolérance.

Voltaire évoque l'affaire Calas : si Calas est innocent, il est une victime du fanatisme catholique ; s'il est coupable, il a agi par fanatisme huguenot ; de toute façon, une intervention est nécessaire.
Dans une première partie, Voltaire se livre à une enquête historique et montre comment l'intolérance religieuse, absurde pour la raison, s'est révélée néfaste pour la société.
Dans une seconde partie, Voltaire groupe les arguments en faveur de la tolérance. Il s'adresse aux sectateurs des diverses religions, puis aux chrétiens. Il prêche la tolérance et recommande de suivre la religion naturelle, qui unit, alors que les dogmes divisent.

Dictionnaire philosophique.

L'ouvrage est conçu sous la forme d'une suite d'articles philosophiques sur les sujets les plus variés, classés suivant l'ordre alphabétique. Les éditeurs ont joint à ces articles les Questions sur l'Encyclopédie et l'Opinion par alphabet. L'ensemble constitue un répertoire multiple.
Voltaire aborde la critique littéraire et l'esthétique (articles Anciens et Modernes, Art Dramatique, Beau, Épopée, Goût, Histoire, Style, Tragédie) ; la philosophie (articles Ame, Athéisme, Dieu, Homme, Philosophie) ; la critique sociale et politique (articles Coutumes, Esclaves, Gouvernement, Guerre, Impôts, Lois, Patrie) ; la critique religieuse (articles Abbé, Catéchisme, Christianisme, Dogmes, Martyrs, Prêtres, Prophètes).

LE TRIOMPHE DE VOLTAIRE

Après la mort de Louis XV, en 1774, Voltaire songe à rentrer à Paris, dont il a gardé la nostalgie. Le nouveau règne semble favorable aux lumières : Turgot devient un moment ministre, et Voltaire s'enthousiasme pour ses réformes. *En février 1778, Voltaire décide de se rendre à Paris pour assister aux représentations de sa tragédie* Irène *: ce fut un séjour triomphal.* Le Tout-Paris se presse chez le marquis de Villette, où il est descendu. La foule fait des ovations à « l'homme universel ». L'Académie l'élit directeur. Le 30 mars, il assiste à la sixième représentation d'*Irène*, et les comédiens français couronnent son buste sur la scène, aux acclamations délirantes du public. L'émotion ébranla peut-être les dernières forces du vieillard, qui dut bientôt s'aliter et mourut le 30 mai 1778. Son corps fut enseveli par les soins de l'abbé Mignot, son neveu, à l'abbaye de Scellières, en Champagne. Au mois de juillet 1791, l'Assemblée Constituante décréta le transfert de ses restes au Panthéon.

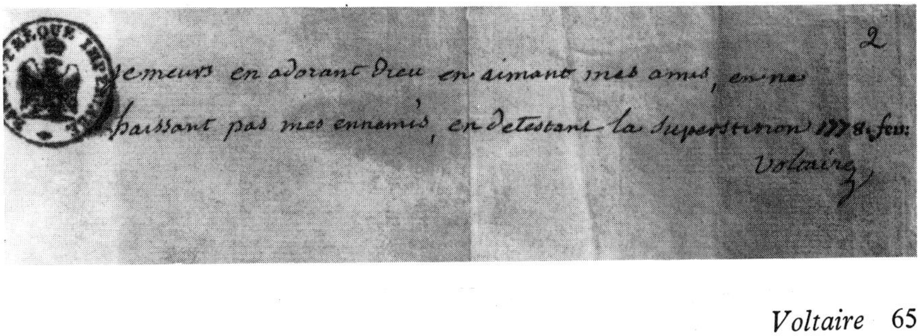

Autographe de Voltaire.

II LE GÉNIE DE VOLTAIRE

A L'homme, d'après sa correspondance

Nous possédons plus de dix mille lettres de Voltaire, adressées à plus de sept cents correspondants et échelonnées sur soixante-sept années, de 1711 à 1778. Ces lettres, qui éclairent le siècle, font aussi vivre l'homme; elles nous permettent de fixer les aspects principaux de son caractère, de son cœur, de son esprit.

LES FAIBLESSES DU CARACTÈRE

Voltaire avait bien des défauts, que ses lettres révèlent au grand jour. Il est frivole : il recherche avec avidité le luxe et les plaisirs. *Il est âpre au gain*, sinon avare : de nombreuses lettres de jeunesse témoignent qu'il fut hanté par la préoccupation de s'enrichir. *Il est ambitieux* : il s'humilie souvent avec excès pour gagner la protection des grands, et ses flatteries appuyées à Frédéric de Prusse, au début de leur correspondance, sont parfois gênantes. *Il est vaniteux*, et étale, non sans naïveté, sa noblesse récente, sa richesse, son influence, ses mérites d'auteur; il supporte impatiemment les critiques et admet difficilement que d'autres écrivains puissent prétendre à la gloire littéraire.

LES DÉLICATESSES DU CŒUR

L'homme sensible. *Voltaire a parfois de nobles élans, qui le rendent sympathique.* Ce polémiste, implacable dans ses œuvres de combat, révèle dans certaines lettres où il s'abandonne un naturel bienveillant et une sensibilité délicate : « Malheur aux cœurs durs! Dieu bénira les âmes tendres. Il y a je ne sais quoi de réprouvé à être insensible, aussi sainte Thérèse définissait-elle le diable : le malheureux qui ne sait point aimer. » (Lettre à Frédéric, 1739.)

L'ami. *Voltaire est fidèle et clairvoyant dans ses amitiés.* Il témoigne à un Thiériot, parasite sans délicatesse, une indulgence inépuisable et nuance d'affection ses reproches les plus mérités. Il sait au contraire distinguer Vauvenargues pour les mérites de son âme et il le remercie de son noble exemple en des termes profondément sentis : « Vous m'affermissez dans la route que vous suivez... Vous êtes la plus douce de mes consolations dans les maux qui m'accablent. »

Le bienfaiteur. *Voltaire voulait être l'ami du genre humain tout entier, et, en mainte circonstance, il fit preuve d'une élégante générosité* : ainsi, il renonce à des bénéfices d'auteur au profit du musicien Rameau, dont il connaît la situation difficile. A Ferney, il recueille, élève et dote l'arrière-petite-fille d'un oncle du grand Corneille : souci de réclame, insinuent ses ennemis; mais ses lettres témoignent d'une affection vraie pour sa protégée. Enfin, il fut, d'une façon générale, sincèrement épris du bien public, combattit inlassablement toutes les injustices; et l'amour de l'humanité, autant que la haine de la religion, inspire ses lettres contre les rigueurs du « fanatisme ».

LE PRESTIGE DE L'INTELLIGENCE

L'homme de sens. *La correspondance de Voltaire révèle essentiellement sa faculté maîtresse, l'intelligence.* Il juge supérieurement de toutes choses; il a des idées sur tous les sujets : il aborde la politique, l'économie, les sciences, l'histoire, les beaux-arts, peinture, sculpture, musique; il pose avec aisance et souvent avec profondeur les grands problèmes philosophiques, et les réflexions qu'il adresse à Mme du Deffand sur le mal, sur le bonheur, sur le travail, sont aussi chargées de signification que dénuées de vain pédantisme. Ainsi, rien d'humain ne demeura vraiment étranger à l'intelligence de Voltaire.

L'homme de goût. *Cette intelligence s'est exercée avec une particulière sûreté dans le domaine de la critique littéraire ou de la critique dramatique et, d'une façon générale, sur les objets du goût.* Voltaire est peut-être l'homme qui a le mieux compris le mérite profond de l'art classique : « Voyez avec quelle clarté, quelle simplicité, notre Racine s'exprime toujours. Chacun croit en le lisant qu'il dirait en prose ce que Racine a dit en vers. Croyez que tout ce qui ne sera pas aussi clair, aussi simple, aussi élégant, ne vaudra rien du tout. » Dans de nombreuses lettres, il définit avec justesse le génie de nos grands écrivains, La Fontaine, Molière, Boileau, Corneille, Racine; et, parmi les étrangers, de Shakespeare, de l'Arioste. Il aime avec passion la langue française, qu'il possède dans ses finesses; il la défend avec bon sens, dans telle lettre à l'abbé d'Olivet sur l'abus des néologismes et des tours risqués. Il fait de pertinentes réflexions sur l'art dramatique dans ses lettres à Mlle Clairon, et sait même donner à cette grande actrice au métier si sûr des conseils pour la déclamation dont elle fait son profit.

L'homme d'esprit. *Mais le trait dominant de toute cette correspondance, c'est l'esprit de son auteur.* Il apparaît avec beaucoup plus de variété que dans ses œuvres proprement dites, où il est en général au service de la polémique. Certes, l'ironie mordante et même méchante n'est pas absente; mais, plus souvent, *Voltaire, soucieux de ne pas déplaire, égratigne avec légèreté, badine avec grâce, flatte avec élégance.* « Il prend des envies de marcher à quatre pattes, quand on lit votre ouvrage », écrit-il à Rousseau; et la spirituelle image vaut une condamnation en forme de la doctrine. « Vous vous vantez de deux expressions pour signifier gourmand; mais daignez plaindre, monsieur, nos gourmands, nos goulus, nos friands, nos mangeurs, nos gloutons », écrit-il à M. Deodati de Tovazzi, et voilà, élégamment révélée, la richesse de la langue française. « Il faut tout oublier en bons chrétiens et en bons académiciens », persuade-t-il à l'abbé Trublet, et la boutade crée le climat favorable à la réconciliation. « Votre main rapide a mis j'*ause* pour j'ose, *très* pour traits et *matein* pour matin », fait-il remarquer à Frédéric de Prusse, et la plaisante délicatesse de la remarque rend moins rude la leçon d'orthographe. On pourrait multiplier les exemples. *C'est à cet esprit surtout que les lettres doivent de demeurer, avec les contes, la partie la plus jeune et la plus vivante de l'œuvre de Voltaire.*

B Le philosophe

Voltaire est avant tout un polémiste : il entend lutter contre les systèmes vains, les opinions fausses, et condamne toute attitude fondée sur un acte de foi, ou sur des démarches purement abstraites de la pensée. Pourtant, il ne s'est pas contenté de détruire : il possède des convictions positives et recherche la vérité, la sagesse, le bonheur.

LA CRITIQUE VOLTAIRIENNE

Procès des institutions politiques et sociales. *Voltaire attaque le gouvernement de son pays.* Le despotisme de la monarchie absolue est vain dans son principe, car il est fondé, non sur les lois de la raison, mais sur le caprice du souverain. Il est funeste dans ses conséquences, car il entraîne l'esclavage, la persécution, l'hypocrisie et la bassesse des sujets, la vénalité des ministres, des fonctionnaires, des juges; Voltaire lutte en particulier contre les privilèges fiscaux, les lettres de cachet, le servage, la gabelle, et surtout contre les cruautés de la guerre ou de la torture : « N'est-il pas bien permis, que dis-je! bien nécessaire d'avertir souvent les hommes qu'ils doivent ménager le sang des hommes? Je voudrais que le récit de toutes les injustices retentît sans cesse à toutes les oreilles! »

Condamnation du fanatisme religieux. *Voltaire est hostile aux discussions théologiques et combat les religions établies.* Selon lui, la théologie est vaine : il en dénonce les méthodes en recourant à l'histoire, à l'exégèse, à la philologie; il assimile les dogmes aux fables mythologiques; il voit seulement dans l'Ancien Testament la chronique très suspecte du peuple juif, dans les Evangiles des récits controuvés. Selon lui encore, les religions établies sont néfastes : elles font naître le désordre dans les Etats; elles entraînent des schismes et des querelles; elles entretiennent l'ignorance et le fanatisme. « Puissent tous les hommes se souvenir qu'ils sont frères; qu'ils aient en horreur la tyrannie exercée sur les âmes », écrit-il dans la célèbre prière à Dieu du *Traité sur la Tolérance.*

Refus du dogmatisme métaphysique. *Voltaire refuse à l'homme le pouvoir de résoudre les grands problèmes qui dépassent son entendement.* La métaphysique est inutile : l'esprit humain a des bornes, et ne saurait pénétrer la nature des choses; Dieu, l'âme, la matière, posent autant d'énigmes, auxquelles les philosophes répondent par un chaos contradictoire d'obscurités : « Pourquoi sommes-nous? Pourquoi y a-t-il des êtres? Qu'est-ce que le sentiment? Comment l'ai-je reçu?... Je l'ignore profondément, et je l'ignorerai toujours. » Peu importe d'ailleurs : quel besoin a-t-on de métaphysique pour la conduite ordinaire de la vie? En outre, la métaphysique est néfaste : elle engendre des systèmes opposés, qui divisent les hommes, ou des théories nuisibles comme l'optimisme leibnizien, aveuglément soumis à la Providence; elle entrave l'action humaine, alors qu'il faut batailler sans relâche pour rendre l'homme moins malheureux.

L'IDÉAL VOLTAIRIEN

Dans l' « universel abattis » que prescrit le philosophe, certains principes demeurent fermes et constituent la base d'un nouvel édifice : il faut vivre dans un état bien policé, pratiquer la religion naturelle et se conformer à la loi morale.

L'idéal politique. *Voltaire condamne l'arbitraire, non le monarque; mais le monarque doit conformer sa conduite aux exigences de la raison.* Un prince conseillé par les philosophes, philosophe lui-même, rendra son peuple heureux, en concédant de plein gré les libertés indispensables; ses sujets, eux-mêmes formés à l'esprit philosophique, accepteront de bon cœur sa tutelle, et le bonheur public régnera sous la loi du « despotisme éclairé ».

L'idéal religieux. *Voltaire condamne les religions établies, non la foi raisonnée en un principe divin.* Selon lui, la raison prouve l'existence d'un Dieu, seule explication possible du monde, « être nécessaire, éternel, suprême, intelligent ». Ce Dieu architecte et ouvrier régit le monde selon des lois immuables; il veille à l'ordre universel et peut se révéler à l'occasion comme un Dieu justicier, rémunérateur et vengeur. Quant à la religion, elle est nécessaire au peuple; mais elle doit proscrire les dogmes, les cérémonies, et se définir, non comme un système théologique, mais comme une institution d'Etat.

L'idéal moral. *Voltaire condamne les théories métaphysiques, non l'humble et honnête réflexion sur les grands problèmes.* Il dispute sur la nature de l'âme, sur l'existence du mal, sur la destinée de l'homme, mais en conservant toujours beaucoup de prudence dans ses affirmations. Il s'attache à concilier le déterminisme universel avec la liberté humaine; il ne pousse jamais son pessimisme jusqu'au désespoir stérile. *Il est avant tout soucieux d'action utile et il enseigne une sagesse pratique.* L'homme doit construire son propre bonheur et aider son prochain à être heureux : la plus belle vertu est la bienfaisance, la grande loi de l'espèce est le travail.

L'ŒUVRE PHILOSOPHIQUE DE VOLTAIRE

L'esprit de parti a surfait Voltaire ou l'a calomnié. Il doit être possible, aujourd'hui, de juger ses idées sans passion et de les apprécier à leur valeur.
La philosophie de Voltaire est insuffisante à bien des égards. Ardent à la négation, Voltaire n'a pas toujours remplacé ce qu'il détruisait : il a combattu la monarchie absolue, mais il put s'apercevoir par sa propre expérience en Prusse que le despotisme éclairé est une utopie; il a combattu le christianisme, mais il lui a opposé un déisme vague, abstrait, incapable d'exalter ou même de consoler; il a combattu les grandes hypothèses sur l'au-delà, mais les hommes qui éprouvent l'angoisse du destin n'en seront jamais libérés par des raisonnements.
Cependant, la sagesse pratique de Voltaire demeure. Son œuvre contient un art de vivre et un programme d'action. Elle témoigne d'un amour profond pour les hommes et d'une foi robuste dans le progrès de la civilisation.

C Le dramaturge

Pour le théâtre, Voltaire a écrit surtout des tragédies. Sa pensée constante fut de sauver, en le renouvelant, un genre traditionnel.

LE CLASSIQUE

Voltaire, élevé par les Jésuites dans l'admiration du Grand Siècle, demeura toujours fidèle à l'esprit du classicisme et fut l'adversaire résolu des genres nouveaux. Au début de sa carrière, il est plus rigoureux que Boileau lui-même sur la question des unités; il emprunte l'inspiration et la technique de ses pièces aux modèles grecs ou aux grands tragiques français : ainsi, l'action d'*Œdipe* fait songer tantôt à Sophocle, tantôt à Corneille. Même lorsqu'il subit l'influence anglaise, il conserve dans ses pièces, avec les unités, le cadre des cinq actes et la forme du vers. Ce goût s'accentue encore à la fin de sa vie : il dénonce comme barbare la manière de Shakespeare, juge Corneille insuffisamment pur et voit dans Racine « celui de nos poètes qui approche le plus de la perfection ».

LE NOVATEUR

Voltaire fut cependant un novateur, qui contribua par ses initiatives à une opportune réforme du théâtre. Il renouvela le cadre historique et géographique de la tragédie, puisa constamment ses sujets dans les temps modernes, fit voyager l'imagination des spectateurs à Jérusalem (*Zaïre*), au Pérou (*Alzire*), en Chine (*L'Orphelin de la Chine*). *Il élargit l'inspiration tragique,* composa à l'occasion des tragédies sans amour (*Mérope*) ou sans femme (*La Mort de César*), étudia l'amour maternel (*Mérope*), la charité chrétienne (*Alzire*), l'esprit chevaleresque (*Tancrède*), et introduisit même dans plusieurs de ses pièces des idées philosophiques, politiques ou religieuses. *Il assouplit la technique dramatique* : persuadé que le manque d'action était une faiblesse du théâtre classique, il anima la scène en recourant à des procédés extérieurs, reconnaissances, quiproquos; en outre, il enrichit la mise en scène et frappa les yeux par des tableaux pompeux comme celui du Sénat romain assemblé (*Brutus*), par des spectacles terrifiants (*Adélaïde du Guesclin*) ou même par des apparitions fantastiques (*Sémiramis*). *Enfin, à l'occasion de ses dernières pièces, il imposa des habitudes nouvelles* : suppression des banquettes sur la scène, réforme du costume et de la déclamation, qui renforcèrent l'illusion du spectateur et rapprochèrent le théâtre de la vérité de la vie.

L'ŒUVRE DRAMATIQUE DE VOLTAIRE

Les innovations de Voltaire n'empêchèrent pas la décadence de la tragédie. Ses vers n'ont pas la vigueur de ceux de Corneille ni l'harmonie de ceux de Racine; de plus, Voltaire, en mêlant le pathétique extérieur qui résulte de circonstances fortuites au pathétique intérieur qui naît du jeu fatal des passions, altérait la qualité de l'émotion tragique.

Voltaire n'en a pas moins élargi l'horizon dramatique; et ainsi, tout en prétendant demeurer fidèle à la tragédie, il a préparé les voies au genre qui devait la supplanter au XIXe siècle, le drame romantique.

D L'historien

Avant Voltaire, l'histoire est souvent le prétexte de développements superficiels ou de compilations laborieuses d'où l'esprit critique et l'intérêt sont absents. Avec Voltaire, elle devient à la fois une science et un art.

LE SAVANT

Voltaire applique à des recherches précises les règles de méthode posées par Bayle, Fontenelle et Montesquieu. Il pense que l'historien doit réunir de nombreux documents, les critiquer les uns par les autres et chercher la signification des événements dans leur succession même, sans recourir à un principe transcendant. Aussi a-t-il fait revivre en savant la destinée d'un guerrier comme Charles XII ou l'œuvre d'un souverain comme Louis XIV.
Mais sa grande originalité est d'avoir agrandi et approfondi le domaine de l'investigation historique. Il ne raconte pas seulement des événements militaires et politiques; il étudie l'âme d'un peuple, décrit ses institutions, ses mœurs, son économie, sa religion, sa culture. Il étudie également les rapports des peuples entre eux et conçoit ainsi l'idée d'une histoire générale de l'humanité. Constamment, la curiosité du savant est, chez lui, aiguillonnée et élargie par les préoccupations du philosophe.

L'ARTISTE

Voltaire a créé l'histoire narrative et dramatique. Il estime que les faits seuls doivent parler et bannit les procédés traditionnels de l'éloquence historique, les discours prétendus (« Pourquoi faire dire à un homme ce qu'il n'a pas dit ? »), les portraits hasardeux (« J'ai toujours pensé que c'était une espèce de charlatanerie de peindre autrement que par les faits les hommes publics avec lesquels on n'a pu avoir de liaison »). En même temps, il imprime à son récit un mouvement qui fait songer à la progression d'un drame : la vie de Charles XII se déroule comme une tragédie où se succèdent exposition, nœud, péripéties et dénouement; et dans l'*Essai sur les Mœurs*, chaque époque nouvelle semble une phase du drame de l'humanité, déchirée par la lutte entre le fanatisme et la raison.

L'ŒUVRE HISTORIQUE DE VOLTAIRE

Les ouvrages historiques de Voltaire demeurent comme une tentative originale pour faire revivre dans sa vérité le passé des hommes. Avec son souci d'information et de critique, sa curiosité pour les rapports internationaux et pour les documents de civilisation, Voltaire a légué à ses successeurs, les grands historiens du XIXe siècle, d'excellents principes et de fécondes directions de recherche.
Parfois, cependant, les partis pris du philosophe gâtent les mérites du savant et de l'artiste. « Voltaire écrit pour son couvent », note Montesquieu. Cela sera vrai surtout dans l'*Essai sur les Mœurs*. Aussi préférons-nous aujourd'hui *Le Siècle de Louis XIV*, où le combat du philosophe ne compromet pas trop la reconstruction de l'historien ni l'expression émouvante de la sympathie que l'homme témoigne à une grande époque et à un grand roi.

E Le conteur

Voltaire s'est inspiré des récits orientaux, plaisants et galants, qui foisonnaient depuis le succès des *Mille et Une Nuits*; mais il a donné aux siens une portée nouvelle et créé le conte philosophique.

LES ÉLÉMENTS DU CONTE

L'intrigue. Voltaire parodie souvent les conventions de la littérature romanesque en contant l'histoire de deux amants séparés qui cherchent à se rejoindre : Zadig, Candide, la Princesse de Babylone, poursuivent leur amour perdu. Les épisodes s'enchaînent avec rapidité, et servent de prétexte à une critique politique, religieuse et sociale. Qu'il s'agisse du fanatisme ou de la cupidité des prêtres, des abus de la noblesse, de la bassesse des courtisans, de la vanité des despotes, de la vénalité des ministres et des juges, Voltaire a toujours son coup de griffe à donner.

Le thème philosophique. Mais, en outre, Voltaire choisit un thème qui donne au récit son unité et en commande le progrès. Il précise souvent par un sous-titre le sujet de sa réflexion : *Zadig ou la Destinée; Memnon ou la Sagesse; Candide ou l'Optimisme.* Presque toujours, c'est le même problème général qui est posé : à quelles conditions l'homme peut-il faire son bonheur? En vieillissant, Voltaire devient plus pessimiste : il donne un dénouement heureux à *Zadig*, un dénouement passable à *Candide*, un dénouement tragique à *L'Ingénu.*

LES PERSONNAGES DES CONTES

Les personnages des contes sont variés : Babyloniens, Français, Westphaliens, Hurons, Portugais, Hindous, Arabes, Juifs, habitants de Saturne, de Sirius; quelques-uns sont esquissés en traits vigoureux, qui leur donnent du relief. *Tous, cependant, ne sont que des marionnettes* au service d'un montreur qui les modèle, les habille et tire leurs ficelles. Le montreur de marionnettes est toujours présent; il nous conduit de pays en pays, en flâneries capricieuses, mais ces détours mènent impitoyablement à la conclusion philosophique. Voltaire se dissimule derrière les fantoches secondaires; il se découvre davantage lorsqu'il s'agit du héros : Zadig, Candide, l'Ingénu, c'est toujours lui.

L'INTÉRÊT DES CONTES

Les contes de Voltaire enferment une sagesse qui, dans l'ensemble, a gardé sa valeur : les hommes souffrent; mais, s'ils ne peuvent échapper aux coups d'un aveugle destin, ils peuvent remédier aux maux dont ils sont les auteurs, et qui viennent de l'obscurcissement de leurs idées. *En outre, les contes offrent des modèles d'un art inimitable, dont le charme a résisté au temps.* Comme les contemporains de Voltaire, nous goûtons leur richesse, leur variété; et, plus encore, la saveur d'une prose légère, qui s'amuse à des descriptions pleines de fantaisie, mais qui sait aussi, à l'occasion, frapper l'imagination pour imposer l'idée.

F L'art de Voltaire

Si la pensée de Voltaire a suscité parfois de violentes polémiques, son génie d'écrivain a toujours été reconnu par un accord unanime. La sobre perfection du style se pare de tous les charmes de l'esprit.

LE STYLE DE VOLTAIRE

Le style de Voltaire est éminemment intellectuel. Il se caractérise surtout par un naturel et une clarté qui n'excluent ni le pittoresque, ni même l'émotion.

Le naturel. *Le style de la prose voltairienne est inimitable; pourtant, il semble la chose du monde la plus simple, la plus naturelle.* Voltaire ignore la complication et l'artifice; il s'exprime aussi nettement qu'il pense. De fait, s'il se surveille et se corrige à l'occasion, sa facilité est merveilleuse. La phrase coule avec l'aisance et la transparence d'une eau limpide; on ne se défie pas de sa légèreté insinuante : c'est une arme parfaitement adaptée au combat philosophique.

La clarté. *Voltaire sait donner des choses la vue qu'il en a, claire et précise.* Il excelle à exposer des faits historiques, à nouer et dénouer l'intrigue d'un conte, à vulgariser des travaux scientifiques; à démontrer, à dégager des causes et des raisons; à réunir des arguments, à introduire une conclusion. Pour atteindre à cette clarté, il renonce à la période oratoire; ses phrases sont courtes, nettement coupées, sans articulations lourdes et peu chargées en épithètes : « Tout le monde, dans la province de Candahar, connaît l'aventure du jeune Rustan. Il était fils unique d'un mirza du pays; c'est comme qui dirait marquis parmi nous, ou baron chez les Allemands. Le mirza, son père, avait un bien honnête. On désirait marier le jeune Rustan à une demoiselle ou mirzane de sa sorte. Les deux familles le désiraient passionnément. Il devait faire la consolation de ses parents, rendre sa femme heureuse, et l'être avec elle. »

Le pittoresque. *Le style de Voltaire n'est d'ailleurs pas abstrait : l'imagination lui donne la couleur et la vie.* Voltaire se plaît à un pittoresque discret, mais évocateur : « La mitre et le san-benito de Candide étaient peints de flammes renversées et de diables qui n'avaient ni queues ni griffes. » Il apprécie surtout la valeur explicative des comparaisons et des images : les métaphysiciens sont « des forçats qui jouent avec leurs chaînes ». Voltaire use de cette couleur, non comme d'un ornement, mais comme d'un éclairage nécessaire à l'idée.

L'émotion. *Enfin, il arrive parfois à Voltaire de s'abandonner à l'émotion.* Ainsi, dans *Le Siècle de Louis XIV*, il vante le grand roi avec éloquence; dans la correspondance, où le cœur se révèle, l'indignation, par exemple, s'exprime en interrogations brèves, mais passionnées : « Si (Calas) avait eu une voix de plus en sa faveur, il était absous. A quoi tient donc la vie des hommes? A quoi tiennent les plus horribles supplices? » Ces moments sont rares, à vrai dire; et le plus souvent, Voltaire garde un masque d'insensibilité.

L'ESPRIT DE VOLTAIRE

La grande séduction de Voltaire tient à son esprit, qui s'amuse de tout, du monde comme des hommes, des hommes comme de lui-même; et qui s'amuse, tantôt pour rire, tantôt pour ne pas pleurer. Cet esprit revêt des formes diverses.

Le comique mécanique. *Voltaire fait souvent rire par un certain automatisme qu'il applique à la réalité vivante.* Il cultive le comique de répétition; c'est celui du leitmotiv de *Candide* : « Je veux retrouver mademoiselle Cunégonde »; — le comique de schématisation : les personnages de ses contes sont des fantoches, des robots, hideux parfois, mais souvent risibles; — le comique de contraste, qui naît d'une liaison inattendue entre deux notions : l'inquisiteur de *Candide* a « brûlé deux cents personnes et recueilli plus de deux cents écus ». Parfois Voltaire associe répétition, schématisation et contraste pour renforcer le même effet comique : « Tout est pour le mieux dans le meilleur des mondes possibles. »

Le ridicule par l'absurde. *Voltaire excelle à dégager l'absurdité des théories ou des hommes qu'il attaque.* Il remplace le mot par une pittoresque définition de la chose qu'il représente : un autodafé devient « le spectacle de quelques personnes brûlées à petit feu »; ou bien il remonte à la cause lointaine d'un événement pour montrer la stupidité des effets qui en ont été tirés : Zadig a été « condamné à l'amende pour avoir vu passer une chienne ». Il pousse le raisonnement jusqu'à ses conséquences extrêmes pour en dégager des applications burlesques : veut-il tourner en ridicule une certaine façon de comprendre le jeûne en temps de Carême? « Le riche qui aura eu sur sa table pour cinq cents francs de poisson sera sauvé; et le pauvre qui aura mangé pour quatre sous de petit salé sera damné. »

L'ironie et l'humour. *Enfin, Voltaire obtient des effets plaisants par un travestissement de sa pensée;* la phrase offre un sens différent de son sens grammatical; l'esprit joue selon les procédés complémentaires de l'ironie et de l'humour.
L'ironie, chez Voltaire, est le procédé qui consiste à feindre d'entrer dans le jeu de l'adversaire. Il y a opposition entre l'expression et la pensée; le lecteur doit découvrir la critique sous l'éloge, l'approbation sous le refus. Ainsi Voltaire témoigne d'une feinte admiration pour « le très bel art de la guerre », ou d'une feinte indignation contre les ennemis de la foi, ses vrais alliés, dont il expose les « horribles » théories.
L'humour, chez Voltaire, est le procédé qui consiste à feindre de considérer comme des bagatelles ce qui est sérieux ou, au contraire, de prendre au sérieux des bagatelles. Il y a disconvenance entre l'expression et la pensée : le lecteur doit discerner la réflexion sérieuse sous le badinage, la réalité inconsistante sous la gravité affectée. Ainsi, dans *Candide,* Voltaire décrit les pires atrocités sur un ton léger, comme s'il s'agissait d'un spectacle de foire; dans *Jeannot et Colin,* il expose avec gravité la burlesque conclusion d'un entretien concernant l'éducation de M. de la Jeannotière : « Enfin, après avoir examiné le fort et le faible des sciences, il fut décidé que monsieur le marquis apprendrait à danser. »

G La lignée de Voltaire

L'influence de Voltaire s'est exercée dans tous les domaines : littérature, philosophie, politique, religion. Plus particulièrement, il contribua à fonder deux familles d'esprits ; les uns, comme Chamfort et Rivarol, héritent surtout de sa vivacité spirituelle ; les autres de son scepticisme en matière de foi religieuse.

CHAMFORT (1741-1793)

L'Auvergnat Chamfort fit les délices des salons et de la cour grâce à ses dons de conteur spirituel et séduisant. Bien que pensionné par le roi, il sut préserver son indépendance. Plein d'enthousiasme pour la Révolution qu'il avait appelée de ses vœux, il réprouva les excès de la Terreur, se rendit suspect, et, après une incarcération, il se donna la mort.

Auteur de fables et de poésies légères, Chamfort est resté célèbre par ses *Pensées, maximes et anecdotes*, publiées en 1803. Comme Voltaire, Chamfort manie avec aisance l'esprit et l'ironie. Consulté un jour sur la qualité d'un distique : « Excellent, déclara-t-il, sauf les longueurs. » Il a stigmatisé en des pensées d'une forme incisive l'hypocrisie et la corruption de son temps : « Amitié de cour, foi de renards et société de loups. »

RIVAROL (1753-1810)

Languedocien, né d'un père piémontais, Rivarol fut le type de l'homme à la mode, fêté dans les salons pour les grâces de son esprit. Il défendit la royauté et cribla de ses sarcasmes les partisans d'un ordre nouveau dans le *Journal politique national* et les *Actes des Apôtres*. Il émigra en 1792 et mourut en Allemagne.

Rivarol dut sa notoriété à son *Discours sur l'universalité de la langue française* (1784), où il met en valeur, avec pénétration et finesse, les qualités de logique, d'harmonie et de clarté de notre langue. Il est aussi l'auteur d'écrits satiriques et surtout de maximes et de réflexions, publiées en 1802. De Voltaire, Rivarol a l'ironie impertinente, le goût du style alerte et pur, le sens de la formule lapidaire ou pittoresque (« L'imprimerie est l'artillerie de la pensée »).

LE VOLTAIRIANISME

On entend par voltairianisme un esprit d'incrédulité et d'irrespect qui s'applique particulièrement à la religion. Le voltairien oppose, dans tous les domaines, le point de vue critique au point de vue dogmatique. Au sens péjoratif, le mot définit un bourgeois frondeur et sarcastique, frivole et étroit, qui doute de tout et qui craint toujours d'être dupe.

OUVRAGES A CONSULTER

VOLTAIRE. *Lettres philosophiques*, éd. Lanson, 2 vol., Cornély, 1909. *Zadig*, éd. V.-L. Saulnier, Droz, 1946. *Candide*, éd. R. Pomeau, Nizet, nouvelle éd., 1980. *Contes*, éd. R. Pagosse, 2 vol., Imprimerie Nationale, 1978. R. NAVES. *Voltaire*, Hatier, 1942. R. POMEAU, *Voltaire par lui-même*, Seuil. *La Religion de Voltaire*, Nizet, 1956. *La Politique de Voltaire*, A. Colin, 1963. J. VAN DEN HEUVEL. *Voltaire dans ses contes*, Publ. de la Fac. des Lettres de Tours, 1967. *D'Arouet à Voltaire. 1694-1734*, Voltaire Foundation, Taylor Institution, Oxford, 1985.

I *LETTRE À ROUSSEAU*

J'ai reçu, Monsieur, votre nouveau livre contre le genre humain, je vous en remercie. Vous plairez aux hommes, à qui vous dites leurs vérités; mais vous ne les corrigerez pas. On ne peut peindre avec des couleurs plus fortes les horreurs de la société humaine dont notre ignorance et notre faiblesse se promettent tant de consolations. On n'a jamais employé tant d'esprit à vouloir nous rendre bêtes. Il prend envie de marcher à quatre pattes quand on lit votre ouvrage. Cependant, comme il y a plus de soixante ans que j'en ai perdu l'habitude, je sens malheureusement qu'il m'est impossible de la reprendre, et je laisse cette allure naturelle à ceux qui en sont plus dignes que vous et moi. Je ne peux non plus m'embarquer pour aller trouver les sauvages du Canada : premièrement, parce que les maladies dont je suis accablé me retiennent auprès du plus grand médecin de l'Europe[1] et que je ne trouverais pas les mêmes secours chez les Missouris[2], secondement, parce que la guerre est portée dans ces pays-là[3], et que les exemples de nos nations ont rendu les sauvages presque aussi méchants que nous.

30 août 1755.

1. Tronchin, illustre médecin, exerça à Genève avant de se fixer à Paris. Voltaire déclare qu'il s'installa aux Délices pour être plus près de lui. 2. Peuplades sauvages de l'Amérique du Nord : le Missouri est un affluent du Mississipi. 3. En 1755, les Anglais chassent du Canada les Français que commandait Montcalm.

Circonstances de la lettre.

Après la publication du *Discours sur les Sciences et les Arts*, Voltaire avait écrit, en 1751, un dialogue intitulé *Timon*, où il tournait en ridicule les thèses de Rousseau hostiles aux philosophes.

En 1755, Rousseau fait paraître son second ouvrage, le *Discours sur l'origine de l'inégalité*, où il soutient que l'inégalité, réprouvée par la loi naturelle, a son origine dans la notion de propriété. De Paris, où il résidait depuis 1741, Rousseau adressa son discours à Voltaire, avec qui il n'était pas encore brouillé et qui s'était depuis peu installé aux Délices, non loin de Genève. Voltaire répond à cet envoi le 30 août 1755. Sa lettre se divise en deux parties : la première, plus courte, concerne le *Discours sur l'origine de l'inégalité*; la deuxième, plus longue, est une réfutation du *Discours sur les sciences et les arts*. Nous commentons seulement la première partie de la lettre.

Le texte.

Dès le début, Voltaire mêle aux compliments les pointes malicieuses qui égratignent. *J'ai reçu, Monsieur, votre nouveau livre contre le genre humain :* formule d'une ironie discrète, plaisante plutôt qu'exacte; le *Discours* de Rousseau n'est pas dirigé contre le genre humain, mais contre l'institution sociale, et plus particulièrement contre le système économique fondé sur la propriété privée. *Je vous en remercie :* c'est le ton un peu distant du maître glorieux à l'adresse d'un écrivain encore jeune dans le métier. Les phrases suivantes sont élogieuses dans leur première partie et laissent percer à la fin d'insidieuses critiques. Ainsi Voltaire promet le succès à Jean-Jacques, *Vous plairez aux hommes, à qui vous dites leurs vérités* (remarque très fine sous sa forme paradoxale : il sait que chaque lecteur se figure être exempt des faiblesses qu'il constate chez autrui); pourtant, il ne lui cache pas que sa leçon ne sera pas écoutée : *vous ne les corrigerez pas;* Rousseau pourrait répondre, il est vrai, qu'il n'a jamais eu la prétention de réformer les mœurs. De même, Voltaire rend hommage au talent de son correspondant : *On ne peut peindre avec des couleurs plus fortes les horreurs de la société humaine;* mais il laisse aussitôt entendre qu'il ne partage pas son point de vue : *dont notre ignorance et notre faiblesse se promettent tant de consolations.* Les deux possessifs *notre* suffisent à suggérer que Voltaire se met du côté des partisans de cette civilisation honnie par Rousseau; quant à l'*ignorance* et à la *faiblesse* qu'il feint par une fausse humilité de s'attribuer comme au commun des mortels, elles s'opposent à la naïve présomption de Rousseau.

L'éloge et la critique voilée continuent à alterner : *On n'a jamais employé tant d'esprit à vouloir nous rendre bêtes.* Voltaire met en lumière l'originalité de Rousseau; mais il attaque en passant l'une de ses idées principales : le sauvage était heureux; l'homme civilisé est dégénéré et malheureux. L'auteur du *Mondain* est évidemment à l'opposé de cette conviction. Pourtant, nous ne sommes pas en présence d'une réfutation en forme; Voltaire préfère user de son arme familière, le ridicule : de la thèse de Rousseau, il conclut qu'il faudrait revenir à la vie animale de l'homme primitif (conclusion abusive, Rousseau ayant maintes fois affirmé que « la nature humaine ne rétrograde pas »); et il traduit cette idée abstraite sous une forme burlesque : *Il prend envie de marcher à quatre pattes, quand on lit votre ouvrage.*

Sur un ton malicieusement contrit, Voltaire s'excuse de ne pouvoir satisfaire cette envie : *Cependant, comme il y a plus de soixante ans que j'en ai perdu l'habitude, je sens malheureusement qu'il m'est impossible de la reprendre.* On évoque simultanément deux tableaux : celui du bébé Arouet marchant à quatre pattes; celui du vieux Voltaire essayant, mais en vain, de renouer avec cette habitude. La fin de la phrase, *et je laisse cette allure naturelle à ceux qui en sont plus dignes que vous et moi*, contient encore une insinuation agressive : Voltaire fait entendre qu'en exaltant l'état de nature Rousseau ravale l'homme au rang de l'animal.

Enfin, sans se départir du ton badin, Voltaire tourne en ridicule le tableau que Rousseau a présenté de l'homme primitif en transposant ce tableau dans les temps modernes et en imaginant une situation dont il serait lui-même le héros : *Je ne peux non plus m'embarquer pour aller trouver les sauvages du Canada.* Pourquoi? pour deux raisons qui, sous leur forme plaisante, ont la valeur de deux arguments. *Premièrement, parce que les maladies dont je suis accablé me retiennent auprès du plus grand médecin de l'Europe et que je ne trouverais pas les mêmes secours chez les Missouris :* la civilisation a donc des avantages, et Voltaire, éternel moribond, doit au progrès des sciences les soins éclairés de son ami Tronchin. *Secondement parce que la guerre est portée dans ces pays-là; et que les exemples de nos nations ont rendu les sauvages presque aussi méchants que nous :* les sauvages font la guerre, eux aussi; en quoi donc sont-ils supérieurs aux civilisés?

Conclusion.

Ce morceau célèbre est un modèle de finesse spirituelle. On n'a jamais employé tant d'esprit à se moquer d'un adversaire en le couvrant de fleurs. L'ironie donne une allure plaisante ou burlesque aux idées les plus sérieuses. Le style est inégalable par sa limpidité et sa grâce légère.

Voltaire cependant n'a pas pénétré la pensée de Rousseau. Il met les rieurs de son côté, mais il esquive le fond des questions. Sans être superficiel, son esprit se complaît un peu trop dans les jeux savants d'une critique destructrice.

II *LES BEAUTÉS DE LA GUERRE*

Rien n'était si beau, si leste, si brillant, si bien ordonné que les deux armées. Les trompettes, les fifres, les hautbois, les tambours, les canons, formaient une harmonie telle qu'il n'y en eut jamais en enfer. Les canons renversèrent d'abord à peu près six mille hommes de chaque côté; ensuite la mousqueterie ôta du meilleur des mondes environ neuf à dix mille coquins qui en infectaient la surface. La baïonnette fut aussi la raison suffisante de la mort de quelques milliers d'hommes. Le tout pouvait bien se monter à une trentaine de mille âmes. Candide, qui tremblait comme un philosophe, se cacha du mieux qu'il put pendant cette boucherie héroïque. Enfin, tandis que les deux rois faisaient chanter des *Te Deum*, chacun dans son camp, il prit le parti d'aller raisonner ailleurs des effets et des causes. Il passa par-dessus des tas de morts et de mourants, et gagna d'abord un village voisin; il était en cendres : c'était un village abare que les Bulgares avaient brûlé, selon les lois du droit public. Ici, des vieillards criblés de coups regardaient mourir leurs femmes égorgées qui tenaient leurs enfants à leurs mamelles sanglantes; là, des filles éventrées rendaient leurs derniers soupirs; d'autres à demi brûlées criaient qu'on achevât de leur donner la mort. Des cervelles étaient répandues sur la terre à côté de bras et de jambes coupés.

Candide, chapitre III.

Situation du passage.

Le simple Candide, convaincu de la beauté et de l'harmonie du monde, rencontre en chemin le mal sous toutes ses formes. Chassé par le baron de Thunder-ten-tronck, il a été engagé de force dans l'armée bulgare par des sergents recruteurs et se trouve mêlé à une bataille entre les Bulgares et les Abares.

Le texte.

Le récit commence sur un ton d'allégresse épique. La phrase est presque légère; les mots laudatifs s'accumulent, *beau*, *leste*, *brillant*, *bien ordonné*; ainsi l'adjectif *leste* évoque la jeunesse et l'agilité des soldats. Le début de la phrase suivante imite par ses sonorités le tumulte de l'armée : *les trompettes*, *les fifres*, *les hautbois*, *les tambours*, *les canons*... Voltaire va-t-il se lancer dans un de ces récits de bataille traditionnels, où il est passé maître? Mais c'est seulement une feinte; la fin de la phrase la découvre. Déjà le mot *harmonie* surprend un peu alors qu'il s'agit du son du canon, et la suite ne laisse pas de doute : *telle qu'il n'y en eut jamais en enfer;* on attendait « paradis »; le mot enfer révèle par un effet de surprise l'intention ironique.

Après ce tableau d'ensemble, voici les phases successives de la bataille. *Les canons renversèrent d'abord à peu près six mille hommes de chaque côté.* En apparence, le ton est détaché; mais chaque mot souligne l'absurdité de la guerre : le nombre indique l'étendue du massacre; l'expression *à peu près* suggère le peu de valeur que prend la vie humaine au milieu d'une bataille; la précision *de chaque côté* marque l'égalité des dommages subis quel que soit le vainqueur.

La phrase suivante contient des effets analogues : *environ neuf à dix mille coquins*; l'ironie est soulignée par l'emploi de la formule empruntée à Leibniz, *le meilleur des mondes*, thème comique qui fait l'unité du conte; et aussi par l'emploi du mot *coquins* et par son commentaire : *qui en infectaient la surface*; évidemment tous les soldats ne sont pas des coquins; au contraire, souvent le bon meurt où le coquin se sauve : c'est ce qu'il adviendra du vertueux anabaptiste et du méchant matelot, lors du désastre de Lisbonne.

Mêmes procédés pour constater, après l'action des canons et de la mousqueterie, celle de la *baïonnette*; encore une expression philosophique tournée en dérision : *la raison suffisante*; encore la grandeur et l'incohérence du désastre mises en valeur par l'importance d'un nombre accolé à un terme imprécis : *la mort de quelques milliers d'hommes. Le tout pouvait bien se monter à une trentaine de mille âmes :* ce dernier trait résume l'intention de l'auteur; dans ce récit de bataille, il n'est parlé ni de manœuvres, ni de vainqueurs, ni de vaincus; seul compte le nombre des morts.

Candide, qu'on oubliait dans ce tumulte, revient au premier plan du récit : il *tremblait comme un philosophe.* Que signifie cette boutade comique? Voltaire veut peut-être constater que l'homme de pensée est d'ordinaire plus peureux que l'homme d'action; peut-être aussi veut-il se moquer des philosophes qui prétendent surmonter par le raisonnement toutes les passions humaines. Spectateur apeuré de cette bataille, appelée *boucherie* avec un énergique réalisme que nuance d'ironie la conventionnelle épithète *héroïque*, Candide a commencé par se cacher, puis il se décide à s'enfuir, *tandis que les deux rois faisaient chanter des* Te Deum *chacun dans son camp :* car tous deux se croient victorieux et tous deux se réclament du même Dieu protecteur.

La fuite de Candide, qui, en fidèle disciple de Pangloss, s'applique à *aller raisonner ailleurs des effets et des causes*, va nous permettre maintenant de compter les maux infligés par la guerre à ceux qui ne sont pas soldats, aux femmes, aux enfants, aux vieillards. Le voilà auprès d'un *village abare que les Bulgares avaient brûlé, selon les lois du droit public* : nouvelle ironie; en état de guerre, il n'y a plus de *droit public*, plus de lois du juste et de l'injuste. Les dernières phrases accumulent les détails réalistes : l'aspect répugnant et sinistre de la guerre est le seul vrai; son image cruelle et fidèle se détache en antithèse avec l'image convenue et traditionnelle du début : *des vieillards criblés de coups... des femmes égorgées... des filles éventrées... d'autres à demi brûlées... des cervelles répandues sur la terre à côté de bras et de jambes coupés;* chaque indication apporte un surcroît d'horreur, et la phrase reste simple et paisible, sans effet oratoire : aucune indignation apparente, mais les faits sont là, dans toute leur horreur.

Conclusion.

La pensée n'est pas neuve : Voltaire répète ce que Montaigne, Pascal, La Bruyère ont dit avant lui. Mais dans ce vaste regard qu'il jette au cours de son récit sur les multiples formes de la douleur humaine, il devait nécessairement embrasser la guerre, le plus absurde et le plus persistant des maux.

L'originalité du conteur tient surtout à son esprit. Nous en découvrons plusieurs aspects : effets de contraste (*harmonie — enfer*); mise en valeur d'expressions pédantes (*la raison suffisante*); absurdités discrètement soulignées (les *Te Deum* chantés en même temps par les deux rois ennemis). Mais le procédé le plus fréquent est celui qui consiste à dire le contraire de ce qu'on veut signifier (*une harmonie — dix mille coquins qui en infectaient la surface — selon les lois du droit public*).

La phrase, enfin, est courte, vigoureuse, dépourvue de tout effet oratoire, mais pleine de variété et de mouvement. Tantôt elle s'élance, tantôt elle se calme, tantôt elle sourit. Le ton change constamment; l'attention du lecteur est toujours sollicitée, et comme sur le qui-vive : la lecture de Voltaire est une délicieuse gymnastique de l'intelligence.

SUJETS DE COMPOSITION FRANÇAISE

1 Voltaire annonce à son ami Bolingbroke la publication des *Lettres philosophiques* (1734). Il rappelle à son hôte les circonstances de son exil en Angleterre, lui avoue tout ce qu'il doit à l'étude de ce pays, lui expose ses idées sur la littérature, les sciences, la politique et la philosophie.

2 Commenter cette opinion de Voltaire, dans sa lettre sur les *Pensées* de Pascal (1734) : « Regarder l'Univers comme un cachot, et tous les hommes comme des criminels qu'on va exécuter, est l'idée d'un fanatique. Croire que le monde est un lieu de délices où l'on ne doit avoir que du plaisir, c'est la rêverie d'un sybarite. Penser que la terre, les hommes et les animaux sont ce qu'ils doivent être dans l'ordre de la Providence est, je crois, d'un homme sage. »

3 « Culte de la raison, haine de la religion, voilà le sens essentiel du *Siècle de Louis XIV* », écrit Lanson. Vous illustrerez ce jugement en montrant comment les tendances maîtresses de la pensée voltairienne se retrouvent dans son grand ouvrage historique.

4 Mme du Deffand écrit à Voltaire, après une lecture de *Candide.*

5 Une journée de Voltaire à Ferney.

6 Commenter cette opinion de Bersot : « S'il fallait sacrifier quelque chose de Voltaire, je donnerais les tragédies et les comédies pour garder les petits vers; s'il fallait encore sacrifier quelque chose, je donnerais plutôt les histoires, toutes charmantes soient-elles, que les romans; si on ne me permettait de garder qu'un seul ouvrage, je me ferais beaucoup prier, mais enfin il y a une chose que je ne me déciderais jamais à livrer, c'est sa correspondance. »

7 Voltaire écrit dans le *Dictionnaire philosophique* (article *Beau*) : « Demandez à un crapaud ce que c'est que la Beauté, le grand Beau, le τὸ καλόν. Il vous répondra que c'est sa crapaude, avec deux grands yeux ronds sortant de sa petite tête, une gueule large et plate, un ventre jaune, un dos brun. Interrogez un nègre de Guinée : le Beau est pour lui une peau noire, huileuse, des yeux enfoncés, un nez épaté. » Que nous apprennent ces lignes sur les idées esthétiques de Voltaire et sur son esprit ?

8 M. René Jasinski appelle l'esprit voltairien « ce bon sens agile, si précieux aux intelligences cultivées, instrument si redoutable aux mains des ignorants et des sots ». Vous illustrerez cette définition et ce commentaire.

9 Examiner cette opinion de Chateaubriand sur Voltaire : « Il fait luire une fausse raison qui détruit le merveilleux, rapetisse l'âme et montre sous un jour hideusement gai l'homme à l'homme. »

10 Dialogue entre un partisan et un adversaire de Voltaire.

Mademoiselle de Lespinasse.
Portrait par Drouais.

DEUXIÈME PARTIE

LES CONQUÊTES DE L'ESPRIT PHILOSOPHIQUE

CHAPITRE PREMIER

Raison, Sentiment, Mysticisme

Pendant la seconde moitié du siècle, les idées philosophiques s'affirment avec une hardiesse de plus en plus grande. De nouveaux salons s'ouvrent et contribuent largement à leur diffusion. Chez Mme du Deffand, qui demeure fidèle à d'anciennes traditions, les philosophes sont tenus à une grande réserve; mais chez Mme Geoffrin, qui protège ouvertement les encyclopédistes, la conversation est déjà plus libre. Enfin, d'autres salons, dont le rayonnement est moindre, sont de vraies « synagogues philosophiques », où prend naissance une idéologie prérévolutionnaire.
Une réaction se dessine pourtant contre la sécheresse de la raison; elle gagne des lieux à la mode, comme le salon de Mlle de Lespinasse, où l'on s'attendrit, où l'on s'exalte, où l'on découvre « les délices du sentiment ». En même temps, une grande partie du public demeure accessible à des préoccupations mystiques, ou même pénétrée de préjugés superstitieux; des sectes d'illuminés se fondent; parallèlement aux enquêtes de l'esprit positif se répand une vive curiosité pour le surnaturel, qui retentit sur l'inspiration des écrivains et annonce certaines tendances du romantisme.

1740-1780	Salon de Mme du Deffand.
1749-1777	Salon de Mme Geoffrin.
1762-1776	Salon de Mlle de Lespinasse.
Vers 1770	Vogue de l'illuminisme.

I LES SALONS PHILOSOPHIQUES

LE SALON DE MADAME DU DEFFAND (1740-1780)

Mlle de Vichy épousa le marquis du Deffand, mais se sépara bientôt de lui et mena une existence très libre. Elle tint d'abord salon rue de Beaune, puis, de 1740 à 1780, rue Saint-Dominique, où elle reçut tout un monde d'écrivains, de philosophes, de savants, ainsi que des grands seigneurs et des étrangers. Ses hôtes les plus célèbres furent Fontenelle, Montesquieu, Marivaux et les principaux encyclopédistes.

Mme du Deffand avait gardé les manières d'autrefois, ne cachait pas son goût pour les écrivains du XVIIe siècle et se moquait parfois des philosophes; pourtant elle les soutint, les mit en rapport avec les gens en place, et contribua ainsi, un peu malgré elle, à la diffusion de l'idéal nouveau. Malheureusement, elle perdit la vue en 1752 et son humeur s'altéra; mais l'amitié passionnée qu'elle voua au jeune Horace Walpole vint consoler et illuminer sa vieillesse.

La correspondance de Mme du Deffand est un témoignage d'une rare valeur historique, littéraire et psychologique. Elle contient des jugements personnels et délicats sur les écrivains; elle révèle, en même temps que le désenchantement d'une âme demeurée solitaire dans l'agitation du monde, l'évolution d'un esprit qui passa de l'ironie à l'enthousiasme.

LE SALON DE MADAME GEOFFRIN (1749-1777)

Mme Geoffrin, fille d'un valet de chambre de la Dauphine, était une simple bourgeoise. Intelligente et ambitieuse, elle ouvrit un salon rue Saint-Honoré. Le lundi, elle recevait les artistes : Falconet, Soufflot, Pigalle, Vernet, Boucher, Quentin de la Tour, Van Loo. Le mercredi, elle recevait les écrivains et les savants : Marivaux, Saint-Lambert, Morellet, Marmontel, le comte de Caylus, l'abbé Raynal, Grimm, d'Holbach, et enfin les deux fidèles, Helvétius et d'Alembert. Elle accueillait aussi les notabilités étrangères : l'abbé Galiani, Horace Walpole, et surtout le prince Stanislas Poniatowski, avec lequel elle entretint une correspondance affectueuse.

Le salon de Mme Geoffrin devint pour les philosophes un véritable centre de rayonnement. Certes, la maîtresse de maison savait, à l'occasion, calmer les passions et les intempérances de langage. Mais, d'une façon générale, elle était favorable aux idées nouvelles. Elle subventionna l'*Encyclopédie*; elle aida les philosophes de ses conseils et parfois de sa bourse. Sa renommée fut européenne.

LES SALONS PRÉRÉVOLUTIONNAIRES

Les encyclopédistes fréquentent aussi d'autres salons où sont admises les discussions les plus audacieuses. Les principaux sont le salon de Mme d'Épinay, où régnait Grimm; celui de Mme Necker, où fréquentaient Morellet, Marmontel, l'abbé Galiani, Diderot, d'Alembert; celui de Mme Helvétius; enfin le salon de Mme d'Holbach, où l'on pouvait entendre, écrit Morellet, « la conversation la plus libre, la plus animée et la plus instructive qui fut jamais ».

II LA RÉACTION SENTIMENTALE

L'esprit philosophique, si répandu dans les salons que fréquentent les encyclopédistes, rencontre pourtant de nombreuses résistances. Même dans l'opinion « éclairée », nombreux sont ceux qui jugent décevants les jeux de l'intelligence pure et qui s'accommodent mal d'un rationalisme strict. Ceux-là cherchent souvent le bonheur dans l'exaltation de leur sensibilité.

LE GOUT DU SENTIMENT

Pendant la première moitié du siècle, on s'était souvent préservé du sentiment par l'ironie et de la passion par la frivolité. Certes, il y avait des « âmes sensibles » : la correspondance de Mlle Aïssé, qui, publiée en 1787, fait revivre sa touchante idylle avec un chevalier de Malte, en fait foi. Ces âmes sensibles pouvaient trouver matière à s'émouvoir dans les romans de l'abbé Prévost ou dans les comédies de Marivaux. Pourtant, les émotions du cœur étaient généralement sacrifiées aux plaisirs de l'esprit.
Vers le milieu du siècle, on commence à s'abandonner plus volontiers. La raison semble parfois sèche et ennuyeuse. « Vivre sans passions, c'est dormir toute sa vie », écrit Mme de Puisieux en 1750. Les larmes, les soupirs, les effusions deviennent à la mode, ainsi que les inquiétudes, les désespoirs, les extases. On aime se promener, non plus dans des parcs ou dans des jardins dessinés à la française, mais dans d'épaisses forêts, ou dans des sentiers de montagnes; on rêve d'une nature sauvage et solitaire; on trouve une poésie nostalgique aux paysages de ruines, qui semblent répondre aux mélancolies de l'âme. Guidés par l'exemple que leur donnent les romanciers et les poètes anglais, puis les préromantiques allemands, des écrivains cherchent à satisfaire ces aspirations nouvelles du public : ainsi, Baculard d'Arnaud consacre tout un recueil de contes à décrire *Les Épreuves du sentiment.* Le grand maître de cette génération est Rousseau; innombrables sont ses disciples : telle Mlle de Lespinasse.

LE SALON DE Mlle DE LESPINASSE (1762-1776)

Julie de Lespinasse, née en 1732, entra à l'âge de vingt ans au service de Mme du Deffand. Elle prit bientôt l'habitude d'attirer chez elle les familiers de la marquise et ouvrit un salon que fréquentèrent d'Alembert, Turgot, Marmontel, Condorcet, Condillac. Douée d'une intelligence agile, elle dirigeait l'entretien, écrit Marmontel, « avec l'aisance et la facilité d'une fée qui, d'un coup de baguette, changeait à son gré la scène de ses enchantements ».
Quoiqu'elle reçût les philosophes encyclopédistes, Mlle de Lespinasse faisait passer les effusions du cœur avant les hardiesses de l'esprit. Elle possédait une âme inquiète, une imagination ardente, un goût profond pour le romanesque. « Il y a une espèce de douleur, écrivit-elle, qui a un tel charme, qui porte une telle douceur dans l'âme, qu'on est tout prêt à préférer ce mal à ce qu'on appelle plaisir. » Avec elle, le sentiment, ou plutôt l'attendrissement, pénètre dans la vie mondaine. Sa correspondance, où les crises de désespoir succèdent aux élans d'enthousiasme, demeure le témoignage de sa sensibilité frémissante.

III LE MOUVEMENT « ILLUMINISTE »

En même temps que le goût du sentiment, s'affirme, en dépit des philosophes, le goût du surnaturel. Un mouvement « illuministe » se développe : il entretient dans les esprits l'enthousiasme mystique, la curiosité pour les pratiques de la magie ou la crédulité superstitieuse.

LES APOTRES

Des illuminés se donnent la mission de régénérer le christianisme en favorisant les communications de l'âme humaine avec le monde invisible : par la parole ou par le livre, ils répandent leurs doctrines et leurs méthodes d'initiation. Ainsi le Suédois *Swedenborg* (1688-1772) prétend fournir à l'homme le moyen d'entretenir des relations avec l'univers spirituel et d'accéder à la « cité céleste » : ses ouvrages, rédigés en latin, sont diffusés dans les milieux cultivés de l'Europe entière. *Martinez de Pasqually* rêve de réconcilier la créature humaine avec son Dieu, fonde un ordre dont il est le Grand Maître et enseigne des formules pour évoquer les esprits. *Claude de Saint-Martin* (1743-1803) réforme l'ordre de Martinez en substituant aux pratiques de la magie une expérience intérieure.

LES PRATICIENS

D'autres personnages inventent des recettes mystérieuses pour affranchir l'homme de ses maux ou pour lui ouvrir les portes de l'Inconnu. Ainsi le Suisse *Lavater* (1741-1801) fonde la physiognomonie : il analyse les traits du visage et en tire des conclusions, non seulement sur le caractère, mais sur le passé et l'avenir des individus; sa réputation est considérable dans toute l'Europe occidentale. L'Allemand *Mesmer* (1734-1815), qui s'établit à Paris en 1778, obtient un immense succès avec son célèbre « baquet »; il prétend fixer à l'aide de passes magnétiques le fluide subtil qui, répandu dans l'atmosphère, rattache les créatures à l'univers astral; on lui prête des cures merveilleuses.

LES CHARLATANS

Enfin, des aventuriers exploitent à leur profit la crédulité publique. Vers le milieu du siècle, *Saint-Germain* s'introduit à la Cour de Louis XV; il déclare qu'il est vieux de plusieurs centaines d'années et qu'il possède un secret de longue vie. Après lui, l'Italien Guiseppe Balsamo, dit *Cagliostro*, acquiert une grande réputation de mage et de guérisseur, mais il est compromis dans l'affaire du Collier et enfermé à la Bastille, puis exilé.
La curiosité pour l'au-delà exerce une influence sur la littérature. Elle inspire des œuvres mineures, dont la plus agréable est *Le Diable amoureux*, un conte fantastique de Cazotte (1720-1792). Cette influence s'épanouira au sein du romantisme.

OUVRAGES A CONSULTER

M. GLOTZ et M. MAIRE. *Les Salons du XVIIIème siècle*, Hachette, 1945. D. MORNET. *Le Romantisme en France au XVIIIème siècle*, Hachette, 1912. A. VIATTE, *Les Sources occultes du romantisme*, 2 vol., Champion, 1928.

Diderot. Portrait par L. M. Van Loo.

DIDEROT

Après de sérieuses études au collège de Langres, le jeune Diderot, épris de liberté, mène pendant plusieurs années la vie de bohème. Mais, en 1746, le libraire Le Breton lui confie la direction de l'Encyclopédie : *Diderot se passionne pour l'entreprise, qu'il mène à bonne fin en dépit de graves difficultés. Il passe ses dernières années dans le calme et dans l'aisance, grâce aux libéralités de Catherine II, qui l'a pris sous son patronage et dont il chante les louanges jusqu'à sa mort. Diderot est une des physionomies les plus puissamment originales de son siècle. Doué d'un esprit pétillant et d'une imagination sans cesse en mouvement, il a embrassé les formes les plus variées de la pensée humaine : sciences, philosophie, arts, littérature; et il a écrit par saccades fiévreuses sur tous les sujets. Il demeure le plus grand animateur et le penseur le plus hardi de son temps.*

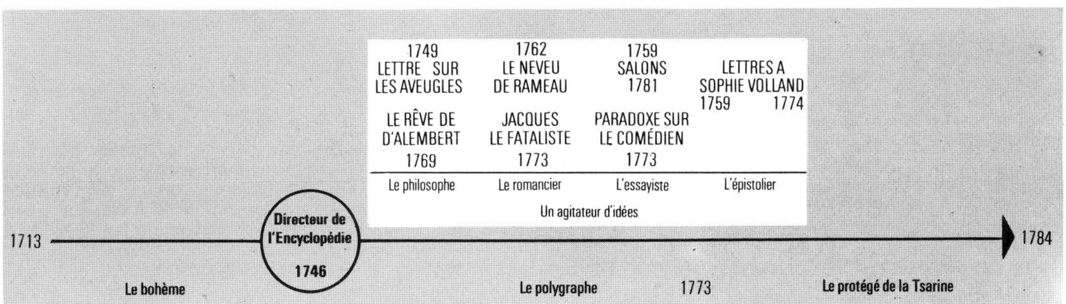

I LA CARRIÈRE DE DIDEROT

A Le bohème (1713-1746)

Né à Langres, au carrefour de plusieurs provinces dont il assemble les tendances diverses, Denis Diderot appartient à une famille de petite bourgeoisie honnête et forte, qui le destinait à l'état ecclésiastique. Dès l'âge de huit ans, il est l'élève des Jésuites, au collège de sa ville natale : il reçoit une instruction solide, qui sera à la base de sa prodigieuse culture; son père, cependant, pour le soustraire à une influence qu'il juge néfaste, le conduit à Paris et le fait inscrire au collège d'Harcourt. Ses études achevées, Diderot travaille chez un procureur; mais, ivre d'indépendance et dévoré de curiosité, il se sent impérieusement attiré vers la culture désintéressée et s'initie aux formes les plus variées de la pensée. Il faut pourtant vivre, car son père l'a abandonné à lui-même. Pour satisfaire ses goûts, il ne recule devant aucune besogne : il court le cachet, fait des traductions, écrit des sermons pour des missionnaires. Il entre en relation avec quelques hommes de lettres, d'Alembert, Rousseau, Condillac. En 1743, il épouse une jeune lingère, Anne-Toinette Champion; peu de temps après, il se lie, pour plusieurs années, avec une aventurière, Mme de Puisieux.

B Le polygraphe (1746-1773)

*Un événement fortuit va lui permettre de fixer son existence : en 1746, il est présenté au libraire Le Breton, qui, devinant en lui un homme d'avenir, lui confie la direction de l'*Encyclopédie[1]. De 1746 à 1773, Diderot, non content de se vouer à cette entreprise gigantesque, produit un nombre considérable d'ouvrages de tout genre, qui furent souvent inconnus de ses contemporains et dont certains sont encore inédits. Cette activité, cependant, fut un moment contrariée, en 1749, après la publication de la *Lettre sur les Aveugles à l'usage de ceux qui voient* : la hardiesse d'une pensée qui, déjà, l'inclinait à l'athéisme et au matérialisme, lui valut d'être emprisonné pendant trois mois au donjon de Vincennes.

La Lettre sur les Aveugles.

Diderot s'adresse à son amie Mme de Puisieux, qui se piquait de littérature et de philosophie. Il prend comme point de départ l'opération de la cataracte, que Réaumur venait de pratiquer et de réussir sur un prétendu aveugle-né. Il s'élève à des considérations générales sur la cécité; puis, adoptant la forme d'un récit imaginaire, il prête au mathématicien anglais Saunderson, qui avait perdu la vue à l'âge d'un an, ses propres arguments en faveur de l'athéisme : toute connaissance vient des sens; quant à l'ordre du monde, il ne saurait être une preuve de l'existence de Dieu, et il est d'ailleurs loin d'être parfait, puisqu'il admet des monstres inadaptés à la vie. Il est particulièrement difficile à un aveugle de croire en la divinité; d'ailleurs, un aveugle se passe fort bien de cette croyance sans importance pour lui : « Il est très important de ne pas prendre de la ciguë pour du persil, mais nullement de croire ou de ne pas croire en Dieu. »

1. Sur cette entreprise, voir chapitre III, page 101.

L'ACTIVITÉ DU DRAMATURGE

Libéré, Diderot se remet au travail aussitôt et prend vaillamment la tête du parti philosophique. Il s'oriente ensuite vers le théâtre, qu'il a la prétention de rénover totalement. Il formule une théorie du drame bourgeois, genre intermédiaire entre la tragédie et la comédie, dans ses *Entretiens sur le Fils naturel*, plus connus sous le titre *Dorval et moi* (1757), et dans son *Discours sur la poésie dramatique* (1758). Il illustre sa théorie par deux pièces en cinq actes et en prose, *Le Fils naturel ou les Épreuves de la vertu* (1757) et *Le Père de famille* (1758), qui furent jouées la première en 1771, la seconde en 1761, avec un succès modéré. Ces deux œuvres sont faibles : la solennité des personnages, leur vertu raisonneuse et bavarde font sourire; toute vérité humaine est absente.

Le Fils naturel.

Le fils naturel, Dorval, est un jeune homme tendre et au cœur droit. Victime du préjugé de la naissance illégitime, il se sent isolé et déclassé dans la société. Pourtant son austère vertu plaît aux femmes ; il inspire une vive passion à Constance, la sœur de son ami Clairville, et aussi à la fiancée de ce dernier, Rosalie, dont il est lui-même épris. Une lutte s'engage dans sa conscience : pour respecter les devoirs qu'impose l'amitié, il décide de vaincre sa passion. A la fin, il découvre que celle qu'il croyait aimer est sa sœur : son ami Clairville épousera Rosalie et il se mariera avec Constance.

Le Père de famille.

Le père de famille, M. d'Orbesson, homme indulgent et sensible, a un fils, Saint-Albin, et une fille, Cécile. Le romanesque Saint-Albin, amoureux de Sophie, une jeune orpheline pauvre, mais vertueuse, se déguise en ouvrier pour pénétrer dans sa mansarde. Cécile aime Germeuil, un jeune homme sans fortune. Le beau-frère de M. d'Orbesson, vieil homme riche, et égoïste, invoque les préjugés sociaux pour contrecarrer cette double union. Après bien des péripéties, ses plans seront déjoués et M. d'Orbesson bénira, au milieu de l'attendrissement général, le mariage de ses deux enfants.

LES COMPTES RENDUS DU CRITIQUE D'ART

Diderot était passionné pour toutes les questions d'esthétique. En 1751, il avait rédigé l'article *Beau* pour l'Encyclopédie; il collectionnait estampes et tableaux, fréquentait les ateliers des artistes, était lié avec les peintres Vernet et Greuze, ainsi qu'avec le sculpteur Falconet. Aussi, lorsque Grimm lui demanda en 1759 de faire dans *La Correspondance littéraire*, dont il était le directeur, des comptes rendus des expositions de peinture, qui avaient lieu tous les deux ans au Louvre, Diderot accepta avec enthousiasme. Il rendit compte régulièrement des salons de 1759 à 1781, à l'exception des années 1773, 1777, 1779. En outre, il écrivit « pour faire suite au Salon de 1765 » un *Essai sur la Peinture*. Les *Salons* de Diderot furent réunis en volume après sa mort.

Diderot n'a pas inventé la critique d'art. Dès 1667, l'Académie Royale de peinture et de sculpture avait institué des conférences sur les œuvres des artistes ou sur des problèmes généraux d'esthétique. D'autre part, au XVIIIe siècle, *Le Mercure de France*, *L'Année littéraire*, *Le Journal encyclopédique*, consacraient de nombreux articles à la peinture; le comte de Caylus avait publié des *Salons* en 1751 et 1753. Mais le genre était encore dans l'enfance. Diderot, le premier, détruisit les cloisons entre artistes et écrivains; il initia aux choses de l'art un vaste public, qui préférait ses brillantes causeries à des relations arides.

LE CHEF-D'ŒUVRE DU ROMANCIER

Absorbé par la tâche immense de l'*Encyclopédie*, Diderot satisfait son besoin de divertissement en composant des romans. En 1760, il écrit *La Religieuse*, roman libertin et anticlérical; en 1762, *Le Neveu de Rameau*, récit dialogué d'une verve étourdissante, qui ne fut révélé au public français qu'en 1821.

Les paradoxes d'un bohème cynique : Le Neveu de Rameau.

Un après-dîner, alors que Diderot est entré au café de la Régence, place du Palais-Royal, pour flâner parmi les joueurs d'échecs, il est abordé par le neveu du célèbre musicien Rameau, bizarre personnage, « singulier mélange de hauteur et de bassesse, de bon sens et de déraison », doué d'une grande chaleur d'imagination et d'une rare vigueur de poumons. Ce bohème vit au jour le jour, toujours en quête d'une maison où il aura son couvert.

Le neveu engage une étonnante conversation : son esprit exalté brode sur tous les thèmes les plus insolents paradoxes. Le voilà qui peste contre les hommes de génie, qu'il rend responsables de tout le mal sur la terre : pourtant, lui-même, il envie le génie, car il aurait aimé être adulé. Pour le moment, il est hors d'état d'utiliser ses talents de parasite : il vivait comme un coq en pâte chez des gens qui l'appréciaient pour ses vices ; pourquoi diable s'est-il mêlé un jour d'avoir le sens commun? On l'a chassé ! Il pourrait dissiper cette brouille en s'humiliant ; déjà il mime son retour, mais il a une crise d'amour-propre : le mépris de soi est insupportable.

Par bonheur, il trouve une consolation dans son amour délirant de la musique ; le voilà jouant d'un violon imaginaire, puis du clavecin. Jadis, il donnait des leçons de musique. Singulières leçons ! Il volait son argent? Non ! Il « aidait les riches à restituer ». Son plan de vie pour plus tard est bien simple : il se ménagera tous les plaisirs ; les règles de la morale ne sont que vanité. Actuellement, il est à la tête d'une compagnie qui ramasse tous les auteurs décriés : pour vivre, ils injurient tout le monde. Eh quoi ! les gens d'esprit ont été mis sur terre pour exploiter les sots. Et pourtant, que de désagréments dans la vie d'un parasite ! De quoi se plaignent ses protecteurs? Ce sont eux qui encouragent sa bassesse. Il faut d'ailleurs être original dans son avilissement : mieux vaut un grand qu'un médiocre vaurien.

Il entre tout à coup en transe ; il est pris du délire musical, enthousiasme voisin de la folie ; les joueurs d'échecs interrompent leur partie. Puis il traite de critique musicale : il faut donner de l'accent à la musique en lui faisant exprimer de fortes passions. Il pense à son fils : non, il n'en fera pas un musicien ; il lui enseignera les voies les plus faciles pour arriver sans péril à toutes sortes de jouissances. Lui, il n'a été qu'un raté et un gueux. C'est la faute d'une société qui tolère que les uns regorgent de tout, quand d'autres n'ont rien à se mettre sous la dent. La société abâtardit les individus en les obligeant à faire des singeries dès qu'ils ont besoin de quelque chose. La pantomime des gueux est le grand branle de la terre. Il n'y a guère que le philosophe qui ne dépende de personne : oui, mais alors, adieu bon lit, bonne table. Allons ! il vaut mieux continuer à danser la vile pantomime.

LES VISIONS DU PHILOSOPHE

L'activité de Diderot s'exerce plus que jamais dans tous les genres : il rédige ses *Salons*; entretient une correspondance suivie, en particulier avec Sophie Volland qui est devenue la confidente de ses pensées; prolonge son activité de romancier et de nouvelliste (*Les Deux Amis de Bourbonne*, 1770; *Regrets sur ma vieille robe de chambre*, 1772; *Ceci n'est pas un conte*, 1772?). Mais surtout il précise ses idées philosophiques dans trois petits ouvrages composés la même année : *Entretien entre d'Alembert et Diderot*, *Le Rêve de d'Alembert*, *Suite de l'Entretien* (1769). Dans *Le Rêve de d'Alembert*, Diderot suppose que son ami d'Alembert, après avoir discuté gaiement avec lui sur de graves problèmes, s'endort et rêve à voix haute. Cette fiction lui permet d'exposer des hypothèses hardies, qui marquent son adhésion formelle à une philosophie matérialiste.

Le Palais-Royal à la fin du XVIIIe siècle.
Gravure de Varin frères.

« Qu'il fasse beau, qu'il fasse laid, c'est mon habitude d'aller sur les cinq heures du soir me promener au Palais-Royal. »
Diderot. Le Neveu de Rameau (début).

C Le protégé de la tsarine (1773-1784)

LE VOYAGE EN RUSSIE (1773-1774)

Dès 1763, Diderot était entré en relations épistolaires avec Catherine II, qui lui acheta sa bibliothèque sous condition qu'il en resterait le dépositaire. Diderot est éperdu de reconnaissance : il se fait alors l'intermédiaire officieux de l'impératrice auprès des artistes et des amateurs. Sur les instances de « sa souveraine », *il se décide, au printemps de 1773, à partir pour Saint-Pétersbourg.* Il y passe sept mois, comblé d'attentions, entonne les louanges de la « Sémiramis du Nord » et veut tout bouleverser dans l'empire russe : il rédige en particulier le *Plan d'une Université pour le gouvernement de la Russie,* qui contient un programme pédagogique plein de suggestions audacieuses. Entre-temps, il avait écrit, pendant cette année 1773, un roman, *Jacques le Fataliste et son maître,* et un essai riche en aperçus originaux sur l'art de l'acteur, le *Paradoxe sur le Comédien.*

Jacques le Fataliste et son maître.

Le héros du roman, Jacques, est un être débraillé, un peu ivrogne, têtu et bavard, mais honnête et d'une fidélité à toute épreuve. Il voyage à cheval sur une grande route, en compagnie de son maître, à qui il a l'intention de raconter ses aventures amoureuses. Mais son récit est sans cesse interrompu, tantôt par les réflexions de son maître ou d'un autre personnage, tantôt par des épisodes intercalés : histoire des deux capitaines, ennemis mortels et amis inséparables ; du P. Hudson, nouveau Tartuffe ; du chevalier de Guerchy ; de l'intendant de M. de Saint-Florentin ; de Mme de la Pommeraye, qui, abandonnée par le marquis des Arcis, se venge en lui faisant épouser une courtisane travestie en bigote. Chemin faisant, Jacques, qui aime à philosopher, se lance dans des considérations sur l'art, la nature, la matière, l'inéluctable enchaînement des effets et des causes. A la fin, il revient au récit de ses amours.

Paradoxe sur le Comédien.

Le Paradoxe se présente sous la forme d'un dialogue entre deux interlocuteurs, dont le premier est le porte-parole de Diderot. Il comprend une partie technique, concernant l'interprétation à la scène, mais esquisse aussi une théorie plus générale : toute création se fait, non dans l'enthousiasme, mais dans la lucidité. Diderot fonde sa thèse sur des exemples concrets : les acteurs qui jouent « d'âme » sont inégaux, sublimes un jour, plats le lendemain, tandis que les acteurs qui jouent « de réflexion » sont toujours également parfaits, tout étant chez eux « mesuré, combiné, appris, ordonné ». La preuve qu'un grand acteur ne se laisse pas prendre par son rôle, c'est qu'il peut se dédoubler : « c'est un pantin merveilleux, dont le poète tient la ficelle ». De même, en littérature, un poète ne peut créer sous le coup d'une grande douleur ; il faut que l'émotion, affaiblie par le temps, n'existe plus qu'à l'état de souvenir.

LES DERNIÈRES ANNÉES (1774-1784)

Diderot regagne Paris en 1774. Il se sent épuisé par la vie trépidante qu'il a menée. Il continue pourtant à travailler pour son plaisir : il s'intéresse à l'algèbre et à la mécanique; met au point une imprimerie portative; élabore un *Essai sur la vie de Sénèque, sur ses écrits et sur les règnes de Claude et de Néron* (1778). Avec l'âge, sa philosophie s'est quelque peu adoucie et élargie : il met en doute les principes abstraits et accorde désormais un grand crédit aux intuitions du cœur et à l'expérience de la vie. Cependant, grâce aux libéralités de Catherine II, il peut vivre ses dernières années dans l'aisance, en marge de toute activité littéraire; partout où il fréquente, dans les salons, dans les cafés, au Palais-Royal, il célèbre la gloire de « sa divinité ». Mais sa santé décline et il meurt d'une attaque d'apoplexie.

II L'ŒUVRE DE DIDEROT

A Diderot peint par lui-même

Peu d'écrivains ont plus complaisamment parlé d'eux-mêmes dans leurs ouvrages que Diderot. Sa personnalité s'étale partout, mais c'est dans sa correspondance et surtout dans ses lettres à Sophie Volland qu'elle se révèle et s'exprime le plus complètement. Échelonnée entre 1759 et 1774, cette correspondance présente le journal intime de sa vie, de son âme et de sa pensée, à l'époque la plus brillante de sa carrière littéraire.

LE JOURNAL D'UNE VIE

Le cercle de famille. Nous pénétrons dans l'intérieur de sa famille, d'abord à Langres, où il est revenu en 1759 pour recueillir sa part d'héritage, à la mort de son père : il essaie de jouer le rôle délicat de conciliateur entre une sœur vive et gaie et un frère triste et fâcheux; mais la monotonie de la vie provinciale s'accommode mal avec la mobilité de son caractère. Le voilà à Paris, rue Taranne : sa vie conjugale n'est guère attrayante; sa femme, dévouée, mais tracassière, l'a vite rebuté par son esprit borné; il s'ennuie chez lui, dans un milieu platement bourgeois. Par bonheur, il a sa fille Angélique, dont il est « fou à lier » : éducateur patient, il en fait entre ses mains un instrument docile, se flatte de lui donner des leçons de vertu et de la former à sa propre image.

Le cercle des amis. Malgré tout, Diderot est peu fait pour la vie de famille. Aussi passe-t-il son temps de préférence tantôt à la Chevrette chez son ami Grimm et Mme d'Epinay, tantôt rue Royale ou au Grandval, chez le baron d'Holbach. Le salon du baron est à Paris un des centres les plus brillants et les plus bruyants du mouvement encyclopédique. Là, se réunissent les grands prêtres de la philosophie du temps : Condillac, Turgot, Rousseau, Helvétius; là, il peut donner libre cours à sa verve intarissable et à ses folles fantaisies. Au château de Grandval, il retouve le sarcastique Grimm, le divertissant abbé Galiani, la facétieuse Mme d'Aine; il discute de physique avec le baron ou se lance dans de virulentes attaques contre la religion et ses ministres, dirigeant le chœur de tous ces révoltés, qui veulent substituer la loi de nature aux prescriptions de la morale et de la religion.

Le roman sentimental. Mais, qu'il soit à la Chevrette, au Grandval ou à Paris, Diderot entretient un perpétuel commerce de lettres avec Sophie Volland, dont il a fait la connaissance en 1755. L'âme si mobile de Diderot sut se fixer pendant plus de vingt ans dans la grande passion que lui inspira cette petite bourgeoise sensible, intelligente et spirituelle, lectrice éclairée de tous les philosophes et amie des beaux-arts. Avec elle, Diderot se laisse aller aux confidences intimes, aux bavardages candides. L'amour a été la satisfaction la plus profonde qu'il ait donnée à son besoin d'épanchement : ce roman de l'âge mûr a épanoui son cœur et enrichi son âme.

LE JOURNAL D'UNE AME

La sensibilité. *Chez Diderot, la sensibilité l'emporte sur le jugement et la raison :* c'est un homme de première impulsion, incapable de dominer son tempérament. De l'excès même de cette sensibilité découle le caractère essentiel de sa physionomie : une tendance perpétuelle à l'exaltation et à l'outrance. « Il me semble, écrit-il, que j'ai l'esprit fou dans les grands vents. Quelque temps qu'il fasse, c'est l'état de mon cœur. » Diderot est toujours entraîné par sa fougue. Il est extrême en tout, en amitié comme en amour; il saute au cou de ses amis, les presse dans ses bras avec émotion, ne peut s'empêcher de balbutier et de pleurer; à la seule pensée de revoir Sophie Volland, il éprouve « un frissonnement dans toutes les parties du corps et presque la défaillance ».

L'imagination. *Cette sensibilité, pourtant, n'est qu'à fleur de peau;* « elle ne va pas plus loin que l'émotion », notait Mlle de Lespinasse. *C'est la sensibilité d'un imaginatif.* Parfois même, en l'absence de tout sentiment réel, l'imagination seule entre en branle. « Rien n'est plus commun, reconnaît-il, que de prendre sa tête pour son cœur. » Il s'échauffe alors à vide et supplée à la faiblesse du sentiment par une chaleur factice qui réside tout entière dans les mots : ainsi son enthousiasme pour la vertu et son indignation contre le vice ne sont souvent qu'un pur entraînement de tête, une matière offerte à son goût pour la déclamation. Ce n'est pas qu'il soit hypocrite, mais il est comédien par constitution native : tout lui est une scène et une situation; il n'est jamais vraiment lui-même, il est toujours dans un rôle.

LE JOURNAL D'UNE PENSÉE

L'enthousiasme. *Sa nature sensible le prédispose à l'engouement.* « Il est vrai, écrit-il, que je suis porté à négliger les défauts et à m'enthousiasmer des qualités. » Mais son enthousiasme manque de mesure et fausse parfois ses jugements : ainsi, il déclare que « Pline est un des hommes les plus rares qui aient fait honneur à l'espèce raisonnable »; il n'hésite pas à mettre l'obscur Mercier de la Rivière au-dessus de Montesquieu. D'ailleurs, il est aussi prompt à l'admiration pour lui-même que pour les autres et il s'écrie naïvement, à propos du *Rêve de d'Alembert* : « Il n'est pas possible d'être plus profond. »

L'illogisme. *La mobilité de son esprit l'entraîne à l'incohérence.* Il reconnaissait lui-même qu'il n'avait pas « la partie indispensable du génie : la raison ordonnatrice ». Quelquefois, dans la même page, il raisonne en matérialiste, puis en spiritualiste; ici, il explique toutes nos actions par l'intérêt, là, il exalte la vertu avec conviction. La contradiction semble être le nerf de son esprit.

L'audace. *Enfin, sa nature fougueuse explique la singulière hardiesse de son œuvre.* Cette œuvre est moins une théorie qu'une dialectique enflammée, une invective infatigable contre toutes les formes de la tyrannie, intellectuelle, morale ou religieuse. On sent à cette fureur de destruction que les jours de la Révolution française sont proches.

B Le philosophe

Les idées philosophiques et morales de Diderot, éparses dans une foule d'ouvrages, ont évolué de manière sensible, mais il est possible d'en dégager les conclusions essentielles.

UNE PHILOSOPHIE ATHÉE ET MATÉRIALISTE

Dès 1749, en publiant sa *Lettre sur les Aveugles*, Diderot a rompu avec les convictions déistes de sa jeunesse. Au cours des années suivantes, et jusqu'au *Rêve de d'Alembert* (1769), il ne cesse de durcir sa position et proclame son athéisme. Il nie catégoriquement « qu'une intelligence suprême ait fait, ordonné, disposé tout à quelque bien général ou particulier ».

Cet athéisme aboutit tout naturellement au matérialisme. Il n'y a qu'un principe au monde, la matière éternelle, douée de mouvement et de sensibilité : « Mettez à la place de Dieu, écrit-il dans *Le Rêve de d'Alembert*, une matière sensible, en puissance d'abord et puis en acte, et vous avez tout ce qui s'est produit dans l'univers depuis la pierre jusqu'à l'homme. » Ce principe admis, tout s'explique en effet mécaniquement : des combinaisons de plus en plus complexes ont donné d'abord les minéraux, puis les plantes, puis les animaux, enfin les êtres pensants; les opérations de l'esprit s'expliquent par un jeu subtil de molécules. Par suite, il y a entre les êtres non seulement communauté d'origine, mais communauté de nature. « Tout animal est plus ou moins homme; tout minéral est plus ou moins plante; toute plante est plus ou moins animal. » Il n'y a pas de rupture dans la chaîne; tout se tient et se pénètre; l'âme est chevillée au corps; la naissance, la vie et la mort ne sont que les aspects différents d'une même réalité.

UNE MORALE NATURELLE ET SOCIALE

Une doctrine aussi résolument matérialiste devait conduire son promoteur à poser le problème moral sous une forme toute nouvelle.

Poussant à l'extrême les conséquences de son système, Diderot condamne la morale traditionnelle, fondée sur l'existence d'une âme immortelle et sur la conscience de la liberté humaine. Le mot liberté est, selon lui, un mot vide de sens : « Nous ne sommes que ce qui convient à l'ordre général, à l'éducation et à la chaîne des événements. » Mais, s'il n'y a point de liberté, il n'y a point d'action qui mérite la louange ou le blâme. Vertus ou crimes, tout est l'effet des lois inéluctables qui gouvernent le monde.

Pourtant, si Diderot se refuse à admettre la morale traditionnelle, il croit à une morale naturelle : bon par nature, l'homme trouve dans les impulsions de son cœur le guide le plus sûr; il éprouve du plaisir à faire le bien; la pratique de la vertu est d'ailleurs conforme à son intérêt, car « il vaut mieux pour son bonheur en ce monde être un honnête homme qu'un coquin ». *En outre, si Diderot ne conçoit pas une morale individuelle, il croit à une morale sociale.* « La vie intérieure n'est rien; la vie sociale est tout. » S'opposant sur ce point à Rousseau, il estime que l'institution sociale est un bienfait et que l'homme doit travailler à son amélioration, grâce à d'opportunes réformes. La vraie et la seule morale, c'est celle qui contribue au bonheur de « la grande famille humaine ».

C L'essayiste

Les nombreux essais de Diderot qui touchent à l'esthétique sont en liaison avec sa philosophie « naturaliste ». *La littérature et les arts doivent, selon lui, se rapprocher autant que possible de la nature et éveiller dans les cœurs une émotion vertueuse.* Cette idée confère à son œuvre critique une certaine unité.

LE THÉORICIEN DRAMATIQUE

Diderot n'était guère doué pour la scène; mais le théoricien, chez lui, est supérieur au dramaturge. Il apparaît au XVIIIe siècle comme le plus véhément, sinon le premier en date[1], parmi ceux qui voulurent rénover l'art dramatique.

La critique du théâtre classique. *Diderot ne condamne pas en eux-mêmes les genres classiques.* Il accepte « la comédie gaie, qui a pour objet le ridicule et le vice », ainsi que « la tragédie, qui a pour objet les catastrophes publiques et les malheurs des grands ». Il juge « sensées » les trois unités et affirme sa croyance dans une distinction des genres fondée sur la nature.
Mais il estime que le théâtre classique prête le flanc à la critique. Les tragédies classiques ne présentent pas d'intérêt pour un spectateur moderne : « Êtes-vous Cinna? Avez-vous jamais été Cléopâtre, Mérope, Agrippine? Que vous importent tous ces gens-là? » Quant au style tragique, il manque totalement de naturel. Si Diderot n'est pas aussi sévère pour Molière, il ne se sent guère de goût pour le comique bouffon, qui gêne la réflexion.

L'esthétique nouvelle. *Les genres classiques seront donc remplacés par une formule dramatique capable d'émouvoir le public moderne :* ce sera « la comédie sérieuse, qui a pour objet la vertu et les devoirs de l'homme, ou la tragédie bourgeoise, qui aurait pour objet nos malheurs domestiques ». La peinture des détresses humaines suscitera chez le spectateur une généreuse sympathie; les exemples de vertu éveilleront en lui une noble émulation.
Pour toucher la sensibilité, il faut reproduire la vie; ainsi, la recherche du naturel sera la grande loi du théâtre. La mise en scène devra créer l'illusion de la réalité : au lieu de se rencontrer dans l'antichambre d'un palais ou dans un salon bourgeois conventionnel, les personnages évolueront dans un cadre vraisemblable. Les sujets seront empruntés à la réalité quotidienne; on remplacera la peinture des caractères abstraits et généraux par la peinture des conditions sociales : « l'homme de lettres, le philosophe, le commerçant, le juge, l'avocat, le politique, le citoyen, le magistrat, le financier, le grand seigneur, l'intendant... Ajoutez à cela toutes les relations : le père de famille, l'époux, la sœur, les frères. » (*Dorval et moi*, troisième entretien.) Enfin les pièces seront écrites en prose.

1. Avant Diderot, Nivelle de la Chaussée (1692-1754) créa la « comédie larmoyante », qui recherche un pathétique moralisateur. Il remporta ses plus grands succès avec *Le Préjugé à la mode* (1735) et *Mélanide* (1741) : ses sujets ne sont pas dépourvus d'intérêt, mais sa psychologie est sommaire et ses personnages d'une lassante sensiblerie.

Joseph Vernet.
La Tempête.

LE CRITIQUE D'ART

La critique d'art de Diderot s'inspire des mêmes principes que sa critique dramatique : l'émotion et la vérité.

L'art doit émouvoir. La sensibilité de Diderot est avide de tableaux pathétiques qui, tout en stimulant la pensée, font naître une « émotion douce » : il déborde d'enthousiasme pour Vernet, le peintre de marines, dont les compositions touchantes « prêchent plus fortement la grandeur de la nature que la nature même »; il porte aux nues les toiles de Greuze, qui évoquent des drames sentimentaux et domestiques. « Courage, mon ami Greuze, fais de la morale en peinture! »

L'art doit être vrai. Ennemi du conventionnel, Diderot ne cesse de rappeler aux peintres et aux sculpteurs le principe éternel : imiter la vérité de la nature. Il admire la franchise chez La Tour, la simplicité chez Chardin, mais il reproche à Boucher son manque de naturel et il s'emporte avec véhémence contre les attitudes fausses, apprêtées et contraintes des modèles académiques : « Mes amis, laissez-moi cette boutique de *manière*! Allez-vous-en aux Chartreux, et vous y verrez la véritable attitude de la piété et de la componction. C'est aujourd'hui veille de grande fête : allez à la paroisse, rôdez autour des confessionnaux, et vous y verrez la véritable attitude du recueillement et du repentir. Demain, allez à la guinguette et vous y verrez l'action vraie de l'homme en colère! Cherchez les scènes publiques; soyez observateurs dans les rues, dans les jardins, dans les marchés, dans les maisons, et vous y prendrez des idées justes du vrai mouvement dans les actions de la vie. »

LE CRITIQUE LITTÉRAIRE

En littérature, comme dans le domaine scientifique, Diderot croit au progrès. S'il se glorifie d'avoir été « nourri du lait d'Homère » et s'il parle avec admiration de Térence, il se défend de donner dans « l'anticomanie ». Les ouvrages des anciens sont le fruit de leurs expériences, mais le goût, qui doit suivre la nature, évolue avec le temps. A l'imitation des anciens, on substituera donc l'imitation des littératures étrangères modernes, principalement de la littérature anglaise : Moore et Lillo sont les maîtres de Diderot pour le théâtre; Sterne, Fielding et surtout Richardson, sont ses initiateurs dans le genre romanesque.

En littérature, comme en morale, Diderot fait confiance à la libre impulsion de la nature. Le génie doit s'affranchir des contraintes et des conventions qui paralysent son essor et s'épanouir dans l'enthousiasme : « Il n'y a que les passions et que les grandes passions qui puissent élever l'âme aux grandes choses. » Ainsi, la poésie ne pourra éclore que si l'état de la civilisation permet aux passions de se développer librement : « La poésie, écrit-il dans le *Discours sur la poésie dramatique*, veut quelque chose d'énorme, de barbare et de sauvage. C'est lorsque la fureur de la guerre civile ou du fanatisme arme les hommes de poignards, et que le sang coule à grands flots sur la terre, que le laurier d'Apollon s'agite et verdit. » Cependant, à mesure qu'il vieillit, Diderot, accorde moins de crédit à l'enthousiasme : il admet que le grand écrivain est celui qui unit à la générosité de la verve la délicatesse du goût.

D Le romancier

Diderot n'attachait guère d'importance à sa production romanesque et il resta toujours en marge de l'évolution du genre. Aussi occupe-t-il, dans l'histoire du roman, une place tout à fait à part.

SES FAIBLESSES

Il est incapable de créer des caractères. Diderot ne décrit bien que ce qu'il a vu : il faut que la réalité donne le branle à son récit. Ainsi, *Le Neveu de Rameau* fut écrit à la suite d'une conversation avec Jean-François Rameau. D'autre part, sous des noms différents, il n'a guère peint que lui-même. Ses héros sont les porte-parole de ses idées, et, comme disait Rousseau, les « sarbacanes » qui servent à les lancer.

Il néglige de composer. Ce sont à chaque instant des digressions, des bavardages, voire des divagations. *Jacques le Fataliste* est un enchevêtrement de récits hétéroclites; quant au *Neveu de Rameau*, c'est un exemple typique de ces improvisations tumultueuses et bariolées qui caractérisaient la conversation même de Diderot.

SES DONS

Il excelle au contraire à fixer l'aspect extérieur des êtres et des choses. Diderot était doué d'une remarquable acuité visuelle, développée par la fréquentation des artistes et par l'influence de Sterne, dont il admirait le réalisme minutieux. Avec lui, les jeux de physionomie, les gestes, les attitudes des personnages prennent droit de cité dans le roman. L'œuvre est souvent située dans un décor réel : ainsi, le café de La Régence avec ses habitués dans *Le Neveu de Rameau*; et comme il l'écrit lui-même, il parsème son récit « de petites circonstances si liées à la chose, de traits simples et toutefois si difficiles à imaginer que vous serez forcés de vous dire en vous-mêmes : Ma foi, c'est vrai ». Plus de dissertations psychologiques, ni d'analyses à la manière classique, mais une série de tableaux et d'actes : la voie est ouverte aux romanciers réalistes du XIXe siècle.

Il a le don de la vie et du mouvement. Diderot ne voit pas seulement les scènes; il les vit avec intensité. Du début à la fin de ses romans, nous sommes entraînés dans un véritable tourbillon : sensations et idées, images et impressions jaillissent, se bousculent dans un étourdissant dialogue; les personnages gesticulent, se déhanchent; ainsi, le Neveu de Rameau contrefait l'admirateur, le suppliant, le complaisant; il mime ses simagrées devant son bienfaiteur, promène ses doigts sur les cordes imaginaires d'un violon, imite à lui seul tous les instruments d'un orchestre, « criant, chantant, se démenant comme un forcené, faisant lui seul les danseurs, les danseuses, les chanteurs, les chanteuses, tout un orchestre, tout un théâtre lyrique, et se divisant en vingt rôles divers; courant, s'arrêtant avec l'air d'un énergumène, étincelant des yeux, écumant de la bouche ». Et la phrase, avec souplesse, s'adapte au mouvement du récit, s'allonge, se resserre, court, vole, s'arrête, repart de plus belle, toujours alerte et emportée par l'élan d'une vie frénétique. L'écrivain a disparu : jamais Diderot n'a mieux écrit.

E L'influence de Diderot

Diderot a été le plus grand agitateur d'idées du XVIIIe siècle. Son influence fut considérable sur ses contemporains; elle s'est prolongée au XIXe siècle, et, de nos jours même, de nombreuses affinités le rattachent à nous.

DIDEROT ET LE THÉATRE RÉALISTE

Le drame bourgeois de Diderot devait orienter notre théâtre vers le réalisme et la pièce à thèse. Sedaine (1719-1797), après avoir écrit des livrets d'opéra-comique, fait jouer en 1765 *Le Philosophe sans le savoir* : ce drame domestique, qui se noue dans la demeure d'un négociant intègre, contient une apologie du commerce et une satire de l'orgueil nobiliaire. Le fougueux Sébastien Mercier (1740-1814) reprend à son tour la formule du drame en prose de Diderot; l'auteur dramatique doit être, selon lui, « le chantre de la vertu, le flagellateur du vice »; son œuvre la plus connue, *La Brouette du vinaigrier* (1787), est une apologie du travail, de l'épargne et de la fusion des classes. Enfin, le théâtre de la seconde moitié du XIXe siècle, d'Emile Augier à Henry Becque, s'inspirera lui aussi des intentions de Diderot.

DIDEROT ET LA CRITIQUE DU XIXe SIÈCLE

Diderot a été un initiateur pour la critique littéraire et pour la critique d'art. Sa critique littéraire, « émue, empressée et éloquente », comme dit Sainte-Beuve, annonce les idées de Mme de Staël sur l'enthousiasme et « la critique des beautés » de Chateaubriand. Sa critique d'art, un peu trop complaisante au « sujet », un peu trop prompte à s'enflammer pour les scènes larmoyantes, demeure un vivant témoignage sur le goût d'un siècle et fraie la voie aux études plus techniques d'un Fromentin ou d'un Baudelaire.

DIDEROT ET LA PENSÉE MODERNE

Les idées philosophiques de Diderot, nouvelles et hardies, ont connu une abondante postérité. Sa morale est à l'origine de la morale utilitariste des philosophes anglais, de Bentham à Stuart Mill et à Spencer. Dépassant sur beaucoup de points son siècle, il a pressenti le rôle colossal de la science dans le monde actuel, l'avènement des sciences naturelles, le transformisme de Lamarck, l'évolutionnisme de Darwin, la méthode expérimentale de Claude Bernard, les théories de la psychophysique et de la psychophysiologie. D'une manière plus générale, il annonce le matérialisme moderne.

OUVRAGES A CONSULTER

DIDEROT. *Œuvres philosophiques, œuvres esthétiques, œuvres politiques,* éd. P. Vernière, 3 vol., Classiques Garnier, 1956-1959. *Œuvres romanesques,* éd. H. Bénac, Classiques Garnier, 1950. *Le Neveu de Rameau,* éd. J. Fabre, Droz, 1950. *Jacques le Fataliste,* éd. P. Vernière, Imprimerie Nationale, 1978.
A. BILLY. *Diderot,* Éd. de France, 1932. J. THOMAS, *L'Humanisme de Diderot,* Belles-Lettres, 1938. C. GUYOT, *Diderot par lui-même,* Seuil, 1958. R. POMEAU. Diderot, P.U.F., 1967. J. CHOUILLET. *Diderot,* Sedes, 1977.

Texte commenté

GÉNIE ET SENSIBILITÉ

Les grands poètes, les grands acteurs, et peut-être en général tous les grands imitateurs de la nature, quels qu'ils soient, doués d'une belle imagination, d'un grand jugement, d'un tact fin, d'un goût très sûr, sont les êtres les moins sensibles. Ils sont également propres à trop de choses; ils sont trop occupés à regarder, à reconnaître, à imiter, pour être vivement affectés au-dedans d'eux-mêmes. Je les vois sans cesse le portefeuille sur les genoux et le crayon à la main. Nous sentons, nous; ils observent, étudient et peignent. Le dirai-je? Pourquoi non? La sensibilité n'est guère la qualité d'un grand génie.

DIDEROT, *Paradoxe sur le Comédien.*

Situation du passage.

Le *Paradoxe sur le Comédien* a été écrit en 1773. Commencé vraisemblablement à Paris avant le départ pour Saint-Pétersbourg, cet essai a dû être continué en Hollande et achevé en Russie. D'un point de départ technique et sans grand intérêt, la pensée de Diderot s'élargit et édifie une théorie générale, d'après laquelle le génie est opposé à la sensibilité. Le passage proposé est au centre même de la théorie.

La thèse de Diderot.

Une longue phrase, énergiquement martelée et d'un ton catégorique (malgré une légère atténuation : *peut-être*), pose la thèse sous sa forme la plus générale : *tous les grands imitateurs de la nature... sont les êtres les moins sensibles.* Diderot n'hésite pas à heurter de front les idées reçues. Comment! *Les grands poètes* seraient insensibles? Virgile, les écrivains de la Pléiade et, postérieurement à Diderot, Lamartine, Musset, Verlaine, ne sont-ils pas, entre tant d'autres, des exemples de poètes sensibles? Et n'est-ce pas le même Diderot qui, dans son *Discours sur la poésie dramatique*, écrit en 1758, définissait l'inspiration poétique à la manière platonicienne, comme un délire qui nous transporte hors de nous-mêmes? En ce qui concerne *les grands acteurs*, on pourrait discuter à perte de vue. Diderot cite la Clairon comme type de comédienne qui joue « d'étude », « de réflexion »; on pourrait aussi invoquer à l'appui de sa thèse les confidences de Talma, toujours maître de lui sur la scène, ou l'exemple contemporain d'un Louis Jouvet; mais les acteurs sensibles semblent être aussi nombreux que les acteurs de sang-froid. D'ailleurs presque tous ceux qui ont parlé de l'interprétation théâtrale sont opposés à la doctrine de Diderot et celui-ci est obligé de reconnaître dans ce même *Paradoxe* que les acteurs qui jouent « d'âme » sont parfois sublimes. Qu'entend-il par : *tous les grands imitateurs de la nature, quels qu'ils soient*? Pense-t-il aux peintres? Mais il suffit de parcourir les *Salons* pour voir le grand cas qu'il fait de la sensibilité et du pathétique souvent larmoyant d'un Greuze. Aux auteurs dramatiques? Ce sont eux qui, jusqu'à un certain point, confirmeraient le mieux la thèse de Diderot; comme il le dit lui-même un peu avant notre passage, les poètes dramatiques « sont spectateurs assidus de ce qui se passe autour d'eux dans le monde physique et dans le monde moral »; Molière, le contemplateur, en est la preuve, bien qu'il n'ait pas été un génie insensible. Quoi qu'il en soit, tous ces grands imitateurs de la nature que Diderot prétend insensibles sont, selon lui, *doués d'une belle imagination, d'un grand jugement, d'un tact fin, d'un goût très sûr.* Or, parmi ces qualités, une seule, le jugement, est purement intellectuelle; mais l'imagination ne va-t-elle pas de pair avec la sensibilité et la sensibilité de Diderot lui-même n'est-elle pas à base d'imagination? Quant au tact et au goût, ils comportent autant d'éléments d'ordre sensible que d'éléments d'ordre intellectuel.

Diderot ne se contente pas d'affirmer, il veut prouver; si les hommes de génie *sont les êtres les moins sensibles*, c'est qu'*ils sont généralement propres à trop de choses.* Mais est-ce bien là ce que veut dire Diderot? La suite semble nous prouver que c'est plutôt la nécessité constante de sortir de soi qui les empêche d'être *vivement affectés au-dedans d'eux-mêmes.* En effet, *ils sont trop occupés à regarder* (l'homme de génie est un observateur continu de la nature humaine), *à reconnaître* (grâce à la mémoire, il se fait un recueil de tout ce qu'il observe) et *à imiter* (il se fait sa copie d'après le spectacle que les hommes lui présentent; le grand acteur en particulier doit sortir de son propre caractère pour être « imitateur attentif et disciple réfléchi de la nature »).

Diderot aime animer les idées abstraites; son imagination visuelle se plaît à les traduire sous forme d'attitudes d'une minutieuse précision : *je les vois sans cesse le portefeuille sur les genoux et le crayon à la main.* N'est-ce pas déjà la méthode de travail de nos romanciers naturalistes, des Goncourt faisant des enquêtes à travers le Paris des faubourgs, de Daudet enregistrant sur ses fameux carnets des traits de mœurs, des gestes ou des phrases, de Zola assistant aux arrivages des Halles une nuit entière et prenant des notes avant d'écrire *Le Ventre de Paris?* A ce moment, Diderot fait un retour sur lui-même; il sait qu'il manque du sang-froid de l'homme de génie, et il souffre des excès de sa sensibilité; la phrase devient heurtée et trahit involontairement son angoisse : *nous sentons, nous; ils observent, étudient et peignent.* Diderot hésite un moment : *Le dirai-je?* Il sait qu'il va soutenir un paradoxe; bien plus, que ce paradoxe est la condamnation de son propre tempérament. *Pourquoi non?* Il n'est pas homme à reculer devant les conséquences de ses théories. *La sensibilité n'est guère la qualité d'un grand génie.* Cette dernière phrase, dans sa sobriété expressive, souligne le divorce entre la sensibilité et le génie; elle est en même temps l'aveu loyal d'un homme conscient de ses faiblesses.

Conclusion.

La thèse de Diderot est trop catégorique. Si certains exemples la confirment, beaucoup d'autres l'infirment. Dans le cas particulier de l'interprétation théâtrale, Diderot ne tient pas compte de la multiplicité des éléments qui se combinent pour former le jeu d'un acteur.

En fait, ces quelques lignes sont surtout intéressantes par ce qu'elles nous révèlent de l'âme inquiète de leur auteur. Après avoir longtemps exalté l'enthousiasme et déclaré formellement que le génie est un mode de la sensibilité, Diderot, vers la fin de sa carrière, en vient à se demander si son manque de sang-froid n'a pas nui quelquefois à la qualité de sa création. Dès lors, il n'hésite pas à soutenir que l'insensibilité est la condition même du génie, mais on sent qu'il fait un effort pour soutenir cette thèse; bien plus, il se trahit, car c'est avec toute sa sensibilité qu'il écrit contre la sensibilité.

SUJETS DE COMPOSITION FRANÇAISE

1 Diderot écrit à Mlle Volland et lui raconte en détail une journée qu'il vient de passer au château de Grandval chez le baron d'Holbach.

2 Diderot écrit à un jeune peintre : il lui donne quelques conseils et en profite pour lui exposer ses idées sur la peinture.

3 Apprécier ce jugement d'un critique sur *Le Neveu de Rameau* : « Ici le réalisme de Diderot rejoint d'un côté Molière et de l'autre Balzac. »

4 Imaginer un dialogue entre deux élèves, à l'issue d'une représentation théâtrale : l'un d'eux estime qu'un acteur doit jouer avec toute sa sensibilité; l'autre soutient, comme Diderot, qu'un acteur ne doit jamais se départir de son sang-froid.

5 Quelle est la place de Diderot dans la littérature du XVIIIe siècle? En quoi est-il de son temps; en quoi est-il déjà moderne?

D'Alembert. Pastel de La Tour.

CHAPITRE III

L'ENCYCLOPÉDIE

*L'*Encyclopédie *ne fut à l'origine qu'une entreprise de librairie : il s'agissait d'exploiter la vogue croissante des sciences en présentant au public un répertoire du savoir humain au courant des dernières découvertes. Mais Diderot, chargé de la direction de l'entreprise, conçut un plus vaste dessein : il voulut faire de l'*Encyclopédie *un grand ouvrage à la gloire de l'esprit humain se libérant du joug des préjugés. Suspect avant même de paraître, l'ouvrage suscita, dès sa publication, les attaques les plus violentes : deux fois suspendu par le gouvernement, en 1752 et en 1759, il ne parut définitivement qu'en 1772. Malgré d'indiscutables faiblesses, l'*Encyclopédie *représente l'effort gigantesque de tout un siècle; œuvre de vulgarisation, elle a développé en France le goût des recherches scientifiques et plus particulièrement des notions techniques; œuvre de combat, elle a, au nom de l'esprit de libre examen, battu en brèche les opinions et les institutions du passé, renouvelant ainsi les sources de la pensée et préparant la voie à un idéal nouveau.*

1751	Publication du Tome I de l'*Encyclopédie*, avec le *Discours préliminaire.*
1752	Interdiction des deux premiers tomes.
1758	Lettre de Rousseau à d'Alembert et publication du livre d'Helvétius : *De l'Esprit.*
1759	Suppression du privilège de l'*Encyclopédie.*
1765	Publication des dix derniers volumes.
1772	Publication des derniers volumes de planches.

I LA BATAILLE DE L'ENCYCLOPÉDIE (1751-1772)

L'œuvre écrasante à laquelle Diderot voua sans défaillance et avec désintéressement une grande partie de sa vie mit plus de vingt ans à paraître et fut en butte aux attaques les plus violentes.

UNE VASTE ENTREPRISE

A la fin du XVIIe siècle et au début du XVIIIe, de nombreux dictionnaires avaient été publiés : outre ceux de Moreri, de Bayle (1697) et le dictionnaire de Trévoux, des dictionnaires de sciences, de philosophie ou de beaux-arts avaient révélé au public l'utilité des ouvrages de vulgarisation; *mais ces diverses publications n'étaient pas au courant des dernières découvertes.*
Il y avait une lacune à combler. Le libraire-imprimeur Le Breton conçut l'idée de faire traduire en français la *Cyclopedia or Universal Dictionary of the Arts and Sciences* d'Ephraïm Chambers. Cette compilation avait été publiée à Londres, en 1727, avec un succès considérable. Après des démêlés orageux avec des traducteurs étrangers, *Le Breton s'adresse à Diderot*, qui venait de traduire un ouvrage de médecine.
Diderot accepte avec enthousiasme. Il conçoit bientôt le projet de faire œuvre originale : l'*Encyclopédie* ne sera pas seulement un répertoire des connaissances humaines; comme le dictionnaire de Bayle, elle sapera les doctrines désuètes et mettra en évidence les progrès de l'esprit humain. Le chancelier d'Aguesseau, favorable à l'entreprise, scelle le privilège le 21 janvier 1746. Diderot s'assure d'abord la collaboration de d'Alembert, déjà célèbre comme mathématicien dans toute l'Europe, puis il recrute toute une armée de spécialistes, depuis d'authentiques savants jusqu'à d'obscurs « garçons de boutique ». En 1750, il lance un prospectus qui annonce la publication prochaine de l'œuvre.

LES PREMIERS ENGAGEMENTS (1751-1752)

Le premier tome de l'« Encyclopédie ou dictionnaire raisonné des Arts et Métiers par une société de gens de lettres », *paraît le 1er juillet 1751*, précédé d'un *Discours préliminaire* de d'Alembert. Le second tome paraît en octobre. Les philosophes exultent, car les souscripteurs affluent; mais, en dépit de toutes les précautions prises, *les Jésuites protestent violemment* et lancent des pamphlets, où ils reprochent à l'*Encyclopédie* de ne pas respecter la religion et de porter préjudice à leur dictionnaire de Trévoux.
En novembre 1751, l'abbé de Prades, collaborateur de l'*Encyclopédie*, soutient une thèse pour le doctorat en théologie : il est brillamment reçu. Mais la Sorbonne le soupçonne bientôt d'avoir écrit cette thèse à l'instigation des philosophes : elle se ravise; une Assemblée générale de la Faculté de Théologie condamne comme hérétiques dix propositions de l'abbé qui, déchu de son grade, est menacé d'un décret de prise de corps. Ce n'était évidemment qu'un prétexte pour atteindre l'*Encyclopédie* : *le 7 février 1752, un arrêt du Conseil d'Etat supprimait les deux premiers tomes.*

LA TRÊVE (1752-1756)

Cependant, la cabale contre les philosophes soulève à son tour des protestations. Mme de Pompadour, par haine des Jésuites, s'oppose à la persécution des Encyclopédistes. En mai 1752, bien que l'arrêt du Conseil n'ait pas été révoqué, le gouvernement prie Diderot et d'Alembert de se remettre à l'ouvrage.
Aussitôt Diderot réveille l'ardeur de ses collaborateurs. *L'entreprise semble entrer dans une phase de prospérité* : les souscriptions sont plus nombreuses que jamais; l'opinion publique est très favorable; enfin, M. de Malesherbes, chargé de la direction de la Librairie, soutient les Encyclopédistes. Les quatre tomes suivants paraissent sans difficultés sérieuses (1753-1756).

LES REVERS (1756-1760)

Mais la cabale n'abdiquait pas : elle agissait seulement en sourdine. Trois incidents vont de nouveau attirer les foudres sur l'*Encyclopédie.*

Le libelle des Cacouacs. Le *Mercure de France* publie en 1757 un libelle, œuvre d'un avocat, qui, avec un certain humour, représente les philosophes sous l'aspect de sauvages — les Cacouacs — encore plus féroces que les Caraïbes. Bien que peu dangereux en lui-même, ce pamphlet venimeux faisait rire aux dépens des Encyclopédistes.

L'article « Genève ». Le septième tome, paru en octobre 1757, contenait l'article *Genève* où d'Alembert encourageait les habitants de cette ville à se distraire à la comédie. L'article soulève de bruyantes polémiques et suscite une sévère réponse de Rousseau : la *Lettre à d'Alembert sur les spectacles* (1758). D'Alembert, effrayé, déserte peu après et entraîne d'autres abandons. Les attaques se multiplient : Fréron, rédacteur de *L'Année littéraire,* se lance dans la lutte.

Le livre « De l'Esprit ». La publication d'un ouvrage d'Helvétius, *De l'Esprit* (juillet 1758), déchaîne la tempête : le matérialisme de l'auteur semble résumer les théories encyclopédistes. Le 10 août 1758, le livre est supprimé et condamné au feu; Helvétius doit se rétracter. *Le 8 mars 1759, le Conseil d'Etat interdit les tomes déjà parus et révoque le privilège.* Le 3 septembre, le pape Clément VII condamne l'*Encyclopédie.* Palissot, animé d'une haine tenace contre les Encyclopédistes, fait jouer avec succès sa comédie des *Philosophes* (1760). Diderot traverse une crise de découragement.

LA VICTOIRE (1760-1772)

Mais il ne tarde pas à se ressaisir. D'ailleurs, *le gouvernement avait trop d'intérêts engagés dans l'affaire pour ne pas encourager secrètement la publication.* Les dix derniers tomes (VIII à XVII) paraissent en 1765, accompagnés de cinq tomes de planches. Les principaux adversaires étaient désormais dispersés : les Jésuites, en particulier, avaient été expulsés. Diderot, épuisé par la tâche, aspire à la paix. Six nouveaux volumes de planches, auxquels il n'avait pas collaboré, paraissent en 1772. Le succès se répand à l'étranger où l'on publie l'*Encyclopédie* dans des éditions plus maniables.

II L'ARMÉE ENCYCLOPÉDIQUE

Tout ce que le siècle comptait comme lettrés et comme savants fut enrégimenté par Diderot dans l'armée encyclopédique : chacun « fut occupé dans sa partie », ce qui n'était pas une des moindres originalités par rapport aux dictionnaires antérieurs.

LES CHEFS

Diderot. Diderot ne fut pas seulement l'âme de l'*Encyclopédie*, il en fut le plus infatigable artisan. Il écrit plus de mille articles sur les questions les plus diverses (*Aristotélisme*, *Tabac*, *Indigo*, *Épicurisme*, *Fleurs artificielles*, *Lutherie*...). Il court les ateliers et les manufactures pour s'initier à la technique des arts et métiers, complète les articles de ses collaborateurs et organise tout le travail.

D'Alembert (1717-1783). D'Alembert, fils naturel de Mme de Tencin, fit de très brillantes études et fut nommé membre de l'Académie des Sciences à vingt-trois ans. Il apporta à l'entreprise le prestige d'un mathématicien doublé d'un homme du monde : grâce à lui, l'esprit nouveau pénétra dans les salons et à l'Académie, où il fut élu en 1754. Auteur de nombreux travaux scientifiques et d'ouvrages littéraires (*Mémoires sur la destruction des Jésuites*, 1765; *Mélanges de philosophie, d'histoire et de littérature*, 1783), il rédigea pour l'*Encyclopédie*, outre le *Discours préliminaire*, l'article *Genève* et de nombreux articles de mathématiques et de physique générale.

LA COLONNE ENCYCLOPÉDIQUE

Les grands écrivains du siècle ne participèrent à l'*Encyclopédie* que par occasion. Voltaire lui-même, d'abord enthousiaste, se montra plus réservé quand il se vit confondre dans la foule des collaborateurs. Parmi ceux-ci, quelques-uns se montrèrent particulièrement assidus.

Le chevalier de Jaucourt (1704-1779). Jaucourt fut le sergent fourrier de cette armée; sa prodigieuse activité et son immense savoir n'eurent d'égal que son désintéressement. Vulgarisateur de talent, il fit tous les raccords et écrivit une foule d'articles de science, de politique et d'histoire.

Le baron d'Holbach (1723-1789). D'Holbach tint un salon qui fut le quartier général de l'*Encyclopédie*. Il écrivit des articles de chimie et de minéralogie. Mais il est surtout connu par deux ouvrages, *Le Christianisme dévoilé* (1767), où il attaque le dogme chrétien, et *Le Système de la nature* (1770), où il pousse ses doctrines matérialistes et athées jusqu'à leurs conséquences extrêmes.

Marmontel (1723-1799), polygraphe infatigable, réunit en six volumes sous le titre *Eléments de littérature* (1787) les articles qu'il écrivit pour l'*Encyclopédie*[1].

L'abbé Morellet (1727-1819) écrivit des articles consacrés à des problèmes de théologie et de métaphysique.

1. Sur la vie et l'œuvre de Marmontel, voir page 153.

L'ARRIÈRE-GARDE

D'autres écrivains, économistes ou philosophes, sans collaborer régulièrement à l'*Encyclopédie*, l'encouragèrent dans sa lutte et furent animés du même esprit.

Les économistes. Quesnay (1694-1774), chef de l'école des Physiocrates, partisan de la libre circulation des produits de la terre, rédigea pour l'*Encyclopédie* les articles *Fermiers* et *Grains*. Il est surtout connu par trois traités : *Analyse du Tableau économique* (1758), *Maximes générales du gouvernement économique d'un royaume agricole* (1758) et *La Physiocratie* (1768).

Turgot (1727-1781), futur ministre de Louis XVI, fournit aussi des articles d'économie politique, science qu'il a contribué à fonder par ses *Réflexions sur la formation et la distribution des richesses* (1766). Ce penseur libéral est aussi un remarquable écrivain.

Les théoriciens politiques. L'abbé de Mably (1709-1785) se posa d'abord en défenseur de la monarchie absolue, puis il changea d'opinion : dans des ouvrages imprégnés de souvenirs antiques (*Entretiens de Phocion*, 1763; *De la législation ou principe des lois*, 1776), il flétrit le despotisme et prêche la liberté, l'égalité, la séparation des pouvoirs.

L'abbé Raynal (1713-1796) commença par adopter les doctrines révolutionnaires; son *Histoire philosophique et politique des établissements et du commerce des Européens dans les deux Indes* (1770) n'est qu'une longue invective contre la tyrannie et la « superstition ». Mais Raynal, après avoir dû s'exiler, passa à la réaction.

Condorcet (1743-1794), mathématicien, économiste et philosophe, se consacra surtout aux réformes politiques et sociales. Mis hors la loi, avant d'être emprisonné sous la Terreur, il ne perdit pas foi en l'avenir : son *Esquisse d'un tableau des progrès de l'esprit humain* (1794) est l'ouvrage le plus enthousiaste du siècle. Prenant l'humanité à ses origines, il la conduit jusqu'à son temps, en passant par neuf périodes au cours desquelles elle avance progressivement sur le chemin de la vérité, de la justice et du bonheur.

Les philosophes sensualistes. Condillac (1715-1780), ami de Rousseau et de Diderot, est l'auteur d'un *Essai sur l'Origine des connaissances humaines* (1746) et d'un *Traité des sensations* (1754). Disciple de Locke, Condillac voit dans la sensation le principe unique de toutes nos connaissances et de toute notre activité. A la naissance, il n'existe qu'une faculté, identique chez tous, de subir de la même manière les mêmes impressions : les opérations de l'esprit s'expliquent par des sensations associées et transformées.

Helvétius (1715-1771), fermier général millionnaire, pousse à l'extrême les théories sensualistes de Condillac dans ses deux traités philosophiques : *De l'Esprit* (1758); *De l'Homme, de ses facultés intellectuelles et de son éducation* (1772). Selon lui, la supériorité de l'intelligence s'explique par un simple accident de la conformation des organes; l'être moral est lui-même déterminé par cette conformation; enfin l'intérêt personnel est le principe de toutes nos actions.

III LA MACHINE DE GUERRE ENCYCLOPÉDIQUE

LES PRINCIPES DIRECTEURS

Malgré l'infinie variété des matières, malgré la diversité des tempéraments des collaborateurs, les Encyclopédistes avaient conscience de travailler dans un esprit commun. Le *Prospectus* de Diderot (1750) et le *Discours préliminaire* de d'Alembert (1751) indiquaient nettement les principes directeurs qui commandaient l'entreprise.

Le Prospectus.

Diderot commence par rendre hommage aux dictionnaires antérieurs qui ont répandu les éléments des sciences. L'Encyclopédie, pourtant, se propose un plus vaste dessein : elle montrera les secours mutuels que se prêtent les sciences et les arts et formera « un tableau général des efforts de l'esprit humain dans tous les genres et dans tous les siècles ». Elle bénéficiera en outre des progrès considérables qui ont été réalisés dans les sciences et dans les arts. Dans une seconde partie, Diderot insiste particulièrement sur une des originalités de l'ouvrage : la vulgarisation des notions techniques grâce à l'importance donnée aux arts mécaniques et aux descriptions de métiers. Ainsi, l'Encyclopédie doit constituer à elle seule une bibliothèque et contribuer « au progrès des connaissances humaines ».

Le Discours préliminaire.

D'Alembert indique les principes qui ont guidé les philosophes. L'Encyclopédie a d'abord pour but d' « exposer l'ordre et l'enchaînement des connaissances humaines ». D'où une classification des sciences en trois ordres : histoire, philosophie, beaux-arts, fondée sur la distinction des trois facultés : mémoire, raison, imagination. Dans une seconde partie, d'Alembert déclare que l'Encyclopédie doit être un « dictionnaire raisonné des sciences, des arts et des métiers », étudiés dans leurs principes et leurs applications. D'où une esquisse à larges traits des progrès de l'esprit humain depuis la Renaissance jusqu'en 1750, au cours de laquelle l'auteur fait l'histoire des grands génies et montre comment l'humanité s'est successivement passionnée pour l'érudition, les belles-lettres, enfin la philosophie.

LA MANŒUVRE ENCYCLOPÉDIQUE

Pour éviter d'attirer les foudres de la censure, il fallait prendre toutes sortes de précautions et voiler les hardiesses de langage. *Un exposé d'apparence conformiste ou modéré recouvrait une pensée latente singulièrement plus audacieuse.*

La lettre. *En apparence, on s'en tenait à la tradition.* Au point de vue social, on se contentait de demander une plus juste répartition des impôts, un adoucissement de la législation, et des mesures contre le paupérisme. Au point de vue politique, on se bornait à souhaiter que le roi exerçât toujours son autorité dans l'intérêt du peuple. En matière religieuse, les articles, soumis à l'approbation des censeurs, s'en tenaient au dogme et affichaient une dévotion orthodoxe.

L'esprit. *Mais d'ingénieuses ruses de guerre permettaient de découvrir la vraie pensée sous le voile assez transparent des mots.* On n'attaquait pas de front, mais obliquement; on simulait la naïveté; on cachait perfidement la critique sous des louanges; on recourait surtout au procédé des renvois : un article mis en évidence et d'une irréprochable orthodoxie renvoyait à un autre article qui, sous une apparence bénigne, glissait d'insidieuses attaques; cet article renvoyait à un troisième, de telle sorte qu'à la fin l'article de base était entièrement réfuté.

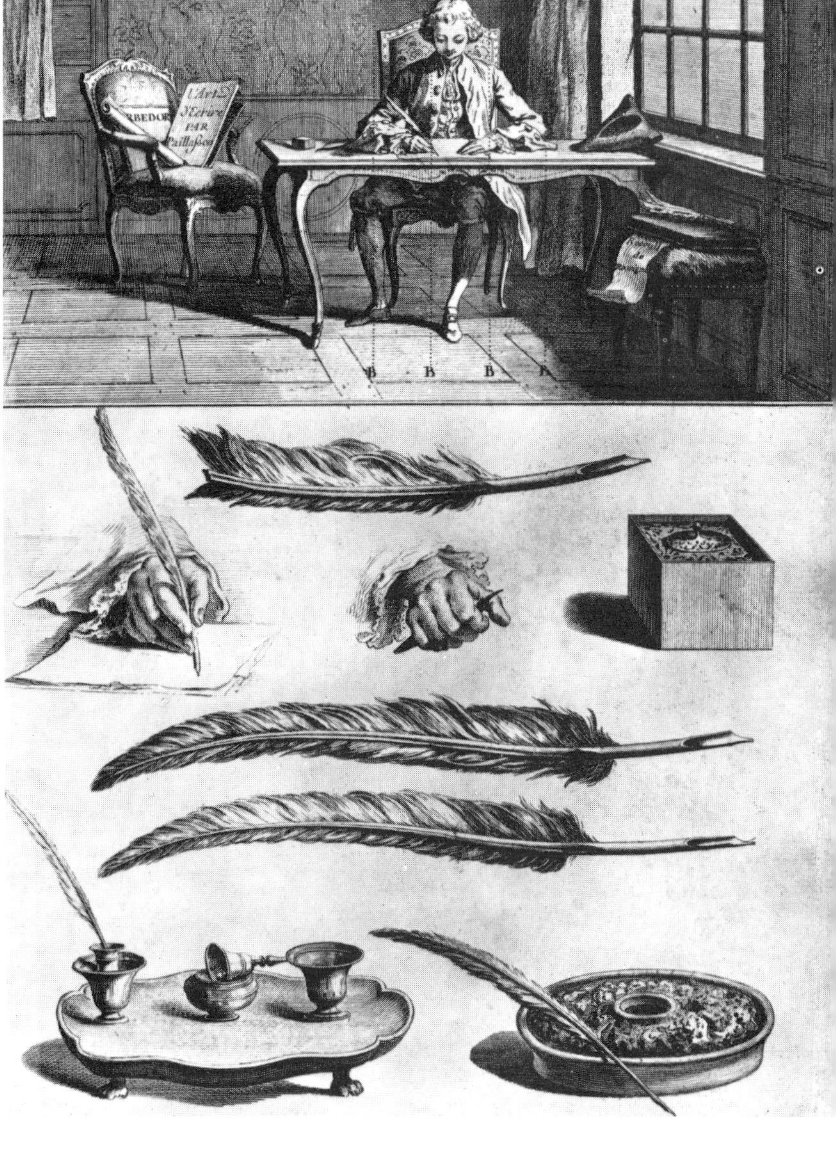

L'Art d'écrire.
Planche de l'Encyclopédie.
Édition de 1777.

IV CONQUÊTES DE L'ENCYCLOPÉDIE

LA DOCTRINE DES ENCYCLOPÉDISTES

Un lecteur initié pouvait dégager dans ses grandes lignes le corps de doctrine que définit l'*Encyclopédie*. On peut le résumer ainsi : l'humanité n'est pas éternellement condamnée aux mêmes maux; elle est indiscutablement sur la voie du progrès. Or, ce progrès est dû non à la théologie, qui a humilié la raison devant la révélation, mais aux lumières tout humaines de cette raison. Le progrès s'est manifesté jusqu'à présent dans les sciences, mais, à mesure que la philosophie étend son empire, il doit aussi se manifester dans les autres domaines : en religion, grâce à l'idée de tolérance qui nous apprend à « ne point haïr ceux qui ne pensent pas comme nous »; en politique, grâce à la suppression des préjugés et à la liberté; en morale enfin, grâce à une éthique « naturelle », qui, tout en légitimant les passions individuelles, fera le bonheur de l'humanité.

LE RETENTISSEMENT DE L'ENTREPRISE

L'*Encyclopédie* eut un retentissement considérable : les dix-sept gros volumes, auxquels s'ajoutaient les tomes de planches, entrèrent dans toutes les bibliothèques. Ce n'est pas que l'œuvre fût à l'abri de la critique : on reconnaissait qu'elle était faite de pièces et de morceaux — « un habit d'Arlequin », disait d'Alembert — pleine de contradictions, d'erreurs et de lacunes. Mais, en dépit de toutes ses imperfections, *l'*Encyclopédie *atteignit au double but, documentaire et philosophique, qu'elle s'était proposé.*
Elle développa dans le public le goût de la recherche scientifique. Les Français se pénétrèrent peu à peu de l'idée que seule la science donne la certitude intellectuelle, et que la littérature doit laisser au second plan les préoccupations esthétiques, pour contribuer avec elle à l'instruction des peuples.
Elle développa en même temps l'esprit de libre examen. Chacun s'habitua à penser par soi-même. L'esprit nouveau du siècle, qui cherchait depuis longtemps sa voie à travers l'œuvre des philosophes, prit enfin corps avec l'*Encyclopédie* et remporta une victoire jusque-là incertaine.

OUVRAGES A CONSULTER

J. Proust. *Diderot et l'Encyclopédie*, A. Colin, 1963. *L'Encyclopédie*, A. Colin, 1965.

Buffon. (B. N. Est.)

BUFFON

Du jour où il fut nommé intendant du Jardin du Roi, Buffon, restant volontairement à l'écart de l'agitation et des querelles du siècle, consacra toute sa vie à une tâche immense : la rédaction de son Histoire naturelle, *qui devait donner de l'univers une image nouvelle.*
*Au moment où il conçoit le plan de l'*Histoire naturelle, *Buffon, déjà acquis au principe de la méthode expérimentale, demeure attaché à certaines idées traditionnelles. Au fur et à mesure de ses recherches, il corrige son attitude première et conçoit en particulier le transformisme. Au terme de son évolution, entraîné par le mouvement même de sa pensée à élargir sa vision de l'univers, il cède à l'esprit de système : l'observateur des animaux devient le poète de la Nature.*
Le mérite essentiel de Buffon demeure d'avoir annexé les sciences naturelles au domaine des lettres, en abordant des problèmes capables d'intéresser un vaste public et en unissant à sa passion de la science la passion de l'art. Son œuvre, pourtant, comporte des éléments caducs, qui expliquent une certaine désaffection du public d'aujourd'hui à son égard.

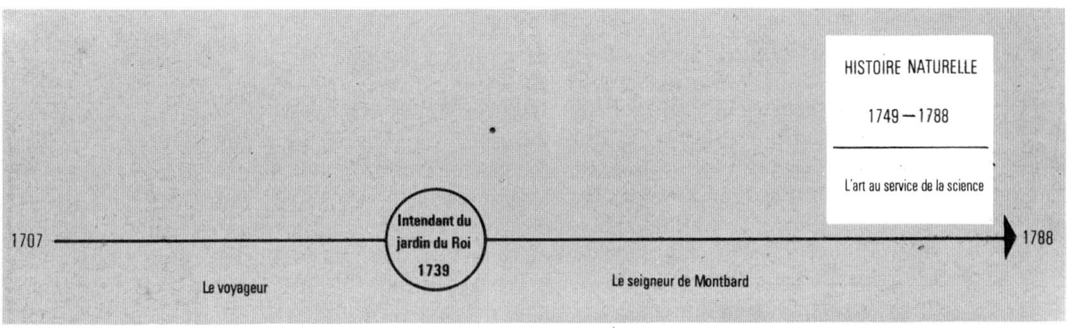

I LA CARRIÈRE DE BUFFON

LE VOYAGEUR (1707-1739)

Bourguignon, issu d'une famille qui appartenait à la noblesse de robe, Georges-Louis Leclerc, créé comte de Buffon par Louis XV en 1772, fait de solides études au collège des Jésuites de Dijon, où il se signale par son ardeur au travail et ses aptitudes pour les mathématiques. En 1729, il se lie avec un jeune lord anglais, le duc de Kingston, qui l'emmène avec lui dans un tour de France et d'Europe : *il visite, outre le Midi de la France, l'Italie, la Suisse et surtout l'Angleterre,* dont il subit l'influence comme Montesquieu et Voltaire. A son retour, Buffon exerce sa sagacité en rédigeant des mémoires de mathématiques et de physique, qui le font connaître : en 1733, il est nommé membre adjoint de l'Académie des Sciences. Il s'imprègne des principes les plus modernes de la méthode scientifique en traduisant *La Statique des végétaux* de l'Anglais Hales (1735), puis *La Méthode des fluxions* de Newton.

LE SEIGNEUR DE MONTBARD (1739-1788)

En 1739, survient un événement capital dans sa vie : il est nommé intendant du Jardin du Roi. Dès lors, Buffon, indifférent aux luttes du siècle, va se fixer, avec une ardeur inlassable, un double objet : remplir son rôle d'intendant en réorganisant le Jardin du Roi; faire bénéficier le public savant du trésor dont il a le dépôt en décrivant les collections royales. *En 1744, il ébauche le plan d'une Histoire naturelle* qui devait représenter l'univers en ses trois règnes : animaux, minéraux et plantes. Désormais, il ne passe plus que quatre mois par an à Paris pour organiser ses collections et se retire pendant huit mois dans sa terre de Montbard, où pendant plus de quarante ans il va se consacrer uniquement à la rédaction de cette *Histoire naturelle.*

Les trois premiers volumes (I, *Théorie de la Terre;* II et III, *Histoire naturelle de l'Homme*) sont publiés en 1749 : le succès dépasse toute attente; des traductions paraissent en anglais et en allemand. Le retentissement de cette publication ouvre à Buffon, en 1753, les portes de l'Académie; il s'affranchit de l'usage d'après lequel le nouvel élu devait faire l'éloge de son prédécesseur et prend comme thème de son discours de réception, connu sous le nom de *Discours sur le style*, des réflexions personnelles sur l'art d'écrire. Les tomes suivants de son *Histoire naturelle* sont édités à intervalles réguliers : de 1753 à 1778, *Les Quadrupèdes vivipares* (12 volumes); de 1770 à 1783, *Les Oiseaux* (9 volumes); de 1783 à 1788, *Les Minéraux* (5 volumes); enfin de 1774 à 1789, sept volumes de suppléments; soit, au total, 36 volumes. *Buffon, ne pouvant tout seul mener à bien une entreprise aussi gigantesque, avait confié à quelques savants une partie de sa tâche :* son compatriote Daubenton, anatomiste scrupuleux, collabora pour l'histoire des quadrupèdes; Guéneau de Montbéliard et l'abbé Bexon se chargèrent de certaines descriptions d'oiseaux; enfin Guyton de Morveau et Faujas de Saint-Fond aidèrent Buffon pour l'histoire des minéraux. Malgré le concours de ces collaborateurs, l'*Histoire naturelle* n'était pas achevée, lorsque Buffon mourut à quatre-vingt-un ans : Lacépède combla les lacunes.

II L'ÉVOLUTION SCIENTIFIQUE DE BUFFON

La pensée de Buffon ne cessa de gagner en originalité et en hardiesse, à partir du moment où il entreprit l'*Histoire naturelle*. On peut distinguer dans cette évolution trois phases essentielles.

A Le dessein premier de l'Histoire naturelle

LE PARTISAN DE LA MÉTHODE EXPÉRIMENTALE

Dès 1735, Buffon se révèle partisan décidé de la méthode expérimentale, qui était déjà en vogue chez les savants. « Les recueils d'expériences et d'observations sont les seuls livres qui puissent augmenter nos connaissances », écrit-il à cette date. De fait, observations et expériences sont à la base de toutes ses études : ses mémoires scientifiques attestent qu'il utilisait le microscope, dressait des statistiques et se livrait à des dissections. Il installa dans son domaine de Montbard des laboratoires de physique et de chimie, des forges pour étudier la résistance des bois ou le refroidissement des minéraux, et même un système de miroirs ardents pour renouveler une expérience célèbre d'Archimède.
Ce souci d'une stricte soumission aux faits amène Buffon à condamner les classifications systématiques de certains naturalistes, et notamment du Suédois Linné. Ces classifications imposent arbitrairement à la nature une unité factice, en rangeant dans des cadres à priori ses manifestations infiniment diverses; elles nous masquent l'unité réelle du plan de la création, d'après laquelle « tout est relié par des transitions, tout est gradué, nuancé ».

LE PARTISAN DES IDÉES TRADITIONNELLES

Malgré ses scrupules de savant, Buffon, pendant la première période de ses recherches, reste fidèle à certaines idées traditionnelles.

La fixité des espèces. Buffon repousse encore l'hypothèse transformiste, qui prête à la nature un pouvoir créateur illimité. Il estime que la puissance de la nature est bornée et il invoque la révélation pour prouver que les animaux « sont sortis tout formés des mains du Créateur ».

La royauté de l'homme dans l'univers. Il refuse aussi d'admettre que « l'homme et le singe ont une origine commune comme le cheval et l'âne ». Il accepte le principe de l'anthropocentrisme : l'homme est, selon lui, un être supérieur, totalement distinct de l'animal. Tout dans la nature lui est subordonné, tout est disposé en vue de son plus grand bien.

Les causes finales. La conviction que l'homme est le roi de l'univers entraînait Buffon à se rallier à la théorie des causes finales, qui fait apparaître la nature comme ordonnée selon un plan : ainsi, il pensait que certains animaux, comme le chien, n'avaient été créés que pour servir l'homme.

B Les conquêtes de l'esprit scientifique

LA DÉCOUVERTE DU TRANSFORMISME

Une constatation jette le trouble dans l'esprit de Buffon, au cours de ses recherches : les espèces sont réparties sur le globe par zones distinctes ; ainsi, les animaux du Nouveau Monde sont tout à fait différents de ceux de l'Europe. Pourtant, en dépit d'altérations particulières, on peut constater « des rapports éloignés qui paraissent indiquer quelque chose de commun dans leur formation ». Élargissant le problème, Buffon en vient à se demander si toutes les espèces animales étaient autrefois ce qu'elles sont aujourd'hui. *Des observations combinées le persuadent que beaucoup d'espèces se sont dénaturées au cours des siècles :* « La température du climat, la qualité de la nourriture et les maux de l'esclavage, voilà les trois causes de changement, d'altération et de dégénération chez les animaux ».

De même, tout laisse supposer qu'un certain nombre d'espèces ont été détruites sous l'effet d'une sélection naturelle : « Les espèces les moins parfaites, les plus délicates, les plus pesantes, les moins agissantes, les moins armées, ont déjà disparu ou disparaîtront. » Ainsi « la nature est dans un mouvement de flux continuel ». Cette attitude de Buffon, neuve au XVIIIe siècle, rencontra de vives résistances.

LA CRITIQUE DES CAUSES FINALES

En admettant l'idée de transformations mécaniques dans la nature, Buffon niait implicitement l'existence de causes concourant à un ordre universel et permanent. Il montre d'ailleurs expressément que la finalité ne donne pas des faits une explication scientifique par l'exemple des abeilles, dont les cellules hexagonales tant vantées ne sont qu' « un résultat mécanique et assez imparfait qui se trouve souvent dans la nature », ou encore par l'exemple du cochon : « Ne doit-on pas tirer des inductions de la singulière conformation du cochon ? Il ne paraît pas avoir été formé sur un plan original, particulier et parfait, puisqu'il est un composé des autres animaux; il a évidemment des parties inutiles, ou plutôt des parties dont il ne peut faire usage, des doigts dont tous les os sont parfaitement formés, et qui cependant ne lui servent à rien. » En fait, les espèces, loin d'avoir été créées en vue d'un mode de vie déterminé, s'adaptent au mode de vie que déterminent certaines circonstances, comme le climat ou la nourriture : « La nature est donc bien éloignée de s'assujettir à des causes finales dans la composition des êtres. »

LA PERSISTANCE DE L'ANTHROPOCENTRISME

En revisant ses idées, Buffon conservait pourtant à l'homme sa royauté dans l'univers. L'homme échappe aux transformations que subissent les animaux : il est « le seul des êtres vivants dont la nature soit assez forte, assez étendue, assez flexible pour pouvoir subsister, se multiplier partout et se prêter aux influences de tous les climats de la terre ». Le principe de l'anthropocentrisme survivait ainsi à la découverte du transformisme et à l'abandon des causes finales.

C L'ultime élargissement de la pensée

Publiées en 1778 dans le cinquième volume des *Suppléments à l'Histoire naturelle, Les Époques de la Nature* marquent le dernier terme de l'évolution scientifique de Buffon.

L'épopée de la terre : Les Époques de la Nature.

Préambule. L'auteur se propose de raconter l'histoire de la Terre depuis les temps antérieurs à la mémoire des hommes jusqu'à la naissance de la civilisation. Dans ce dessein, il détermine les diverses « époques de la Nature », c'est-à-dire les étapes successives qui jalonnent son évolution. — **I.** La Terre, de même que les planètes, est un fragment de la masse incandescente du soleil détaché par le choc d'une comète. — **II.** La matière, après avoir été longtemps en feu, se consolide et forme la roche intérieure du globe, ainsi que les grandes masses fusibles qui sont à sa surface. — **III.** Lorsque la Terre est suffisamment attiédie, les eaux couvrent les continents. — **IV.** Puis ces eaux se retirent et une ère de cataclysmes commence, au cours de laquelle les volcans se mettent en action. — **V.** Suit une ère de repos : les grands animaux apparaissent sur les deux continents alors contigus. — **VI.** Un affaiblissement des terres qui les reliaient sépare ces continents. — **VII.** Enfin, l'homme apparaît sur la Terre ; et sa puissance, secondant celle de la nature, assure les progrès de la civilisation. L'auteur termine par un éloge enthousiaste de la science, qui est la vraie gloire de l'homme, et de la paix, qui est son vrai bonheur.

L'abandon de l'anthropocentrisme. *Dans* Les Époques de la nature, *Buffon se soucie de mettre l'homme à sa place dans l'univers.* Il n'a jamais cessé de voir en lui le chef-d'œuvre de la création : sa puissance, qu'il doit à son intelligence, a mis au jour les trésors de la terre, apprivoisé les animaux et s'est exercée même sur les végétaux, mais elle reste subordonnée à celle de la Nature et s'exerce dans les limites qui lui sont assignées.

La tentation de l'esprit de système. *En même temps, Buffon, emporté par la grandeur de son sujet, quitte la prudence nécessaire à un savant et embrasse l'étendue de l'univers en véritable visionnaire.* Il divinise la Nature et verse dans une sorte de panthéisme : le Créateur n'est nommé que par bienséance dans ce poème à la gloire de la Création; cependant la Nature, force invisible, mais toujours présente, révèle par un renouvellement perpétuel son inépuisable fécondité et sa toute-puissance. Surtout, il montre un goût inattendu pour les hypothèses gratuites qu'il avait jadis condamnées : à la manière des philosophes grecs, créateurs de vastes cosmogonies, et aussi selon le goût de son temps, il construit un système du monde par la puissance de son raisonnement; et s'il prétend s'appuyer sur des faits constatés, la conjecture et même la légende se mêlent souvent à l'observation.

La naissance du poète. *Mais, en déroulant sous les yeux du lecteur les grandioses visions des temps les plus reculés, Buffon ouvrait à l'imagination des horizons inconnus* et donnait plus de profondeur au sentiment de la nature. Un poète se révélait chez le savant; et nulle part Buffon n'utilisa ses dons d'écrivain avec plus de bonheur que dans cet ouvrage. La majesté de son style, qui s'exerce un peu à vide dans les descriptions d'animaux, s'applique avec une convenance parfaite à l'évocation des « époques de la nature ».

III LA RENOMMÉE DE BUFFON

La gloire de Buffon est, de son vivant, immense, presque égale à celle de Voltaire et de Rousseau : son œuvre se répand parmi les gens du monde, prend place dans toutes les bibliothèques; on élève sa statue dans le Jardin du Roi. Peu à peu, cependant, sa popularité diminue; actuellement, il semble figé dans sa gloire. Cette désaffection relative peut s'expliquer, bien qu'elle ne soit pas entièrement justifiée.

LES ÉLÉMENTS CADUCS

Le naturaliste a été dépassé. Buffon a longtemps été populaire par ses portraits d'animaux, dont il confiait d'ailleurs souvent la rédaction à ses collaborateurs. Or, ces morceaux, d'une élégance apprêtée, négligent les caractères anatomiques des animaux et n'ont aucune valeur scientifique. D'autre part, on a relevé dans son *Histoire naturelle* bien des lacunes, des erreurs ou des vues chimériques; ses expériences pour déterminer l'âge de la terre et sa division de l'histoire du monde en sept époques semblent de nos jours bien vaines.

L'écrivain peut paraître désuet. On persiste à voir Buffon à travers la légende qui le représente, travaillant dans son cabinet de Montbard, en habit de gala et en manchettes de dentelle, poudré et l'épée au côté. Cet admirateur de Bourdaloue et de Massillon n'est pour beaucoup qu'un grand « phrasier », qui a voulu mettre en honneur un style solennel, emphatique et tendu.

LES ÉLÉMENTS DURABLES

Le précurseur mérite le respect. Buffon conserve la gloire d'avoir été le premier savant des temps modernes qui ait traité scientifiquement le problème de l'origine des espèces, frayant ainsi la voie aux Lamarck, Darwin et Spencer. Il a ouvert à la science des domaines nouveaux par l'étendue et la profondeur des problèmes abordés et il a abattu les cloisons qui séparaient la science et la littérature, en montrant l'intérêt de l'étude de l'homme, non pas seulement en lui-même, mais dans ses rapports avec la nature.

Le théoricien du style retient l'attention. Bien que l'esthétique de Buffon soit un peu étroite, on peut encore de nos jours extraire de son *Discours sur le style* d'excellents conseils sur l'art d'écrire. Le style, dit-il, est « l'ordre et le mouvement qu'on met dans ses pensées » et cette définition doit toujours être méditée : Buffon apprend à dédaigner les règles oiseuses de la grammaire, à proscrire les faux ornements, à chercher un plan solide et surtout une forme adéquate à l'idée. C'est grâce à ce scrupule constant que Buffon a réussi à incorporer au domaine littéraire l'histoire naturelle, considérée jusque-là comme une science de spécialistes.

OUVRAGES A CONSULTER

BUFFON. *Les Epoques de la Nature*, éd. J. Roger, Muséum, 1912.
J. ROGER. *Les Sciences de la vie dans la pensée française du XVIIIème siècle*, A. Colin, 1963.

Jean-Jacques Rousseau. Pastel de La Tour.

CHAPITRE V

JEAN-JACQUES ROUSSEAU

Après une adolescence aventureuse, Jean-Jacques Rousseau trouve auprès de Mme de Warens des conditions d'existence qui lui permettent de cultiver son esprit et d'affiner sa sensibilité. Il fréquente ensuite la société mondaine, puis réforme sa vie, condamne les mœurs du siècle et, dans La Nouvelle Héloïse *en particulier, exalte un genre d'existence conforme à la nature. Poursuivi en 1762 après la publication de l'*Émile, *il gagne l'étranger et connaît le sort d'un proscrit. Bouleversé par les épreuves qui lui ont été infligées, il se justifie au regard de la postérité dans* Les Confessions, *puis s'enfonce dans la solitude et approfondit sa connaissance de lui-même en composant pour son plaisir personnel ses* Rêveries du promeneur solitaire.
Jean-Jacques Rousseau possède une nature passionnée et un esprit tourné vers les constructions logiques. Son œuvre est ordonnée en un système cohérent et traversée par un souffle puissant d'enthousiasme. Hardiment tournée vers l'avenir, elle a exercé une influence considérable sur la pensée révolutionnaire et engagé la littérature française sur les voies du romantisme.

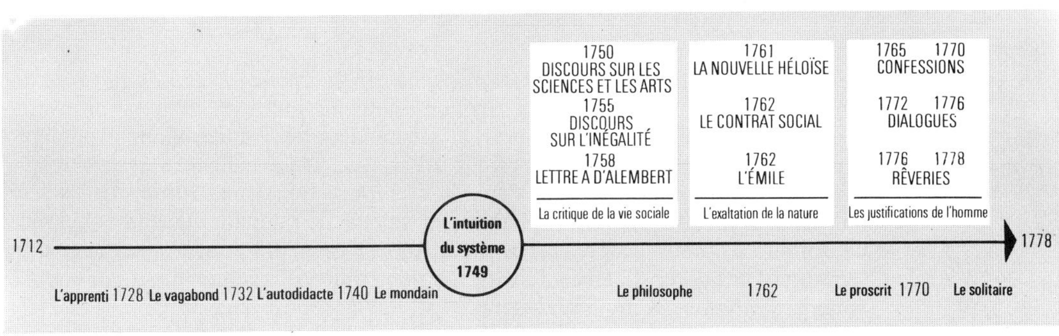

I LA DESTINÉE DE ROUSSEAU

A Les années de jeunesse (1712-1749)

L'apprenti (1712-1728). Né à Genève, Jean-Jacques Rousseau appartient à une famille protestante d'origine française. Il perd sa mère en venant au monde. Son père, Isaac Rousseau, un homme fantasque, l'élève assez mal. Dès son plus jeune âge, l'enfant lit des romans qui encouragent sa tendance naturelle à la rêverie. Isaac Rousseau ayant dû s'expatrier à la suite d'une rixe, Jean-Jacques est mis en pension à Bossey, chez le pasteur Lambercier (1722); mais il ne peut se plier à la moindre contrainte. En 1724, il est recueilli par une tante. En 1726, après un stage dans un greffe, d'où il est renvoyé, il est mis en apprentissage dans l'atelier du graveur Ducommun, dont il ne peut supporter la rudesse. *En 1728, un dimanche soir, ayant trouvé fermées, au retour d'une promenade, les portes de la ville, il part à l'aventure en direction de la France.*

Le vagabond (1728-1732). Jean-Jacques Rousseau est catéchisé par un prêtre qui l'a hébergé et qui le persuade de se rendre à Annecy, chez Mme de Warens, une jeune femme récemment convertie au catholicisme. La rencontre fut décisive et inoubliable. Mme de Warens envoie le jeune homme à l'Hospice des Catéchumènes de Turin, où il reçoit le baptême : le voilà donc catholique. Alors commence une vie d'aventures. Rousseau est laquais chez Mme de Vercellis, puis chez le comte de Gouvon; il séjourne cinq mois au séminaire d'Annecy et s'attache au chef de la maîtrise, qu'il suit, puis abandonne à Lyon; de Lyon il repart pour de nouveaux vagabondages, passe par Fribourg et Lausanne, séjourne à Neuchâtel, se lie avec un aventurier qu'il accompagne à Berne, puis retourne en France, touche Paris et finit par retrouver Mme de Warens, à Chambéry.

L'autodidacte (1732-1741). *A Chambéry, puis, à partir de 1737, dans le site enchanteur des Charmettes, aux portes de la ville, Jean-Jacques Rousseau passe auprès de Mme de Warens des années délicieuses et fécondes.* Il lit beaucoup; il poursuit des études musicales, s'imprègne des spectacles de la nature, cultive sa sensibilité et son esprit. Mais Mme de Warens se lasse de lui; et il doit quitter les Charmettes (1740). Il séjourne quelques mois à Lyon comme précepteur chez M. de Mably.

Le mondain (1741-1749). *Rousseau vient tenter sa chance à Paris.* Il présente sans succès à l'Académie des Sciences une nouvelle méthode de notation musicale. En 1743, il accompagne à Venise l'ambassadeur de France, M. de Montaigu, mais il se brouille avec lui. Il revient à Paris en 1744, collabore avec Voltaire pour un opéra, et devient, en 1746, le secrétaire de Mme Dupin. La société lui fait bon accueil : il est reçu dans les salons. Il connaît pourtant quelques déceptions d'amour-propre, car il est médiocre causeur; et sa liaison avec une servante d'auberge, Thérèse Levasseur, contribue à l'exclure du monde où il voulait s'imposer. Cinq enfants naissent, qu'il dépose aux Enfants Trouvés.

B Élaboration de la doctrine (1749-1762)

1 *La critique de la vie sociale*

L'INTUITION DU SYSTÈME (1749)

Un jour de l'été 1749, Rousseau se rendait à la prison de Vincennes pour voir son ami Diderot, détenu à la suite de la publication de sa *Lettre sur les Aveugles.* Il lut en chemin, dans le *Mercure de France,* la question mise au concours, pour l'année 1750, par l'Académie de Dijon : « Si le rétablissement des sciences et des arts a contribué à épurer les mœurs. » Conçut-il aussitôt dans un éblouissement, comme il l'a écrit, l'idée centrale de sa future doctrine : l'homme naturellement bon, mais corrompu par la société et la civilisation ? ou bien admettra-t-on, selon l'insinuation de Diderot, que cette idée lui ait été suggérée par le prisonnier de Vincennes, comme un brillant paradoxe à développer ? Quoi qu'il en soit, Rousseau la fit bien sienne : elle le consolait de ses déceptions mondaines et illustrait ses expériences antérieures. Quelques mois plus tard, *il publia son premier* Discours *et soutint, sous sa forme la plus générale, la thèse qu'il devait rendre célèbre : loin d'épurer les mœurs, le développement de la civilisation a été funeste à la vertu primitive de l'homme.*

Les méfaits de la civilisation : Discours sur les Sciences et les Arts (1750).

Première partie. *Les faits révèlent que la décadence des mœurs accompagne toujours le progrès des lumières.* La société française, polie et cultivée depuis la Renaissance, a perdu ses anciennes vertus : aujourd'hui, une bienséance apprêtée recouvre une dépravation profonde. L'histoire permet de faire les mêmes constatations pour l'Égypte, la Grèce, Rome et certains États modernes ; au contraire, des peuples restés plus près de l'ignorance primitive, comme les Suisses ou les « sauvages d'Amérique », ont préservé leur vertu et leur bonheur. Sparte a donné à la postérité un magnifique exemple, pour avoir su résister aux spécieuses séductions d'une culture amollissante. Socrate, à Athènes, montra la vanité de la science humaine ; Caton, à Rome, en souligna le danger. Mais que penserait un Fabricius, symbole des vertus ancestrales, d'une Rome dépravée par l'hellénisme? Et que penseraient nos bons rois d'autrefois, Louis XII, Henri IV, au spectacle de la corruption moderne?

Deuxième partie. *Le raisonnement fait apparaître la décadence des mœurs comme une conséquence logique du progrès des lumières.* Les sciences sont suspectes dans leur origine même, car chacune d'elles satisfait un de nos vices et toutes satisfont l'orgueil humain. Elles sont vaines dans leur objet, car elles favorisent l'avènement d'un luxe contraire aux exigences de la nature. Elles sont incertaines dans leurs méthodes et dans leurs résultats. Elles sont dangereuses dans leurs effets, car elles entretiennent l'oisiveté, anéantissent les vertus militaires et les qualités morales. Des sociétés comme l'Académie de Dijon peuvent être bienfaisantes, à condition de conserver le souci de l'intérêt public ; et il est juste aussi de donner au génie les moyens de s'épanouir ; mais il importe d'enrayer les conséquences d'une culture inconsidérément répandue dans le monde moderne et de rentrer en soi-même pour écouter la voix de la conscience, car « voilà la véritable philosophie ».

La portée du Discours sur les Sciences et les Arts. *En publiant ce* Discours, *Jean-Jacques Rousseau heurte l'esprit de son siècle.* Il s'oppose à tous ceux qui affirment leur foi dans le « progrès des lumières »; et tout particulièrement à Voltaire, qui a proclamé l'agrément de la vie mondaine, les plaisirs du luxe, le bonheur d'une société policée. Bien que formé à l'école des philosophes, il se désigne comme le champion possible d'une lutte contre leurs doctrines.

LA RÉFORME DE ROUSSEAU (1750-1755)

Les académiciens de Dijon donnent leur prix à Rousseau qui, du jour au lendemain, connaît la gloire. Il décide alors d'accorder son genre de vie avec sa doctrine et procède à une réforme profonde. Il s'habille de bure, comme un artisan, se coiffe d'un bonnet d'Arménien et entreprend de gagner sa vie en copiant de la musique. Il laisse représenter son opéra *Le Devin de Village* (1752) et sa comédie *Narcisse* (1753); mais il renonce désormais à écrire ou à composer pour le théâtre et se voue à la réflexion philosophique. Les académiciens de Dijon lui fournissent une nouvelle occasion de fixer sa pensée en mettant au concours, pour l'année 1754, la double question suivante : « Quelle est l'origine de l'inégalité parmi les hommes, et si elle est autorisée par la loi naturelle? » *Rousseau approfondit les conclusions de son premier discours et fait apparaître, à l'origine de la corruption moderne, le fait même de l'institution sociale.*

Les méfaits de la propriété : Discours sur l'Origine de l'Inégalité (1755).

Entrée en matière. Il faut distinguer l'inégalité naturelle, qui ne demande pas d'explication, et l'inégalité sociale, dont il s'agit de découvrir l'origine.

Première partie : description de l'homme primitif. L'homme primitif est physiquement vigoureux, car il exerce son corps et il est mieux protégé contre les maladies que le civilisé. Il est moralement sain, car il suit ses seuls instincts, ignore le tourment des passions, la crainte de la mort et l'inquiétude de l'avenir. Comme il n'est pas en relation avec ses semblables, il ne saurait montrer ni bonté ni méchanceté : il obéit seulement à l'instinct de conservation. Dans cet état, l'inégalité naturelle a peu d'influence et n'implique pour les faibles aucune servitude. Malheureusement, une suite de circonstances a modifié cette condition première, entraînant à la fois le progrès social et la corruption morale.

Deuxième partie : genèse de l'homme social. Les hommes s'associèrent d'abord librement : ils se groupèrent par familles et par contrées, mais chacun demeurait indépendant et subvenait personnellement à ses besoins. L'invention de la métallurgie et de l'agriculture eut pour conséquence la division du travail et entraîna des rapports de dépendance réciproque ; la propriété naquit du travail de la terre, et l'inégalité du rendement individuel créa l'inégalité dans la répartition des biens. Bientôt, les riches imposèrent une législation destinée à garantir leur puissance ; le pouvoir civil s'organisa et un fossé se creusa entre les chefs et le peuple. Le terme ultime de cette évolution est l'avènement d'un pouvoir autoritaire qui, par l'oppression politique, maintiendra et aggravera l'injustice sociale. Ainsi, l'organisation d'une économie fondée sur la propriété privée aboutit progressivement à l'institution d'un régime scandaleux.

La hardiesse du Discours sur l'Origine de l'Inégalité. *Ce nouveau* Discours, *mieux conduit que le précédent, apparaît plus redoutable aussi pour l'ordre établi.* Le « paradoxe » sur les sciences et les arts demeurait sur le plan des affirmations générales; les considérations sur l'inégalité répondent à des préoccupations plus précises et soulèvent des problèmes brûlants. Rousseau met en cause le principe de la propriété, sur lequel reposent les sociétés modernes; il affirme la priorité des facteurs matériels dans l'évolution humaine; il discerne entre les classes sociales une opposition d'intérêts qu'aggravent l'exercice d'une législation partisane et le jeu même des forces économiques; il fait apparaître une liaison interne entre l'oppression politique et l'injustice sociale. *Sur ce point encore, il se sépare des philosophes, moins hardis, pour la plupart, en matière de critique sociale.*

LE SÉJOUR A L'ERMITAGE (1756-1757)

Les académiciens de Dijon, effrayés par l'audace de la thèse, ne couronnent pas le second discours. Rousseau, du reste, s'attendait à l'échec. Il songe à se retirer dans sa patrie : il est revenu à Genève, où il a abjuré le catholicisme et confessé de nouveau la foi calviniste. Au début de 1756, pourtant, *il accepte l'invitation de Mme d'Épinay à séjourner dans la propriété de l'Ermitage, à Montmorency.* Il passe dans cette retraite des mois heureux, consacrés au travail; mais des incidents fâcheux gâtent ce bonheur : les commérages de Thérèse et de sa mère; les interventions indiscrètes de Diderot entre sa compagne et lui; sa passion pour Mme d'Houdetot, dont prend ombrage le poète Saint-Lambert, son amant; enfin les mauvais procédés de Grimm, qui le dessert auprès de Mme d'Épinay. A la fin de 1757, Rousseau refuse d'accompagner Mme d'Épinay à Genève; congédié, il doit quitter l'Ermitage. Désormais brouillé avec Diderot, il le combat ouvertement. Il vient de lire, dans l'*Encyclopédie*, l'article *Genève* : d'Alembert, y louait le libéralisme de certains pasteurs genevois et souhaitait l'institution d'un théâtre dans la ville; Rousseau riposte avec fermeté, puis, élargissant le débat, *pose le problème des rapports du théâtre et de la morale.*

Les méfaits du théâtre : Lettre à d'Alembert sur les spectacles (1758).

A propos des pasteurs genevois. D'Alembert est mal venu à utiliser les confidences de certains pasteurs genevois au risque de les compromettre auprès de leur clergé.

Danger des spectacles dramatiques. D'Alembert est également mal venu à conseiller l'institution d'un théâtre à Genève. Le véritable objet du théâtre n'est pas l'utilité morale, mais le plaisir : le spectateur se rebute si on veut l'édifier ; pour lui plaire, il faut représenter sur la scène, sous le jour le plus favorable, les passions qu'il aime. D'ailleurs, comment le théâtre serait-il un guide d'action? Il exerce à vide nos bons instincts sur des situations imaginaires. La pitié que nous éprouvons pour le héros tragique en détresse est stérile, car elle n'entraîne aucun acte généreux. Quant à la comédie, ou bien elle peint fidèlement les mœurs, mais alors elle n'édifie pas ; ou bien elle pousse la peinture à la charge, mais alors elle provoque le rire, et non une vertueuse indignation.

Vices du théâtre français. Le théâtre français illustre ces maximes. Plus que la tragédie, dont les personnages sont en dehors de la commune humanité, la comédie est dangereuse, à cause de la vérité humaine qu'elle enferme ; le théâtre de Molière est une école de mauvaises mœurs : on applaudit le plus adroit, non le plus estimable et le vertueux Alceste apparaît ridicule. Tragédie et comédie ont d'ailleurs un caractère commun : la peinture de l'amour ; or, cette peinture est malsaine.

Inopportunité d'un théâtre à Genève. L'institution d'un théâtre est souhaitable dans une ville déjà corrompue, car elle offre des plaisirs relativement innocents, mais pas à Genève, où les mœurs sont restées pures. Encourageons plutôt les revues militaires, les jeux nautiques ou gymniques, et même les bals où se rencontreraient les jeunes gens à marier. « Voilà les spectacles qu'il faut à des républiques ! »

Le retentissement de la Lettre à d'Alembert. *En condamnant les représentations dramatiques, Rousseau consacre sa rupture avec les philosophes.* Il obéit à la logique de son système, hostile par principe aux raffinements de la civilisation; mais il heurte de front les encyclopédistes et déplaît une fois de plus à Voltaire, grand ami du théâtre, qui sera pour lui, désormais, un adversaire impitoyable. La publication de la *Lettre à d'Alembert* marque le début de cette solitude dans laquelle Rousseau va mettre au point ses œuvres constructives.

2 *L'exaltation de la nature*

LE SÉJOUR A MONTLOUIS (1758-1762)

Au début de 1758, Rousseau s'est retiré dans une petite maison du village de Montmorency appelée Montlouis; mais il cède aux avances du maréchal de Luxembourg et fait de fréquents séjours dans son château. M. et Mme de Luxembourg furent pour lui des hôtes pleins de tact et d'agrément. Rousseau leur lisait souvent les pages qu'il venait d'écrire; il puisa dans leur amitié le courage nécessaire pour achever, malgré l'état de dépression entretenu en lui par le souvenir des incidents de l'Ermitage, les trois œuvres importantes qu'il avait mises en chantier : *en quinze mois, il publie* La Nouvelle Héloïse, Le Contrat social *et l'*Émile.

L'idéal domestique : La Nouvelle Héloïse (1761).

Première partie : la faute de Julie et de Saint-Preux. A Clarens, petite ville au pied des Alpes, un jeune roturier, Saint-Preux, précepteur de Julie d'Étanges et de sa cousine Claire, déclare sa passion et arrache l'aveu qu'il est aimé. Julie se reprend bientôt et elle éloigne Saint-Preux ; les deux jeunes gens souffrent de la séparation ; quand il revient, elle lui cède. Cependant, ni Claire, ni l'ami de Saint-Preux, Milord Edouard, ne parviennent à obtenir du baron d'Étanges, qui d'ailleurs a promis sa fille à M. de Wolmar, son consentement à une mésalliance.

Deuxième partie : le séjour de Saint-Preux à Paris. Saint-Preux est parti pour Paris avec Milord Edouard. Il écrit à Julie des lettres désespérées. La jeune fille repousse la tentation de s'enfuir pour le rejoindre en Angleterre dans une propriété de Milord Edouard. De Paris, Saint-Preux se livre à d'austères considérations sur la vie parisienne, sur la société, sur la tragédie et la comédie, sur les femmes, sur l'Opéra... Mais un jour, à Clarens, la mère de Julie découvre les lettres de Saint-Preux.

Troisième partie : le mariage de Julie. Malgré les efforts de Claire, qui a fait elle-même un mariage de raison, Saint-Preux ne veut pas s'effacer. Mais Mme d'Étanges meurt, minée par le chagrin. Julie, tourmentée par le remords, se résout à rompre avec Saint-Preux, cède à la volonté de son père et épouse sans amour M. de Wolmar ; elle espère trouver dans le sacrement du mariage la force nécessaire pour lui rester fidèle. Saint-Preux, désespéré, veut se tuer ; Milord Edouard l'en empêche. Pour chercher l'oubli, il entreprend un voyage autour du monde.

Quatrième partie : la vie à Clarens. Six ans ont passé. Julie vit en paix à Clarens avec M. de Wolmar et ses enfants ; elle finit par avouer son secret à son mari. Sur ces entrefaites, Saint-Preux, toujours amoureux, annonce son retour ; et M. de Wolmar, qui veut le guérir, le fait venir à Clarens. Après des explications d'une parfaite netteté, la vie en commun s'organise dans la confiance réciproque. M. de Wolmar s'absente ; au cours d'une promenade en bateau, ils retrouvent des lieux jadis témoins de leur amour ; ils sont un moment tentés de renouer.

Cinquième partie : le bonheur à Clarens. M. de Wolmar est revenu ; la vie en commun reprend, paisible et heureuse. Claire, veuve, s'installe à Clarens. Un seul élément de trouble : Julie est croyante ; M. de Wolmar est sceptique. Les vendanges ont lieu dans une atmosphère de fête. Au cours d'un voyage avec Milord Edouard, Saint-Preux, une nuit, a un rêve qui l'inquiète ; il redoute de ne plus jamais revoir Julie et rentre bouleversé ; heureusement, il la retrouve et vérifie l'inanité de sa crainte.

Sixième partie : inquiétude et mort de Julie. Julie cherche vainement à unir Claire et Saint Preux. Inquiète, elle se livre à la dévotion et retrouve le calme dans les pensées mystiques. Comme elle s'est jetée dans le lac de Genève pour sauver un de ses enfants qui se noyait, elle tombe malade et meurt en chrétienne. Elle laisse à Saint-Preux une dernière lettre où elle formule le souhait qu'il épouse Claire, qu'il demeure auprès de M. de Wolmar et veille à l'éducation de ses enfants. Mais Saint-Preux ne se résigne pas d'emblée à une telle sagesse et sombre dans le désespoir.

La Nouvelle Héloïse.
Arrivée de Saint-Preux
au château de Clarens.
Gravure de Moreau le Jeune.

Émile.
Présentation de Sophie.
Gravure de Moreau le Jeune.

L'INSPIRATION DE LA NOUVELLE HÉLOISE

La Nouvelle Héloïse, « roman par lettres de deux amants », fut inspirée à Rousseau, non pas, comme ses œuvres précédentes, par des circonstances extérieures, mais par les mouvements profonds de sa vie intime. Elle révèle Rousseau tout entier, passionné, mais épris de vertu et confiant dans les bienfaits d'un retour à la vie naturelle.

Un roman d'amour. La Nouvelle Héloïse *est, pour l'essentiel, l'épanchement d'une sensibilité amoureuse.* Rousseau en a imaginé l'intrigue en 1756. Installé à l'Ermitage, il est profondément heureux et jouit des beautés de la nature. Avec le souvenir des femmes qu'il a connues et aimées, il compose la noble et charmante figure de Julie. Le roman est conçu dans ses grandes lignes et en partie écrit, lorsqu'il rencontre, au printemps suivant, Mme d'Houdetot; il pense alors pouvoir vivre avec elle un amour semblable à celui qui exalte ses deux héros : « Je vis Julie en Mme d'Houdetot ».[1] Ainsi apparaissent des rapports subtils entre l'œuvre et son créateur : née d'une exigence intérieure, elle fixe une image idéale, qu'il projette ensuite dans la réalité. Mais l'expérience vécue retentit en retour sur l'imagination de l'écrivain qui, dans les deux dernières parties, rédigées en 1758, se souvient des troubles épisodes de sa liaison et rêve d'une passion épurée, sinon étouffée, par la vertu.

Un roman à thèse. *En fait, les préoccupations morales du philosophe ne sont jamais absentes de* La Nouvelle Héloïse. Ainsi Rousseau décrit-il, dans la deuxième partie, les désordres de la grande ville. Dans la partie qui se rapporte à Clarens, il s'attarde à décrire la vie rustique, avec le désir d'en montrer le charme et les effets bienfaisants sur les mœurs : « La simplicité de la vie pastorale et champêtre a toujours quelque chose qui touche. Qu'on regarde les prés couverts de gens qui fanent et chantent, et des troupeaux épars dans l'éloignement; insensiblement on se sent attendrir sans savoir pourquoi. » Ou bien encore il met sous la plume de Julie une longue profession de foi religieuse : « O Dieu de paix, Dieu de bonté, c'est toi que j'adore! c'est toi de, je le sens, que je suis l'ouvrage; et j'espère te retrouver au dernier jugement tel que tu parles à mon cœur durant ma vie. » Toutes ces pages, qui retardent le développement de l'intrigue, sont importantes parce qu'elles révèlent le dessein essentiel de Rousseau ; après avoir condamné la corruption de la vie sociale, il montre qu'il est possible de s'en évader et de parvenir, dans le cadre purifiant de la nature, à cet équilibre qui assure la sérénité de l'âme et du cœur : « On oublie son siècle et ses contemporains ; on se transporte au temps des patriarches ; on veut mettre soi-même la main à l'œuvre, partager les travaux rustiques et le bonheur qu'on y voit attaché. »

1. M. René Pomeau, dans son édition des Classiques Garnier, et, de façon plus détaillée, M. Bernard Guyon, dans l'édition de la Pléiade, ont ruiné la thèse traditionnelle soutenue par Daniel Mornet, selon laquelle, contrairement aux indications de Rousseau lui-même, l'histoire de *La Nouvelle Héloïse* serait née des amours avec Mme d'Houdetot.

DU ROMAN AU TRAITÉ POLITIQUE

Depuis longtemps, Rousseau méditait de fixer dans un livre son idéal politique. Il lut tous les grands ouvrages que les juristes et les philosophes avaient consacrés aux problèmes du gouvernement : l'*Essai sur le gouvernement civil* de Locke, le *Traité théologico-politique* de Spinoza, le *Léviathan* de Hobbes, les traités de Grotius et de Puffendorf, *L'Esprit des Lois* de Montesquieu. En 1753, il écrivit une sorte d'introduction à ce travail, le *Discours sur l'Économie Politique*, qu'il donna à l'*Encyclopédie*; mais en 1759, découragé devant les difficultés de l'entreprise, il détruisit la plus grande partie de ses notes. *Le Contrat social* fut épargné, comme le morceau « le moins indigne d'être offert au public ».

L'Idéal politique : Le Contrat social (1762).

Livre I : nature du contrat. Tout despotisme est illégitime, car la force ne crée aucun droit. Pour fonder l'autorité véritable, il faut remonter à une première convention, a un pacte : ce pacte consiste, pour chacun, à abdiquer tous ses droits naturels au profit de la communauté qui, en retour, garantit la personne et les biens de chacun. Ainsi est préservée l'égalité, puisque la condition est égale pour tous, et aussi la liberté, car « chacun se donnant à tous ne se donne à personne ». Par le « contrat social », l'homme passe de l'état naturel à l'état civil.

Livre II : considérations sur la souveraineté et la loi. La souveraineté, étant l'exercice d'une volonté générale, est inaliénable et indivisible ; aucune coalition d'intérêts particuliers ne doit y porter atteinte ; mais elle a pour limite les droits légitimement garantis aux particuliers. La conservation du corps politique est assurée par la loi, qui prévoit l'application de la volonté générale aux problèmes de la vie collective. La loi est la même pour tous ; mais les modalités de la législation varient avec les pays, les époques et les conditions particulières, dont il appartient au législateur de prendre conscience et de tenir compte.

Livre III : considérations sur le gouvernement et ses diverses formes. Il faut à la force publique un agent pour faire appliquer la loi : c'est le gouvernement. On appelle démocratie le gouvernement du peuple tout entier ou d'une majorité, aristocratie le gouvernement d'une minorité, monarchie le gouvernement d'un seul. La démocratie est le régime idéal ; mais elle est peu viable. L'aristocratie élective est « l'ordre le meilleur et le plus naturel ». La monarchie est le gouvernement le plus fort, mais aussi le moins fidèle à la volonté générale, car « les rois veulent être absolus ». Pour éviter qu'un gouvernement dégénère, l'autorité dont il est investi doit être périodiquement contrôlée et renouvelée par des assemblées.

Livre IV : institutions particulières. La volonté générale est parfois méconnue ; mais elle est indestructible, et se détermine par la voix du plus grand nombre. Dans les derniers chapitres, l'auteur, s'appuyant sur l'histoire romaine, définit l'institution d'un tribunat conservateur; celle de la dictature, recours exceptionnel; celle de la censure, garantie du maintien des bonnes mœurs; enfin celle d'une religion civile, lien mystique entre les citoyens.

La signification du Contrat social. Le Contrat social *répond au désir qu'éprouvait Rousseau de concilier les aspirations individuelles au bonheur avec les exigences de la vie en société.* L'ouvrage pose en principe que l'honnêteté politique consiste à respecter la volonté du peuple et que les citoyens doivent toujours être considérés comme les maîtres de leur destin. Mais la collectivité décide souverainement des sacrifices que l'intérêt public doit imposer à chacun; on peut craindre que la rigueur de ce principe n'entraîne, dans la pratique, des abus d'autorité. Rousseau a lui-même dénoncé le danger; on ne l'en a pas moins accusé, bien souvent, d'avoir fourni des justifications théoriques à une tyrannie populaire.

POLITIQUE ET ÉDUCATION

Tout individu étant un membre vivant du corps social, une société saine suppose des hommes sains. *Comment façonner les êtres vraiment libres dont ne saurait se passer une véritable république? C'est pour répondre à cette question que Rousseau construisit son système d'éducation.* Cet autre dessein fut également mûri pendant de longues années. Dès le temps où Rousseau était précepteur chez M. de Mably, il avait composé un petit ouvrage pédagogique : *Projet pour l'éducation de M. de Sainte-Marie.* Déjà, il dénonçait l'insuffisance d'une formation exclusivement intellectuelle : « Le but que l'on doit se proposer dans l'éducation d'un jeune homme, c'est de lui former le cœur, le jugement et l'esprit; et cela dans l'ordre que je les nomme. »
Plus tard, il s'informa de façon méthodique et complète, relut Montaigne, pratiqua le traité de Locke sur l'éducation des enfants et tous les livres des contemporains qui, tels Crousaz et Morelly, réagissaient contre les routines traditionnelles au nom du bonheur de l'enfant et des nécessités de la vie. En écrivant l'*Emile,* il veut avant tout montrer la nécessité de détruire les germes de corruption qu'ont pu déposer dans l'âme de l'enfant de malfaisants pédagogues parmi les poussières d'une culture livresque. L'*Emile* est donc en relation étroite avec le reste de son œuvre : Rousseau y définit son idéal pédagogique.

L'idéal pédagogique : l'Émile (1762).

Livre I : Émile jusqu'à cinq ans. Le bébé doit être confié, non à une nourrice, mais à ses protecteurs naturels : il appartient à la mère de le nourrir, au père de l'instruire. Cependant, pour la commodité de l'exposé, supposons Émile orphelin, et confié à un précepteur qui soit exclusivement chargé de son éducation. Élevons l'enfant à la campagne; accoutumons-le aux bains froids; proscrivons l'usage du maillot, qui lui ôterait la liberté des mouvements; ne le rendons esclave d'aucune habitude; affranchissons-le de ses terreurs; ne nous hâtons pas de lui révéler les difficultés du langage; bornons-nous à lui faire articuler nettement et employer correctement le petit nombre de mots qu'on aura mis à sa disposition pour lui permettre de formuler ses besoins élémentaires.

Livre II : Émile de cinq à douze ans. La formation du corps et des sens. D'une façon générale, que l'enfant soit livré à lui-même sans contrainte intempestive : la nature veillera sur lui et se chargera de l'instruire. Qu'on évite de raisonner avec lui, mais qu'on le traite selon son âge. Que lui apprendre? Pas grand-chose encore : il n'est pas capable d'assimiler des connaissances. « La grande règle n'est pas de gagner du temps, mais d'en perdre »; et « la première éducation doit être purement négative ». Formons-le pourtant par l'expérience : s'il a cassé des vitres par colère, on l'enfermera dans une chambre sans fenêtres. Mais charger sa mémoire de leçons théoriques? Lui enseigner les langues, la géographie, l'histoire, la littérature? Lui révéler par les fables de La Fontaine la corruption d'une société qu'il ne connaît pas encore? Programme inutile et dangereux! Cependant, on ne négligera pas de former son caractère, ni de développer son corps, ni d'affiner ses sens. A douze ans, Émile est sain, vigoureux, ardent, insouciant, heureux de vivre.

Livre III : Émile de douze à quinze ans. La formation intellectuelle et technique. Émile va maintenant meubler son esprit, mais seulement par l'expérience : guidé par son précepteur, il apprendra à observer, à raisonner sur les faits, et il « inventera la science »; il assimilera ainsi les notions de géographie, de cosmographie, de physique, qui pourront lui être utiles. En outre, il recevra une formation technique et il apprendra un métier manuel : ainsi, Émile sera menuisier. Enfin, en groupant et en comparant les données de l'expérience, Émile s'accoutumera à juger et, par suite, à raisonner. A quinze ans, « Émile a peu de connaissances, mais celles qu'il a sont véritablement siennes...; il est laborieux, tempérant, patient, ferme, plein de courage...; il a de la vertu tout ce qui se rapporte à lui-même ».

Livre IV : Émile de quinze à vingt ans. La formation morale et religieuse. On encouragera en Émile les tendances à la sympathie et à la pitié. Pour lui apprendre à connaître les hommes, on lui permettra de lire les historiens anciens qui, comme Plutarque, retracent la vie des vrais grands hommes, et aussi les fables, réduites au récit proprement dit. A dix-huit ans seulement, Émile sera initié au problème religieux : du reste, on ne l'agrégera à aucune secte, mais on le mettra en état de choisir entre toutes. L'exemple même de Rousseau est édifiant : né calviniste et converti malgré lui à la religion catholique, il ne possédait pas de foi véritable ; mais un humble vicaire savoyard lui révéla, devant un paysage alpestre, comment il avait puisé dans la réflexion intérieure et dans le spectacle de l'harmonie du monde l'intuition d'une présence divine, la notion d'une liberté humaine et le sens d'une vérité morale. Voici maintenant Émile introduit dans le monde : il plaît par sa simplicité et par son naturel.

Livre V : Sophie. En élevant Sophie, on s'est attaché à en faire une jeune fille naturelle, comme on a voulu faire d'Émile un jeune homme naturel. Mais les méthodes d'éducation ont été adaptées à son sexe. Sophie est charmante, non sans coquetterie d'ailleurs ; heureusement pourvue de dons qui ont été cultivés avec discrétion ; quelque peu gourmande ; très sensible et capricieuse à l'occasion, mais nullement boudeuse ; religieuse sans être dévote ; passionnée pour la vertu ; aimable et simple en société, prompte cependant à se défendre contre les galants indiscrets ; et fort peu nourrie de lectures, en dehors du « Télémaque ». Voilà bien la compagne rêvée pour Émile : « il est temps enfin qu'ils se voient, travaillons à les rapprocher. » Les deux jeunes gens se rencontrent et se plaisent. Après un voyage de deux ans, indispensable pour parfaire sa connaissance des hommes et pour s'initier aux questions politiques, Émile épouse Sophie. Ils ont un enfant. La mission du précepteur est terminée.

LA DOCTRINE DE L'ÉMILE

L'idéal pédagogique de Rousseau consiste à préserver la liberté naturelle de l'enfant, puis à promouvoir sa liberté morale. D'un bout à l'autre du traité, la notion de liberté demeure au premier plan. Le bébé doit être laissé libre dans ses mouvements, le jeune garçon dans ses jeux, l'adolescent dans le choix de sa religion. L'enfant est un être faible, qui a besoin d'un tuteur et d'un guide; mais sa faiblesse ne nous donne pas le droit de l'asservir. Nous devons lui apprendre « la dépendance des choses », c'est-à-dire l'inéluctable pouvoir des lois naturelles qui régissent la condition humaine; mais nous ne devons pas lui imposer de surcroît « la dépendance des hommes », qui est toujours une tyrannie injuste et dégradante. Aidons-le à formuler ses tendances, à mettre au jour ses aspirations, à découvrir le monde; mais interdisons-nous de modeler sa pensée; évitons de lui donner des idées toutes faites : respectons sa personnalité naissante et mettons-le en mesure de faire face, plus tard, à ses responsabilités : « Il n'y a qu'une science à enseigner aux enfants, c'est celle des devoirs de l'homme. »

LA CRISE DE 1762

La religion sans dogme dont Rousseau avait défini les principes dans « la profession de foi du vicaire savoyard » parut dangereuse à beaucoup de chrétiens. *Quelques jours après la publication de l'*Émile, *le Parlement de Paris fit confisquer et brûler l'ouvrage*; Rousseau, décrété de prise de corps, doit quitter Montmorency en toute hâte. Il songe un moment à regagner Genève; mais le conseil de la ville condamne également l'*Émile*, ainsi que *Le Contrat social.* Il se réfugie à Yverdon, puis à Motiers, dans le Val Travers. Les mesures hostiles qui le frappent sont à l'origine d'une obsession qui va assombrir ses dernières années : celle de se justifier devant ses contemporains et devant la postérité.

C Les justifications de l'homme (1762-1778)

LE PROSCRIT (1762-1770)

Rousseau séjourne trois ans à Motiers. Dans le calme un moment retrouvé, il compose une réponse à l'archevêque de Paris, Christophe de Beaumont, qui avait publié un mandement contre l'*Émile*. En même temps, il voudrait persuader ses partisans de protester contre les rigueurs exercées à son endroit par le Conseil de Genève : c'est l'objet essentiel des neuf *Lettres écrites de la Montagne*, qu'il publie en 1764. Le Conseil, cependant, se raidit dans son hostilité; et un pamphlet intitulé *Le Sentiment des Citoyens*, rédigé sans doute par Voltaire, alerte contre Rousseau l'opinion publique.
Dans la nuit du 7 au 8 septembre 1765, des habitants de Motiers lapident sa demeure. Il se réfugie dans la petite île Saint-Pierre, au milieu du lac de Bienne, et il y passe des jours heureux; mais le Sénat de Berne le fait expulser. *Il gagne ensuite l'Angleterre*, où l'avait invité le philosophe David Hume. A Londres, puis à Wootton, chez M. Davenport, où il séjourne treize mois, il écrit, herborise, fait de la musique; mais il se brouille avec Hume, qui semble bien devoir porter la plus grosse part de responsabilité dans cette rupture. *En 1767, il revient en France*, erre longtemps de gîte en gîte et finit par se fixer définitivement à Paris en 1770.

LES CONFESSIONS (1765-1770)

En 1761, l'éditeur de Rousseau lui avait demandé de composer une autobiographie; Rousseau avait refusé en invoquant certains scrupules. Cependant, en 1764, paraît une brochure anonyme qui attaque Rousseau au nom de la religion et qui dénonce des « vilenies » de son existence. Rousseau se décide alors à écrire ses mémoires, mais moins pour s'épancher que pour se justifier devant la postérité : *Les Confessions* sont une œuvre d'apologie personnelle.
Rousseau rédige les six premiers livres de mars 1765 au mois d'août 1767 : il y raconte son enfance et sa jeunesse jusqu'en 1740, date de son départ pour Paris. Les livres VII à XII furent composés en 1769 et 1770; ils retracent les événements qui se sont écoulés depuis les débuts à Paris en 1741 jusqu'au départ de l'île Saint-Pierre en 1765. Rousseau se proposait de raconter dans une troisième partie les vicissitudes de sa vie errante, mais il n'en eut jamais le courage. Conformément à sa volonté, *Les Confessions* furent publiées après sa mort, la première partie en 1782, la deuxième en 1789; le public les discuta âprement.
Dans Les Confessions, *Rousseau a prétendu se raconter avec une sincérité totale* : « Je veux montrer à mes semblables un homme dans toute la vérité de sa nature; et cet homme, ce sera moi.... J'ai dit le bien et le mal avec la même franchise... je me suis montré tel que je fus. » Nous devons accepter ces déclarations; car, si Rousseau est parfois trahi par sa mémoire, si un souci d'art lui suggère quelques ornements, si ses dispositions mentales l'entraînent parfois à se montrer injuste pour certains de ses contemporains, il a cependant laissé, sur sa personne, un témoignage honnête et complet.

LE SOLITAIRE (1770-1778)

Rousseau s'installe dans un modeste logement, rue Plâtrière (aujourd'hui rue Jean-Jacques Rousseau). Son humeur est devenue de plus en plus ombrageuse. Il se prétend victime d'une conjuration universelle; à la vérité, il compte de très nombreux ennemis, aussi bien parmi les encyclopédistes athées que parmi les protestants et les catholiques. *Avec une ardeur passionnée, il compose, de 1172 à 1776, trois étranges* Dialogues (intitulés aussi : *Rousseau juge de Jean-Jacques*) où deux personnages prévenus contre lui, mais de bonne foi, confrontent leurs points de vue et finissent par tomber d'accord sur ses vertus. Il fait des efforts désespérés pour gagner l'opinion publique et va jusqu'à distribuer dans la rue des prospectus où il a résumé l'essentiel de sa justification; mais il rencontre plus d'étonnement que de sympathie.

LES RÊVERIES (1776-1778)

Dans sa déception même, Rousseau trouve un motif de se ressaisir. Persuadé qu'il ne peut conjurer le complot tramé contre lui, il décide de n'y plus penser et de vivre désormais pour lui seul. *C'est pour sa satisfaction personnelle que, dans les deux dernières années de sa vie, il compose* Les Rêveries du promeneur solitaire.

Les Rêveries du promeneur solitaire.

Première promenade : résolution d'écrire les Rêveries. Rejeté de la société humaine, Rousseau trouve la paix dans le renoncement ; il retracera les rêveries qui naissent dans son âme au cours de ses promenades solitaires.

Deuxième promenade : l'accident de Ménilmontant. Rousseau, en se promenant, a été renversé par un chien ; il décrit l'étrange joie qu'il connut au réveil de son évanouissement, dans l'oubli de tout ce qui le concernait.

Troisième promenade : méditation morale et religieuse. Rousseau rappelle la réforme matérielle et morale qu'il s'imposa un peu avant sa quarantième année et analyse la genèse de sa Profession de foi du Vicaire savoyard.

Quatrième promenade : méditation sur le mensonge. Rousseau se souvient d'un mensonge qui fut le remords de toute sa vie et en prend occasion pour réfléchir sur le problème de la sincérité.

Cinquième promenade : la vie à l'île Saint-Pierre. Rousseau décrit l'île où il a connu, pendant quelques semaines, le vrai bonheur, c'est-à-dire un état d'extase où il a tiré de son fonds les plus ardentes jouissances.

Sixième promenade : méditation sur la bienfaisance. Rousseau confesse que, porté naturellement à la bienfaisance, il la prend en horreur quand elle devient assujettissement et contrainte.

Septième promenade : considérations sur la botanique. Pour échapper aux idées attristantes, Rousseau se constitue un herbier. Cette occupation lui permet de jouir de la nature et d'échapper aux hommes.

Huitième promenade : considérations sur le bonheur dans l'adversité. Rousseau trouve plus de satisfaction dans son état actuel que dans ses époques de prospérité, car ses ennemis l'ont rendu à lui-même.

Neuvième promenade : sur les enfants. Se croyant attaqué par d'Alembert sur l'abandon de ses enfants, Rousseau proteste de son amour pour l'enfance. Il n'a pas de plus grande joie que de voir autour de lui de jeunes visages contents.

Dixième promenade : dernière pensée à Mme de Warens. Le jour des Rameaux 1778 est le cinquantième anniversaire de sa première rencontre avec Mme de Warens. Cette promenade inachevée évoque le bonheur des Charmettes.

Le 20 mai 1778, Rousseau accepta l'hospitalité de M. et Mme de Girardin, à Ermenonville. Il passa dans leur château des jours paisibles, que la mort interrompit. Il fut enterré sur les lieux mêmes, dans l'île des Peupliers.

II LE GÉNIE DE ROUSSEAU

A Rousseau peint par lui-même

Rousseau est présent dans tous ses écrits; mais il se raconte et se décrit directement dans ses œuvres autobiographiques : *Les Confessions*, les *Dialogues*, les *Rêveries*; et aussi dans sa correspondance. Grâce à ces témoignages, qui se complètent, une personnalité étrange et complexe se découvre à nous.

LES CONTRADICTIONS DU TEMPÉRAMENT

Rousseau apparaît comme un génie magnifiquement pourvu par la nature des dons du cœur et de l'esprit, mais aussi foncièrement inapte à les utiliser en société pour assurer sa fortune et son bonheur.

Les dons naturels. *Rousseau possède « un tempérament très ardent, des passions vives, impétueuses »*; ses émotions procèdent souvent de ses sens, et il se proclame touché fortement par « de beaux sons, un beau ciel, un beau paysage, un beau lac, des fleurs, des parfums, de beaux yeux, un beau regard »; mais elles ont souvent aussi une origine morale, et il signale le plaisir qu'il éprouve à « voir des visages contents »; à l'égard de ses semblables, il témoigne d'une « bienveillance » spontanée, et un instinct le pousse à souffrir pour la vérité, à travailler pour le bien public. *Il a l'imagination aussi vive que la sensibilité*; persuadé qu'« il n'y a rien de si beau que ce qui n'existe pas », il se laisse emporter consciemment par son goût des chimères. *Mais, à l'occasion, il exerce à l'étude du réel un esprit vigoureux et presque universel* : « Je suis né avec quelque talent », a-t-il écrit en plusieurs endroits; quelles dispositions naturelles ne lui a-t-il pas fallu, en effet, alors qu'il fut toujours livré à lui-même ou mal dirigé, pour acquérir une culture immense, et pour mener de front, pendant les périodes les plus fécondes de sa vie, tant d'œuvres diverses!

L'inaptitude à la vie sociale. Rousseau, pourtant, malgré ses facultés éminentes, demeura presque constamment incompris; les dispositions morales qui le condamnèrent à la solitude procèdent en partie de ses dons eux-mêmes. *Sa « vivacité de sentir » le rend sensible à l'excès aux blessures d'amour-propre*; on restait difficilement en bons rapports avec lui; il est incapable de supporter la moindre contrainte extérieure; il possède « un indomptable esprit de liberté que rien n'a pu vaincre »; l'idée d'une obligation quelconque lui est odieuse : « Sitôt que je sens le joug, soit de la nécessité, soit des hommes, je deviens rebelle, ou plutôt rétif »; et il ne se sent vraiment libre que quand il est seul. *Son goût des chimères entraîne une incapacité profonde à accepter la société telle qu'elle est*; il s'est déclaré parfois « dégoûté de tout ce qui l'entourait ». Enfin, *son esprit est moins vif qu'il est profond* : il note dans ses *Confessions* que ses idées sont « lentes à naître, embarrassées »; et s'il était habile à en débrouiller le chaos quand il rédigeait, il n'avait pas le même recours dans la conversation; faute de présence d'esprit, il était lourd et maladroit : « Cette insupportable contrainte m'eût seule dégoûté de la société. »

LES CONTRADICTIONS DE LA CONDUITE

Rousseau accomplit des actes noblement désintéressés et commit des fautes déconcertantes. La nature, en lui, commande de beaux élans; pourtant, il est capable, en société, de commettre les pires lâchetés.

Les élans de l'homme naturel. *Rousseau fut souvent, comme il l'a proclamé en tête de ses* Confessions, « *bon, généreux, sublime* ». Maintes circonstances nous le révèlent hautement estimable : il éprouve une joie sincère à faire le bien; il refuse pensions et sinécures, gagne sa vie en copiant de la musique; il ne manque pas de courage, et, seul parmi les écrivains militants de son siècle, signe tous ses écrits.

Les faiblesses de l'homme social. *Parfois aussi, cependant, il se montre « misérable et vil »*. Que de faiblesses dans sa vie! Il eut l'humilité ou l'orgueil de n'en cacher aucune. Certes, les fautes de sa jeunesse s'expliquent par une éducation négligée, par des fréquentations malsaines. Mais comment justifier, dans son âge mûr, l'abandon des cinq enfants que lui avait donnés Thérèse? Il a tenté de faire apparaître son acte comme raisonnable et sagement médité; mais les justifications qu'il en donne sont difficilement recevables.

LE DRAME DE ROUSSEAU

Cette inaptitude à la vie sociale est aussi à l'origine du drame qui s'est joué dans son âme perpétuellement inquiète du bonheur. Rousseau fit constamment effort pour s'abandonner à ses pensées et à ses rêves; mais il réussit rarement à s'évader de la servitude à laquelle le condamnait la vie parmi les hommes.

Le bonheur de la solitude. *Lorsque Rousseau put être vraiment seul, il fut vraiment heureux, car il jouissait de ses richesses intérieures.* Il connut le bonheur aux Charmettes : « Je ne désirais rien que la continuation d'un état si doux. » En arrivant à l'Ermitage, il s'écrie : « Enfin tous mes vœux sont accomplis »; il se livre sans arrière-pensée à son « délire champêtre ». Dans l'île Saint-Pierre, il s'adonne librement aux plaisirs de la botanique, aux joies de la rêverie.

Les misères de la vie sociale. *Au contraire, Rousseau souffrit jusqu'à la démence de ses contacts avec les hommes.* Ses aventures sur les routes furent souvent amères. Son séjour à Paris fut mêlé de déceptions. Sa vie à l'Ermitage lui fut vite rendue intolérable par un entourage indiscret ou malveillant. Il dut faire front contre des ennemis de plus en plus nombreux, connut l'exil, la vie errante, et finit par concevoir une défiance irraisonnée à l'égard de la société tout entière. Dans les deux dernières années de sa vie seulement, le drame se dénoue : Rousseau renonce à la lutte et trouve la paix dans un isolement farouche, qui ne manque pas de grandeur.

Ainsi, la vie de Rousseau illustre l'opposition qui est au centre de son système entre la bonté primitive de l'homme et les vices de l'état civil. Nous comprendrons mieux le sens profond de ce système si nous avons pu entrer dans la familiarité de l'homme qui l'a conçu.

B Le système philosophique

L'IDÉALISME DE ROUSSEAU

Plutôt qu'un réformateur, Rousseau est un logicien. Ardent à censurer la société de son temps, il s'est moins soucié dans ses œuvres les plus célèbres de tracer un programme concret d'améliorations que de fixer les caractères d'une société idéale. « Commençons par écarter les faits, car ils ne touchent pas à la question », déclare-t-il au début du *Discours sur l'Origine de l'Inégalité*; et il précise que ses considérations sont des « raisonnements hypothétiques et conditionnels plus propres à éclaircir la nature des choses qu'à en montrer la véritable origine ». De même, à propos de l'*Émile*, il avertit : « On croira moins lire un traité d'éducation que les rêveries d'un visionnaire sur l'éducation »; ce qui l'intéresse, c'est « la bonté absolue du projet », non « la facilité de l'exécution »; et il ajoute : « Toutes les applications particulières, n'étant pas essentielles à mon sujet, n'entrent point dans mon ressort. » *Rousseau a donc édifié un système et laissé à d'autres le soin d'examiner, en tenant compte des considérations particulières, quelles modalités d'application pratique conviennent à ses théories.*

L'UNITÉ DU SYSTÈME

« Toutes mes idées se tiennent », a écrit Rousseau. Toutes les thèses qu'il a soutenues se rattachent, en effet, à quelques principes constants.

Supériorité de l'état de nature sur l'état social. *Tout le bien chez l'homme vient de la nature, tout le mal vient de la société.* L'homme était libre : la société l'a rendu esclave; l'homme était vertueux : la société l'a rendu méchant; l'homme était heureux : la société l'a rendu misérable. Le progrès de la civilisation s'accompagne d'une inégalité scandaleuse et d'une corruption dont l'institution du théâtre est peut-être le signe le plus frappant.

Impossibilité de revenir à l'état de nature. *Faut-il donc détruire toute vie sociale? « Conséquence à la manière de mes adversaires », s'écrie Rousseau.* Dans un de ses *Dialogues*, il affirme : « La nature humaine ne rétrograde pas... Jamais on ne remonte vers le temps d'innocence et d'égalité, quand une fois on s'en est éloigné. » Sa pensée n'est donc nullement subversive : « On s'est obstiné à l'accuser de vouloir détruire les sciences, les arts, les théâtres, les académies, et de replonger l'univers dans la première barbarie, et il a toujours insisté au contraire sur la conservation des institutions existantes, soutenant que leur destruction ne ferait qu'ôter les palliatifs en laissant les vices et substituer le brigandage à la corruption. »

Nécessité d'instituer un ordre social proche de l'état de nature. *Du moins peut-on améliorer l'état social en rapprochant de la nature la condition des hommes civilisés.* Compromis d'ailleurs malaisé : « Il y a tant de contradiction entre les lois de la nature et nos lois sociales que, pour les concilier, il faut gauchir et tergiverser sans cesse : il faut employer beaucoup d'art pour empêcher l'homme social d'être tout à fait artificiel. » C'est à cette tâche délicate qu'il a voulu donner ses soins.

LES ASPECTS DU SYSTÈME

Rousseau a appliqué ces principes aux problèmes les plus divers. Son œuvre contient une doctrine politique, une doctrine pédagogique, une morale, une religion, un art de vivre.

Dans l'état de nature, les hommes sont libres et égaux, ou du moins l'inégalité naturelle est peu sensible. *Une bonne constitution sera donc celle qui, dans toute la mesure du possible, garantit la liberté et l'égalité.* Le pacte social confisque la liberté naturelle, mais institue à la place la liberté civile; s'il n'interdit pas toute distinction, il s'impose également à tous les citoyens.

Dans l'état de nature, l'homme suit son instinct. On évitera donc d'élever l'enfant dans le sentiment d'une contrainte. « L'enfant ne doit rien faire par obéissance... Les mots d'obéir et de commander seront proscrits de son dictionnaire, encore plus ceux de devoir et d'obligation. » Il vivra au grand air; son corps et son esprit s'épanouiront librement; son cœur s'éveillera spontanément au bien. On contrôlera seulement le progrès naturel de ses facultés.

Dans l'état de nature, l'homme trouve en lui-même un sentiment de pitié qui le dispose à la bienveillance envers ses semblables. *Suivons les règles que la nature a écrites au fond de nos cœurs en caractères ineffaçables* : « Conscience! conscience! instinct divin, immortelle et céleste voix; guide assuré d'un être ignorant et borné, mais intelligent et libre; juge infaillible du bien et du mal!... »

Dans l'état de nature, l'homme ignore les dogmes d'une religion établie. Ne demandons pas de preuves au raisonnement ni de sacrements à une Église. *Dieu est présent dans la nature* : *découvrons-le*, en contemplant ses merveilles, dans un élan de notre être tout entier. « L'idée de création me confond et passe ma portée : je la crois autant que je puis la concevoir; mais je sais que Dieu a formé l'univers et tout ce qui existe, qu'il a tout fait, tout ordonné. »

Dans l'état de nature, l'homme ne connaît que des plaisirs simples et innocents. Tels sont ceux que Rousseau voulut goûter lui-même dans ses retraites et qu'il souhaita voir se perpétuer à Genève, ville encore heureuse, pour avoir su demeurer fidèle aux vertus primitives. « C'est en plein air, c'est sous le ciel, qu'il faut vous rassembler et vous livrer au doux sentiment de votre bonheur. »

LA VALEUR DU SYSTÈME

Les idées de Rousseau ont soulevé des passions contradictoires. Si l'on veut juger de leur valeur, on doit examiner le postulat fondamental d'où elles découlent : *l'homme est naturellement bon*; *la société le corrompt*. Ainsi procéda l'archevêque Christophe de Beaumont, dans son mandement contre l'*Émile* : « Posons, dit Rousseau, pour maxime incontestable que les premiers mouvements de la nature sont toujours droits : il n'y a point de perversité originelle dans le cœur humain. A ce langage, on ne reconnaît point la doctrine des Saintes Écritures et de l'Église... » De fait, la philosophie de Rousseau, conforme à l'esprit du naturalisme antique, s'oppose à toutes les doctrines qui font apparaître la nécessité de corriger les instincts, et notamment à la doctrine chrétienne, dans la mesure où elle affirme la déchéance de l'homme par le péché originel.

C Le sentiment de la nature

L'amour de Rousseau pour la nature est en harmonie avec ses idées philosophiques. Il étouffe dans l'atmosphère corrompue des villes; il cherche la paix des champs, des forêts, des montagnes. Il y goûte des plaisirs purs, indéfiniment renouvelés : « Je me levais avec le soleil et j'étais heureux; je me promenais et j'étais heureux; je parcourais les bois, les coteaux, j'errais dans les vallées... et le bonheur me suivait partout. »

L'AGRÉMENT DE LA VIE CHAMPÊTRE

Rousseau aime se mêler aux occupations rustiques. Volontiers, il prendrait « le râteau des faneuses et le panier des vendangeuses » ou chanterait avec les villageois dans quelque fête le refrain d'une vieille chanson. Il rêve de joyeux repas en compagnie d'amis éprouvés avec « le gazon pour table et pour chaises »; il garde le souvenir attendri d'une nuit passée à la belle étoile. Il goûte les joies diverses d'une promenade à pied, respire joyeusement l'air de la route, qui ouvre l'appétit. Il se plaît à cueillir des fleurs et trouve à la botanique un charme « qui suffit seul pour rendre la vie heureuse et douce ».

LA BEAUTÉ DES PAYSAGES

Rousseau jouit aussi en artiste des spectacles que la nature offre à ses regards. Il s'émeut d'assister à son éveil, célèbre le charme d'un printemps : « La terre commençait à végéter; on voyait des violettes et des primevères »; ou la splendeur d'une aurore : « La verdure a pris durant la nuit une vigueur nouvelle; le jour naissant qui l'éclaire, les premiers rayons qui la dorent, la montrent couverte d'un brillant réseau de rosée, qui réfléchit à l'œil la lumière et les couleurs. » Parfois, il recherche les sites tourmentés : « Il me faut des torrents, des rochers, des sapins, des bois noirs, des montagnes, des chemins raboteux à monter et à descendre, des précipices à mes côtés qui me fassent bien peur »; mais il goûte aussi une beauté moins farouche : « L'or des genêts et la pourpre des bruyères frappaient mes yeux d'un luxe qui touchait mon cœur; la majesté des arbres qui me couvraient de leur ombre, la délicatesse des arbustes qui m'environnaient, l'étonnante variété des herbes et des fleurs que je foulais sous mes pieds, tenaient mon esprit dans une alternative continuelle d'observation et d'admiration. »

LES JOIES DE L'EXTASE

Ces impressions diverses se prolongent dans la rêverie ou l'extase. Grâce à la magie d'un beau paysage, « on oublie tout, on s'oublie soi-même, on ne sait plus où l'on est ». L'âme, transportée hors du temps, se satisfait du sentiment de sa propre existence, ou bien aspire à une communion avec la nature : « J'aimais à me perdre en imagination dans l'espace; mon cœur, resserré dans les bornes des êtres, s'y trouvait trop à l'étroit, j'étouffais dans l'univers, j'aurais voulu m'élancer dans l'infini. » Ainsi exaltée, elle s'élève « au système universel des choses, à l'Être incompréhensible qui embrasse tout ». *A son plus haut degré d'intensité, le sentiment de la nature atteste la présence de Dieu dans les choses et se confond avec le sentiment religieux.*

Les Charmettes.

L'Ermitage.

Les Charmettes. « *J'engageai maman (Mme de Warens) à vivre à la campagne. Une maison isolée, au penchant d'un vallon, fut notre asile; et c'est là que, dans l'espace de quatre ou cinq ans, j'ai joui d'un siècle de vie et d'un bonheur pur et plein.* » (*Les Rêveries du promeneur solitaire, dixième Promenade*).

L'Ermitage. « ... *ces jours rapides, mais délicieux, que j'ai passés tout entiers avec moi seul, avec ma bonne et simple gouvernante, avec mon chien bien-aimé, ma vieille chatte, avec les oiseaux de la campagne et les biches de la forêt, avec la nature entière et son inconcevable auteur...* » (*Lettre à M. de Malesherbes.*)

D L'art de l'écrivain

Rousseau fut parmi les écrivains de son siècle un des plus attentifs à ordonner ses idées et à polir sa forme. Il avoue, dans *Les Confessions,* les difficultés qu'il éprouvait à composer et à écrire. « Mes manuscrits raturés, barbouillés, mêlés, indéchiffrables, attestent la peine qu'ils m'ont coûtée. » Mais son goût est sûr, son travail fécond; ses corrections sont heureuses. S'il cède parfois à la déclamation, à l'emphase, à l'effusion un peu molle et aux prestiges de la rhétorique, il excelle généralement à adapter son art au caractère de son inspiration.

L'INSPIRATION DE ROUSSEAU

La passion domine l'œuvre de Rousseau; mais tantôt il la contient pour établir une vérité abstraite, tantôt il la discipline pour imposer un paradoxe, tantôt il la domine pour analyser un état ou raconter une scène, tantôt au contraire il l'épanche dans un total abandon.

La réflexion logique. *Rousseau apparaît parfois comme un dialecticien qui moule implacablement sa pensée dans des raisonnements en forme.* Ainsi, dans *Le Contrat social,* il analyse avec sobriété et netteté la nature du pacte; ou encore, il étudie les rapports du gouvernement avec le pouvoir souverain dont il est l'agent. Les *Rêveries* mêmes, dont le mouvement général est assez nonchalant, contiennent, sur le mensonge, des pages très tendues.

Le mouvement polémique. *Souvent, il conduit sa démonstration en polémiste, avec le désir de combattre ou de détruire.* Toute la seconde partie du *Discours sur les Sciences et les Arts* tend à établir, contre l'opinion généralement répandue, la nécessité d'une liaison entre le progrès des lumières et la corruption des mœurs. La *Lettre à d'Alembert* est presque tout entière un réquisitoire méthodique contre le théâtre.

L'analyse psychologique. *Rousseau s'intéresse aux sentiments plus encore qu'aux idées; et il a étudié en psychologue lucide ses propres états d'âme.* Il décrit dans les *Rêveries* les mouvements qui se sont succédé dans sa conscience au réveil d'un évanouissement ou au cours de recherches botaniques; dans *La Nouvelle Héloïse,* il prête souvent à son héros ses propres états d'âme.

L'imagination romanesque. *Il cultive le charme du récit et révèle, même en dehors de* La Nouvelle Héloïse, *ses dons de romancier.* On a appelé son *Émile,* non sans justesse, un « roman de l'éducation »; et ses écrits autobiographiques offrent souvent le genre d'intérêt qui s'attache aux romans.

L'épanchement lyrique. *Rousseau devient un vrai poète quand il s'abandonne à ses rêves.* Poétiques sont les élans d'amour qu'il décrit chez Saint-Preux; les souvenirs sur Mme de Warens ou Mme d'Houdetot qu'il a fixés dans *Les Confessions* ou les *Rêveries*; les effusions de quelques-unes de ses lettres. Beaucoup de ses pages nous séduisent parce que nous y trouvons la saveur particulière aux confidences.

LE STYLE DE ROUSSEAU

Rousseau est avant tout orateur, et son style est presque toujours périodique; mais son éloquence s'assouplit selon les exigences de la pensée ou la nature du sentiment exprimé.

Rigueur. *Le dialecticien excelle à ramasser vigoureusement sa pensée* en définitions (« J'appelle donc gouvernement l'exercice légitime de la puissance exécutive ») ou en sentences (« L'étude d'un vieillard est d'apprendre à mourir »). Son style présente parfois une nudité et une froideur géométriques.

Véhémence. *Le ton s'échauffe souvent dans l'indignation du polémiste.* Ainsi Fabricius, dans le premier *Discours*, clame sa douleur et sa honte devant les désordres de la nouvelle Rome : « Insensés, qu'avez-vous fait ? Vous, les maîtres des nations, vous vous êtes rendus esclaves des hommes frivoles que vous avez vaincus... » Une discrète ironie donne parfois plus de mordant à l'attaque : « Quoi donc! Avant qu'il n'y eût des comédies, n'aimait-on point les gens de bien ? Ne haïssait-on point les méchants ? Et ces sentiments sont-ils plus faibles dans les lieux dépourvus de spectacles ? »

Pénétration. *Le style du psychologue est presque toujours d'une précision aiguë.* Ainsi Rousseau, au livre III des *Confessions*, oppose sa « lenteur de penser » à sa « vivacité de sentir »; décrit dans les *Rêveries* ses impressions au réveil d'un évanouissement : « Il me semblait que je remplissais de ma légère existence tous les objets que j'apercevais »; ou caractérise en formule une disposition d'âme : « La rêverie me délasse et m'amuse; la réflexion me fatigue et m'attriste. »

Fraîcheur. *Le conteur parvient souvent à une simplicité charmante, qui parfois se nuance d'humour :* ainsi dans les lettres de Saint-Preux sur la vie à Clarens; dans tel récit des *Confessions* où est décrite la cueillette des cerises; dans la neuvième promenade des *Rêveries* où est contée l'histoire des petites filles rencontrées au Bois de Boulogne et gentiment invitées à faire tourner la roue du marchand d'oublies.

Poésie. *Enfin, le poète, bien qu'il écrive en prose, recourt pour épancher son cœur aux procédés mêmes de la poésie.* On relève dans son œuvre mainte exclamation lyrique, par exemple, dans les *Rêveries*, à propos de sa vie à l'île Saint-Pierre : « Que ne peut-elle renaître encore! Que ne puis-je aller finir mes jours dans cette île chérie... », ou au souvenir de son amour pour Mme de Warens : « Ah! si j'avais suffi à son cœur comme elle suffisait au mien, quels paisibles et délicieux jours nous eussions coulés ensemble!... », ou, dans l'*Émile*, le mouvement à la gloire de la conscience. Parfois même, Rousseau met dans ses périodes cadencées un nombre et une harmonie qui apparentent sa prose à un poème : « Mais, hélas, vois la rapidité de cet astre qui jamais n'arrête. Il vole, et le temps fuit, l'occasion s'échappe. Ta beauté, ta beauté même aura son terme. Elle doit décliner et périr un jour comme une fleur qui tombe sans avoir été cueillie. » Rousseau est, avec André Chénier, le plus grand poète de son siècle.

E L'influence de Rousseau

ROUSSEAU ET LES MŒURS DE SON TEMPS

Du vivant même de Rousseau, sa gloire et son influence furent considérables. Ses deux *Discours*, ainsi que la *Lettre à d'Alembert*, furent discutés avec passion dans l'opinion éclairée. En condamnant les sciences, les arts, les raffinements de la civilisation, en exaltant la pureté des instincts primitifs, Rousseau prenait position contre Voltaire et les encylopédistes, fervents de la raison et apôtres du progrès; et il était salué comme le chef d'une réaction contre les idées des philosophes.

Ses deux triomphes furent La Nouvelle Héloïse *et l'*Émile. *La Nouvelle Héloïse* eut plus de soixante-dix éditions en quarante ans; des milliers de lecteurs, et surtout de lectrices, versèrent des larmes sur les malheurs de Julie et de Saint-Preux, s'attachèrent aux problèmes moraux que posaient certaines lettres, rêvèrent d'une vie familiale idyllique dans un décor naturel : à bien des mondains corrompus, *La Nouvelle Héloïse* rendait le goût d'une vie simple et d'une pureté perdue. L'*Émile* fit méditer bien des parents, bien des éducateurs; des mères écrivirent à Rousseau pour lui demander des conseils, des directives; quelques enfants furent entièrement élevés selon ses principes; un plus grand nombre servirent de terrain d'expérience, jusque dans la plus haute société, à quelques-unes au moins de ses suggestions : « des reines ont allaité leurs enfants; un grand roi a appris un métier », note avec enthousiasme Bernardin de Saint-Pierre; et Mme de Staël exprime une opinion couramment répandue, lorsqu'elle écrit en 1788 : « Il me semble que l'enfant élevé suivant les principes de Rousseau serait Émile, et qu'on serait heureux d'avoir Émile pour fils. »

ROUSSEAU ET LES INSTITUTIONS RÉVOLUTIONNAIRES

*Rousseau fut, parmi les philosophes du XVIII*e *siècle, celui dont la Révolution s'inspira le plus directement.* Un Montesquieu, un Voltaire avaient bien répandu dans l'opinion l'esprit de liberté; mais Montesquieu demeurait attaché aux prérogatives du Parlement; Voltaire était un bourgeois et ne se souciait guère au fond du bonheur populaire. En proclamant l'égalité avec la liberté, les hommes d'État révolutionnaires sont donc surtout fidèles à l'esprit du *Contrat social*; la plupart d'entre eux, en outre, ont subi l'ascendant de son éloquence chaleureuse et s'en inspirent dans la forme même de leurs discours.

Les principes de Rousseau se retrouvent dans la Déclaration des Droits de l'Homme; et, plus nettement encore, dans les actes des conventionnels. Dès 1789, l'Assemblée Constituante proclame la souveraineté du peuple : les autres philosophes sont vite dépassés, sinon oubliés. Rousseau eût peut-être approuvé le régime d'exception qu'institua Robespierre, et il eût été certainement ému de la grande cérémonie en l'honneur de l'Être Suprême, qui répondait à son idée d'une religion naturelle et à son vœu d'un culte civil. Si la Constituante a reconnu sa dette envers Rousseau en décidant l'érection de sa statue, la Convention lui rendit l'hommage suprême en faisant transporter ses cendres au Panthéon.

ROUSSEAU ET LA LITTÉRATURE ROMANTIQUE

Rousseau a exercé une grande influence sur les écrivains du début du XIXe siècle. Chateaubriand est pénétré de ses œuvres; son héros René présente des analogies avec Saint-Preux, et sa phrase poétique, avec plus de couleur peut-être, mais aussi avec plus d'apprêt et souvent moins de sobriété, rappelle souvent la phrase de Rousseau. Mme de Staël fut, elle aussi, une lectrice fervente de Jean-Jacques, et elle lui consacra un essai enthousiaste.

Le romantisme doit beaucoup aussi à Rousseau. La réaction contre la raison classique, l'exaltation du sentiment et de l'imagination, avaient en l'auteur de *La Nouvelle Héloïse* un répondant illustre; et les poètes ont retrouvé des thèmes lyriques développés déjà dans la prose de Rousseau. Les épanchements de Saint-Preux annoncent les *Méditations*; l'émotion religieuse du vicaire savoyard annonce les *Harmonies*. Plus particulièrement, Rousseau a montré les ressources qu'offre la nature à l'inspiration; il a découvert entre le paysage et l'âme des correspondances qui deviendront familières au lyrisme romantique : l'émotion de Lamartine retrouvant seul le lac du Bourget, où il a connu des moments d'extase avec Julie Charles, rappelle l'émotion de Saint-Preux devant le lac de Genève qui fut le décor de ses amours avec Julie d'Etanges.

ROUSSEAU ET LA CONSCIENCE MODERNE

L'influence de Rousseau déborde le cadre de nos institutions et de notre littérature. Dans toute l'Europe, de grands esprits ont vivifié par leur adhésion et prolongé par leur réflexion personnelle l'œuvre du Genevois. En Allemagne, Gœthe, l'auteur de *Werther*, Schiller, l'auteur des *Brigands*, peuvent compter parmi ses disciples; Kant se souviendra de ses pages sur la conscience, Fichte méditera sa théorie du pouvoir politique, Herder s'inspirera de ses idées sur l'éducation, et le socialiste Lassalle se souviendra de son *Contrat social.* L'écrivain russe Tolstoï a également proclamé sa dette envers Rousseau.

Aujourd'hui, Rousseau demeure proche de nous. Certes, *La Nouvelle Héloïse* ne nous passionne plus comme elle passionnait le public du XVIIIe siècle; l'éloquence des *Discours* nous paraît par endroits déclamatoire. Mais, dans les écrits autobiographiques surtout, bien des pages inspirées conservent du charme et de la jeunesse; et la pensée du philosophe est assez féconde pour nous faire méditer. Un monde commençait vraiment avec Rousseau, que nous trouvons, selon la formule de Lanson, « à l'entrée de toutes les avenues du temps présent ».

OUVRAGES A CONSULTER

J.-J. ROUSSEAU. *Œuvres complètes*, éd. B. Gagnebin, M. Raymond, R. Osmont, J. Scherer, 4 vol., Pléiade, Gallimard. *Œuvres complètes*, éd. M. Launay, 3 vol., L'Intégrale, Seuil. J. GUEHENNO. *Jean-Jacques*, 3 vol., Grasset, 1948-1952. P. BURGELIN. *La Philosophie de l'existence de J.-J. Rousseau*, P.U.F., 1952. J. STAROBINSKI. *J.-J. Rousseau, la transparence et l'obstacle*, Plon, 1957. R. POLIN. *La Politique de la solitude. Essai sur la philosophie politique de Jean-Jacques Rousseau*, éditions Sirey, 1971.

I L'IMMORALITÉ DE MOLIÈRE

Voyez comment, pour multiplier ses plaisanteries, (Molière) trouble tout l'ordre de la société; avec quel scandale il renverse tous les rapports les plus sacrés sur lesquels elle est fondée, comment il tourne en dérision les respectables droits des pères sur leurs enfants, des maris sur leurs femmes, des maîtres sur leurs serviteurs! Il fait rire, il est vrai, et n'en devient que plus coupable, en forçant, par un charme invincible, les sages mêmes de se prêter à des railleries qui devraient attirer leur indignation. J'entends dire qu'il attaque les vices; mais je voudrais bien que l'on comparât ceux qu'il attaque avec ceux qu'il favorise. Quel est le plus blâmable, d'un bourgeois sans esprit et vain qui fait sottement le gentilhomme, ou d'un gentilhomme fripon qui le dupe? Dans la pièce dont je parle, ce dernier n'est-il pas l'honnête homme? N'a-t-il pas pour lui l'intérêt? Et le public n'applaudit-il pas à tous les tours qu'il fait à l'autre? Quel est le plus criminel, d'un paysan assez fou pour épouser une demoiselle, ou d'une femme qui cherche à déshonorer son époux? Que penser d'une pièce où le parterre applaudit à l'infidélité, au mensonge, à l'impudence de celle-ci, et rit de la bêtise du manant puni? C'est un grand vice d'être avare et de prêter à usure; mais n'en est-ce pas un plus grand encore à un fils de voler son père, de lui manquer de respect, de lui faire mille insultants reproches, et, quand ce père irrité lui donne sa malédiction, de répondre d'un air goguenard qu'il n'a que faire de ses dons? Si la plaisanterie est excellente, en est-elle moins punissable? Et la pièce où l'on fait aimer le fils insolent qui l'a faite en est-elle moins une école de mauvaises mœurs?

Lettre à d'Alembert sur les spectacles.

Situation du passage.

Rousseau vient de dénoncer l'immoralité de la tragédie. Il s'attaque maintenant à la comédie. Pour rendre sa démonstration plus forte, il prend comme exemple l'œuvre de Molière, « le plus parfait auteur comique dont les ouvrages nous soient connus ».

Le texte.

Rousseau exprime d'abord son grief sous une forme générale. Pour frapper le lecteur, il emploie des termes violents et manifestement excessifs : Molière *trouble tout l'ordre de la société; il renverse tous les rapports les plus sacrés sur lesquels elle est fondée*. L'injustice du reproche éclate : à ce protégé du monarque, Rousseau prête une intention subversive qui lui était étrangère. Sans doute songe-t-il à des situations précises de son théâtre, mais il les interprète à faux. Peut-on s'indigner si un père ne parvient pas à se faire obéir, lorsqu'il prétend être, comme Argan, Harpagon, M. Jourdain ou Orgon, le tyran de ses enfants? Peut-on se révolter, si une femme trahit son mari, lorsque le mari reconnaît qu'en faisant un mariage absurde il a été l'artisan de sa propre disgrâce? « Tu l'as voulu, George Dandin! » Peut-on blâmer de leur insolence Dorine, Nicole ou Toinette? Elles luttent contre la redoutable manie de leur maître. Molière ne tourne pas *en dérision* de *respectables droits*; il flétrit ceux qui font de ces droits un usage absurde ou criminel. Rousseau va plus loin. Trop fin pour contester le génie comique de Molière, il en fait une circonstance aggravante. Molière *fait rire, il est vrai, et n'en devient que plus coupable*. Molière égare les *sages* grâce à un *charme*, c'est-à-dire un effet trompeur (le terme a ici une valeur péjorative; de même, dans le *Discours sur les Sciences et les Arts*, l'éloquence est appelée « le charme des hommes futiles »); à la faveur d'un malentendu, il s'assure la complicité des personnes vertueuses dans une entreprise de démoralisation. Rousseau sent bien que le paradoxe est un peu fort et prévient une objection; il concède que Molière *attaque les vices*; mais il précise: pas tous les vices, et, notamment, pas les plus condamnables! A cet endroit de la démonstration, la pensée devient trop subtile pour se passer de justifications particulières. Trois comédies vont être évoquées successivement à titre d'exemples. D'abord *Le Bourgeois gentilhomme*. M. Jourdain est un homme *sans esprit et vain*, mais Dorante, *qui le dupe*, est un *fripon*; or la friponnerie n'est-elle pas plus scandaleuse que la sottise? Le raisonnement est spécieux, mais sophistiqué. Rousseau laisse d'ailleurs percer la mauvaise foi, peut-être inconsciente, du polémiste, en demandant si, dans la pièce, le fripon ne passe pas pour *l'honnête homme*. Il joue sur les mots, en somme. De l'honnête homme, au sens du XVIIe siècle, Dorante a l'aisance mondaine, l'élégance, l'esprit de conversation; mais Molière ne nous donne pas le change sur l'immoralité de ses procédés. A vrai dire, ce n'est pas à lui, mais à sa victime, que va l'attention du public : on n'*applaudit* pas à son indélicatesse; on rit de la confusion où ses *tours* plongent le bourgeois gentilhomme. Celui-ci, d'ailleurs, n'est pas seulement un sot, mais un mauvais mari et un mauvais père; vaut-il mieux que Dorante?

Le second exemple est emprunté à *George Dandin*. Le raisonnement de Rousseau, analogue au précédent, appelle une réfutation analogue. Certes, on *rit de la bêtise du manant puni;* mais n'applaudit-on pas *à l'infidélité, au mensonge, à l'impudence* de sa femme? Elle n'est que l'instrument de sa punition. Voulons-nous, pourtant, nous attacher à ce personnage? Angélique Dandin, née de Sottenville, est franche, ment antipathique; et ses parents, qui se font ses complices, apparaissent odieux.

Enfin, le dernier exemple, le plus scandaleux sans doute aux yeux de Rousseau, est celui de *L'Avare*. Rousseau accorde qu'Harpagon prête *à usure*, mais s'abstient de rappeler que son égoïsme révoltant menace l'avenir de ses enfants. Le fils *manque de respect* au père; mais le père est-il si respectable? Il lui adresse *mille insultants reproches*; mais ces reproches ne sont-ils pas fondés? On croirait presque, un moment, que Rousseau va sympathiser avec *ce père irrité* : oublie-t-il qu'Harpagon, tout au long de la pièce, se montre, non seulement ridicule, mais profondément méprisable? Le fils d'Harpagon semble avoir répondu par avance à Rousseau et retourné son argumentation, lorsque, mettant en parallèle sa conduite et celle de son père, il s'écriait : « Qui est plus criminel, à votre avis, ou celui qui achète un argent dont il a besoin, ou bien celui qui vole un argent dont il n'a que faire? » Le tour est presque le même dans les deux textes; et l'on est tenté de donner raison à Cléante, à la fois contre Harpagon et contre Rousseau. Du reste, Stendhal a vu juste en notant, à propos de *L'Avare* : « Un tel père méritait un tel fils »; cette simple proposition détruit tout l'échafaudage que tente de bâtir Rousseau.

Conclusion.

Dans ce passage, Rousseau plaide avec sincérité une mauvaise cause. Nous ne pouvons plus guère souscrire aujourd'hui à la sévérité de son jugement à l'égard de Molière. En réalité, toute l'argumentation repose sur un malentendu. Molière se place au point de vue social et peint l'homme dans ses relations avec ses semblables; Rousseau se place au point de vue moral et juge toutes les actions humaines au nom de principes absolus.

Pourtant la faiblesse même de sa position lui permet de mettre en valeur ses talents de polémiste. Rousseau entraîne le lecteur par l'apparente rigueur du raisonnement et par la véhémence de la forme. Les questions se succèdent, se pressent, comme pour entamer progressivement les résistances possibles et pour enlever de vive force une adhésion sans réserve.

II *ROUSSEAU A L'ILE SAINT-PIERRE*

Quand le soir approchait, je descendais des cimes de l'île, et j'allais volontiers m'asseoir au bord du lac, sur la grève, dans quelque asile caché; là, le bruit des vagues et l'agitation de l'eau, fixant mes sens et chassant de mon âme toute autre agitation, la plongeaient dans une rêverie délicieuse, où la nuit me surprenait souvent sans que je m'en fusse aperçu. Le flux et le reflux de cette eau, son bruit continu, mais renflé par intervalles, frappant sans relâche mon oreille et mes yeux, suppléaient aux mouvements internes que la rêverie éteignait en moi, et suffisaient pour me faire sentir avec plaisir mon existence sans prendre la peine de penser. De temps à autre naissait quelque faible et courte réflexion sur l'instabilité des choses de ce monde, dont la surface des eaux m'offrait l'image; mais bientôt ces impressions légères s'effaçaient dans l'uniformité du mouvement continu qui me berçait, et, qui, sans aucun concours actif de mon âme, ne laissait pas de m'attacher, au point qu'appelé par l'heure et par le signal convenu, je ne pouvais m'arracher de là sans efforts.

Rêveries, cinquième Promenade.

Situation du passage.

Dans la cinquième promenade de ses *Rêveries*, Rousseau cherche à donner l'idée du bonheur qu'il connut à l'île Saint-Pierre, en décrivant la vie qu'il y menait. Quand l'eau était calme, il naviguait sur le lac; quand le lac agité ne permettait pas la navigation, il herborisait dans l'île; puis, le soir, il redescendait au bord de l'eau et se laissait aller à une rêverie dont il analyse la genèse et les aspects.

Le texte.

La rêverie a charmé la promenade de l'après-midi; avec le soir, elle va se prolonger, mais dans le repos. Une entière solitude est nécessaire, et le désir de Rousseau est rendu sensible par le mouvement de la phrase, qui se termine par trois indications de lieu, de plus en plus limitées : *au bord du lac, sur la grève, dans quelque asile caché.* Le mot *asile* rappelle la valeur particulière que prend pour Rousseau la solitude, à partir du moment où, croyant être haï des hommes, il cherche à se soustraire à leur persécution.

La solitude suffirait à la rêverie, puisque Rousseau écrira un peu plus loin : « J'ai souvent pensé qu'à la Bastille et même dans un cachot où nul objet n'eût frappé ma vue, j'aurais encore pu rêver agréablement. » La rêverie est favorisée, cependant, par un certain concours des objets environnants, et naît souvent d'impressions sensibles. Ici c'est *le bruit des vagues et l'agitation de l'eau* qui agissent sur les sens du promeneur et qui, en les fixant, libèrent l'âme *de toute autre agitation*, c'est-à-dire de ses passions et de ses idées attristantes. La pensée s'arrête sur le mot *délicieuse*, qui, placé à la fin d'un groupe rythmique et particulièrement sonore, donne la note dominante de cette phrase. Ainsi, Rousseau s'abandonne pleinement aux impressions de ses sens, et il parvient jusqu'à l'extase.

La nuit le *surprenait* : ce verbe concourt avec la proposition suivante, *sans que je m'en fusse aperçu*, à définir cet état de détachement parfait.

Puis Rousseau précise la nature de l'effet que produisent en lui le bruit et le mouvement de l'eau. Cet effet naît de l'uniformité (*continu, sans relâche*) au sein du changement (*le flux et le reflux, renflé par intervalles*) : les sens (*mon oreille et mes yeux*) sont toujours à la fois intéressés par un mouvement et fixés par une constance. Ainsi l'âme tout entière s'absorbe dans une contemplation d'ordre sensible : *les mou-*

vements internes sont les pensées et les sentiments étrangers aux impressions immédiates qu'éveille l'eau; et le verbe *éteignait* fait image par le sens autant que par la sonorité. Comme après l'accident de Ménilmontant, décrit dans la seconde promenade, Rousseau vit d'une vie délivrée, simple et élémentaire, qui se résout dans le sentiment pur de l'existence : ces impressions *suffisaient pour* lui *faire sentir avec plaisir* son *existence sans prendre la peine de penser*. Chaque fois que Rousseau décrit cette expérience privilégiée d'un retour à la sensation pure de la vie, sa phrase revêt un charme plus intense qu'à l'ordinaire; ici c'est le mouvement de l'eau qu'il évoque, par une cadence berceuse, ample et nonchalante; et par des sonorités sourdes, où dominent les *f* et les *l* : *le flux et le reflux de cette eau, son bruit continu, mais renflé par intervalles/frappant sans relâche/mon oreille et mes yeux...*

Au début de la dernière phrase, longue et légère, l'extase semble un moment rompue : *de temps à autre naissait quelque faible et courte réflexion*. La place et le choix du verbe *naissait* souligne le caractère fortuit et involontaire d'une prise de conscience suggérée par les sens eux-mêmes, grâce à une correspondance naturelle entre la vue du lac et l'idée de *l'instabilité des choses de ce monde dont la surface des eaux lui offrait l'image*. Cette réflexion, pourtant, s'évanouit aussi rapidement qu'elle est née : *bientôt ces impressions légères s'effaçaient*. Nous revenons à l'évocation de l'extase, dont les causes sont rappelées par les mots *uniformité*, *continu*, *qui me berçait*, et dont le pouvoir est souligné par le verbe *attacher*. Dans la dernière proposition enfin, l'enchantement est défini avec une force particulière : *Je ne pouvais m'arracher de là sans efforts*.

Conclusion.

Rousseau nous fait entrer dans l'intimité d'une expérience qui fut le grand charme de toute sa vie : comprendre ce que fut pour lui la rêverie, c'est avoir la clef de son âme. Il remonte aux sources de la conscience, qu'il identifie un moment à la sensation pure : ainsi se sent-il libéré envers le reste du monde. Le style atteint, dans ces pages de confidences, à un rare pouvoir de suggestion poétique : la phrase, toujours ample et oratoire, toujours robuste et cadencée, devient une harmonieuse musique, qui, née dans les profondeurs de l'être, éveille des résonances dans nos sens et nos âmes.

SUJETS DE COMPOSITION FRANÇAISE

1 Commentez et discutez cette opinion de Rousseau : « Le pays des chimères est en ce monde le seul digne d'être habité. »

2 Vous supposerez que le secrétaire de l'Académie de Dijon écrit à J.-J. Rousseau en 1755. Il rend hommage au lauréat de 1750 pour les mérites de son nouveau travail et lui expose avec franchise et courtoisie les raisons pour lesquelles la compagnie n'a pas jugé à propos de lui décerner une seconde fois son prix.

3 Après son installation à l'Ermitage, Rousseau écrit à Diderot pour lui confier ses impressions, lui décrire sa vie, lui exposer ses projets.

4 D'Alembert répond à la *Lettre sur les spectacles*.

5 Lamartine, dans son *Cours familier de Littérature*, écrit à propos de *La Nouvelle Héloïse* : « Ce fut une ivresse qui dura un demi-siècle, mais qui ne laisse, maintenant qu'elle est dissipée, que des pages froides dans des esprits vides. » Quelles réflexions vous suggère ce jugement ?

6 Une correspondante de Rousseau lui écrivait à propos de l'*Émile* : « J'ai lu votre roman de l'éducation; je l'appelle ainsi parce qu'il apparaît impossible de réaliser votre méthode; mais il y a beaucoup à apprendre, à méditer et à profiter. » Vous illustrerez les divers aspects de ce jugement nuancé.

7 Commenter ces indications de M. René Jasinski sur les *Rêveries d'un promeneur solitaire* : « Elles offrent les derniers soliloques d'une âme définitivement isolée et meurtrie, mais qui cherche à se connaître, à se reprendre, et savoure, avec ses dernières joies devant la nature, l'émotion de lointains souvenirs. »

8 « Les lecteurs français habitués à l'air factice d'une atmosphère de salon, ces lecteurs urbains, comme il les appelle, s'étonnèrent, tout ravis de sentir arriver du côté des Alpes ces bonnes et fraîches haleines des montagnes qui venaient raviver une littérature aussi distinguée que desséchée. » En vous appuyant sur cette phrase de Sainte-Beuve, vous ferez apparaître quels pouvaient être le charme et la nouveauté des écrits de Rousseau pour les lecteurs de son temps.

9 Commenter ces réflexions de Bernardin de Saint-Pierre : « La philosophie de Voltaire est celle des gens heureux... Rousseau est le philosophe des malheureux : il plaide leur cause, et pleure avec eux. Le premier ne vous présente souvent que des fêtes, des théâtres, de petits soupers, des bouquets aux belles, des odes aux rois victorieux; toujours enjoué, il abat en riant les principes de la morale, et jette des fleurs jusque sur les maux des nations; le second, toujours sérieux, gronde sans cesse contre nos vains plaisirs, et ne voit dans les mœurs de notre bonne compagnie que les causes prochaines de notre ruine. Cependant, après avoir lu leurs ouvrages, nous éprouvons bien souvent que la gaieté de l'un nous attriste, et que la tristesse de l'autre nous console. »

10 Qu'y a-t-il par avance de romantique dans la personnalité et dans l'œuvre de J.-J. Rousseau ?

CHAPITRE VI

André Chénier. (B. N. Est.)

Les Genres littéraires à la fin du XVIIIe siècle

L'histoire du roman à la fin du XVIIIe siècle est dominée par l'influence de Rousseau : Bernardin de Saint-Pierre, son disciple, exalte, comme l'auteur de La Nouvelle Héloïse, *le bonheur calme et honnête d'une vie conforme à la nature.*
Pendant la même période, le théâtre garde toute sa vogue; la production est très abondante, mais de qualité médiocre; seul Beaumarchais affirme, dans la satire des mœurs, une vigoureuse originalité.
Les mémorialistes, fort nombreux, apportent des témoignages variés sur la société comme sur les événements du temps; et la Révolution enrichit notre littérature de deux genres nouveaux : l'éloquence et le journalisme politiques.
Enfin, en ces temps où la prose a envahi tous les domaines et où la poésie n'est plus que l'élégante distraction d'esprits désœuvrés, André Chénier retrempe le vers desséché des pseudo-classiques aux sources vives de l'Antiquité.

ROMAN	**1787**	Bernardin de Saint-Pierre : *Paul et Virginie.*
THÉATRE	**1775**	Beaumarchais : *Le Barbier de Séville.*
	1784	Beaumarchais : *Le Mariage de Figaro.*
POÉSIE	**1785**	André Chénier : premières *Idylles*; premières *Élégies.*
	1794	André Chénier : *Iambes.*

I LE ROMAN

A Bernardin de Saint-Pierre (1737-1814)

Jacques-Henri-Bernardin de Saint-Pierre, né au Havre, se fixe dès son adolescence un idéal de vie heureuse et vertueuse dans un cadre naturel. Ses études achevées, il devient ingénieur, mais rêve de fonder quelque part une république selon ses vœux : hanté par ce rêve, il entreprend un grand voyage en 1761; puis, en 1768, embarque à destination de Madagascar et séjourne plus de deux ans à l'île de France, d'où il rapporte des visions enchantées. En 1772, il fait la connaissance de Rousseau et noue avec lui une amitié féconde : tous deux communient dans l'amour de la nature et la haine de la société. Encouragé par son ami, il entame, en 1773, le grand ouvrage de sa vie, les *Études de la Nature* : les trois premiers volumes paraissent en 1784; le quatrième en 1787. Sous la Révolution, il est nommé intendant du Jardin des Plantes, professeur de morale à l'École Normale Supérieure et, en 1795, membre de l'Institut. Il survit par son récit *Paul et Virginie* (1787), qui constitue le quatrième et dernier volume de ses *Études de la Nature.*

LES ÉTUDES DE LA NATURE

Dans les *Études de la Nature*, Bernardin de Saint-Pierre veut faire apparaître l'infinie sollicitude de la Providence et prouver que tout dans l'univers a été ordonné pour la commodité de l'homme. Le besoin de croire était si vif à la fin du siècle que ses raisonnements souvent naïfs furent accueillis avec enthousiasme. L'œuvre, dans son ensemble, a beaucoup vieilli.

PAUL ET VIRGINIE

Bernardin de Saint-Pierre écrivit *Paul et Virginie* pour illustrer les théories qu'il avait exposées dans les trois premiers volumes des *Études de la Nature* : « Ce petit ouvrage n'est qu'un délassement de mes *Études de la Nature* et l'application que j'ai faite de ses lois au bonheur de deux familles malheureuses. »

Images du bonheur. Un vieux missionnaire raconte l'histoire de deux familles françaises, qui ont jadis habité deux cabanes dans l'île de France ; dans l'une vivaient une jeune veuve, Mme de la Tour, et sa fille Virginie ; dans l'autre, une Bretonne, Marguerite, et son fils Paul. Paul et Virginie ne se sont jamais quittés et vivent comme frère et sœur ; ils sont purs, ignorants et charmants. Les deux familles pratiquent spontanément la vertu et sont profondément heureuses. Paul a ordonné avec goût un site naturel et y a planté des arbres fruitiers ; Virginie se plaît au bord d'une fontaine et y nourrit des oiseaux de mer. A quinze ans, elle s'éveille à l'amour ; mais elle doit quitter l'île, appelée en France par une tante. En se séparant, les jeunes gens se font de tendres aveux.

Images du malheur. Paul, désespéré, cherche dans l'étude un dérivatif. Au bout d'un an et demi, arrive une lettre ; Virginie n'est pas heureuse, bien qu'elle soit au sein des richesses. Paul, de son côté, est envahi par la tristesse. Cependant, Virginie, que sa tante a déshéritée, annonce son retour, mais le vaisseau qui la ramène est englouti par une tempête en entrant dans le port, et elle meurt, malgré une héroïque tentative de Paul pour la sauver. Retiré des flots sans connaissance, Paul se rétablit, mais il est inconsolable et meurt deux mois après Virginie. Marguerite, Mme de la Tour et la détestable tante ne leur survivent guère. Paul et Virginie ont été ensevelis côte à côte ; leurs mères et leurs serviteurs reposent auprès d'eux ; et les deux cabanes ruinées n'ont pas été relevées.

Paul et Virginie.
Le passage du torrent.
Gravure de Girodet.

Paul et Virginie.
Virginie dit adieu à Paul.
Gravure de Moreau le Jeune.

L'INTÉRÊT DE PAUL ET VIRGINIE

On serait injuste envers l'auteur de *Paul et Virginie* si l'on insistait sur la sensiblerie démodée du roman, sur la pauvreté d'une invention commandée par un souci didactique, sur la lourdeur des discours édifiants dont s'encombre la deuxième partie du récit. En réalité, l'œuvre, qui conserve du charme, assure à Bernardin de Saint-Pierre une place dans l'histoire littéraire entre Jean-Jacques Rousseau, que sa pensée prolonge, et Chateaubriand, qu'annonce son art.

La peinture de l'innocence. *Bernardin de Saint-Pierre a composé* Paul et Virginie *sous l'influence de Rousseau;* comme son ami et maître, il professe un optimisme foncier, tout en constatant l'existence du mal sur la terre. *Son roman, par l'intention, peut être rapproché de* La Nouvelle Héloïse. « L'homme naît bon », écrit, après Rousseau, Bernardin de Saint-Pierre; et il montre quelles conséquences fâcheuses peut entraîner le départ d'une fille de la nature pour un pays civilisé. Plus purs que Saint-Preux et Julie, Paul et Virginie n'ont jamais été effleurés par des tentations malsaines, et leur ignorance même les préserve; l'amour de leurs quinze ans est aussi innocent que la tendresse de leur enfance. En combinant ses souvenirs de voyage et ses rêves, Bernardin de Saint-Pierre donne à ses lecteurs le spectacle de cette société primitive que Rousseau avait conçue seulement comme un mythe : c'est un aspect de son originalité.

La peinture des paysages exotiques. *En même temps, ce roman révèle au public des contrées qu'il ne connaissait pas et contribue à répandre le goût de l'exotisme dans notre littérature.* L'auteur avait conscience de la nouveauté de son dessein : « J'ai tâché de peindre un sol et des végétaux différents de ceux d'Europe. » Il peint, en effet, une nature inconnue, avec une précision pittoresque que l'on ne trouve pas chez Rousseau. Il note l'ondoiement d'une vague, la forme d'un nuage, le sifflement du vent. Pour décrire la beauté luxuriante de la flore tropicale, il choisit des adjectifs évocateurs, cherche la nuance de couleur exacte, du corail au vermillon, du jaune d'œuf au jaune citron; il emprunte aux savants des noms d'arbres, qu'il groupe avec un sûr instinct de l'harmonie : « (Paul) avait planté des pépins et des noyaux de badamiers, de manguiers, d'avocats, de goyaviers, de jacqs et de jamroses. » Chateaubriand a pu puiser dans les peintures vivantes de Bernardin de Saint-Pierre la curiosité des pays exotiques et le sens de la description suggestive.

AUTRES ROMANS IDYLLIQUES

D'autres romanciers, contemporains de Bernardin de Saint-Pierre, ont, comme lui, décrit une nature idyllique et conté des aventures touchantes. **Berquin** (1749-1791), qui s'adresse surtout aux enfants, plaît aux âmes sensibles par des récits d'une grâce naïve. **Florian** (1755-1794), qui fut aussi poète, fabuliste et auteur dramatique, compose une pastorale romanesque, publiée la même année que *Paul et Virginie* : *Estelle et Némorin*; c'est également une fraîche histoire d'amour, où la tendresse se mêle à l'ingénuité.

B Restif de La Bretonne (1734-1806)

Nicolas Restif de la Bretonne, fils d'un laboureur bourguignon, fréquenta des sociétés débauchées; il étala son expérience humaine dans des romans qui sont dépourvus d'équilibre et de style, mais non de génie. Ce « Rousseau du ruisseau » s'indigne parfois des turpitudes qu'il décrit, et rêve d'une République vertueuse et égalitaire; ainsi, dans *Le Paysan perverti ou les dangers de la ville* (1775), il interrompt son récit pour prêcher l'évangile de Jean-Jacques : « O mes enfants! restons dans nos hameaux et ne cherchons point à sortir de l'heureuse ignorance des plaisirs des grandes cités! » Lorsqu'il se borne à conter, il se révèle bon observateur et bon peintre de mœurs, soit qu'il compose son autobiographie (*Monsieur Nicolas*), soit qu'il décrive avec fraîcheur les mœurs campagnardes (*La Vie de mon Père*), soit encore qu'il restitue avec précision l'atmosphère de la vie parisienne (*Les Contemporaines*). Après Diderot, Restif contribue à engager le roman dans la voie d'une évocation pittoresque de la réalité.

C Choderlos de Laclos (1741-1803)

Pierre Choderlos de Laclos, né à Amiens, fit une brillante carrière militaire. Il composa des poésies, des ouvrages de stratégie, un traité sur l'éducation des femmes; mais il doit sa célébrité à ses *Liaisons dangereuses*, parues en 1782 avec le sous-titre : « Lettres recueillies dans une société et publiées pour l'instruction de quelques autres. »

La peinture du vice. *Laclos prétend faire œuvre de moraliste en peignant sans ménagement la perversion de l'âme et la dépravation du cœur chez les gens du monde.* Entreprise périlleuse, car il montre des personnages cyniques et lucides, qui font le mal par vice profond et pour ainsi dire par système. Sa sincérité pourtant semble réelle; s'il éclaire les bas-fonds de la conscience, il cherche à dégager une leçon, et achève son roman par des réflexions d'une austérité rigoureuse : « Qui pourrait ne pas frémir en songeant aux malheurs que peut causer une seule liaison dangereuse! et quelles peines ne s'éviterait-on point en y réfléchissant davantage! »

La peinture des âmes. *Le principal attrait de son roman est d'ordre psychologique.* Laclos étudie toute une société avec une froideur impassible; il représente avec la même vérité les corrupteurs et les victimes. Valmont, le machiavélique séducteur, et Mme de Merteuil, sa criminelle inspiratrice, ne nous laissent rien ignorer d'eux-mêmes dans leurs révoltantes confidences, et sont habiles à nous révéler aussi, en les perçant à jour, les pensées de ceux dont ils se jouent. Quant au style, il s'adapte avec souplesse à chaque personnage : les lettres de l'ingénue Cécile Volanges sont rédigées avec une gaucherie voulue; celles des deux protagonistes ont cette sécheresse précise qui permet à l'analyse de dénombrer sans pitié les mobiles secrets de l'âme.

II LE THÉATRE. BEAUMARCHAIS

Beaumarchais, doué d'une vitalité peu commune, mena de front les affaires et la littérature, au cours d'une carrière fertile en intrigues et en procès. La représentation du Barbier de Séville, *en 1775, puis celle du* Mariage de Figaro, *en 1784, encadrent la période la plus brillante de son activité. Dans ces deux comédies, il a combiné des intrigues d'une rare ingéniosité et donné à la satire des institutions et des mœurs, grâce à un esprit endiablé, une virulence jamais encore atteinte.*

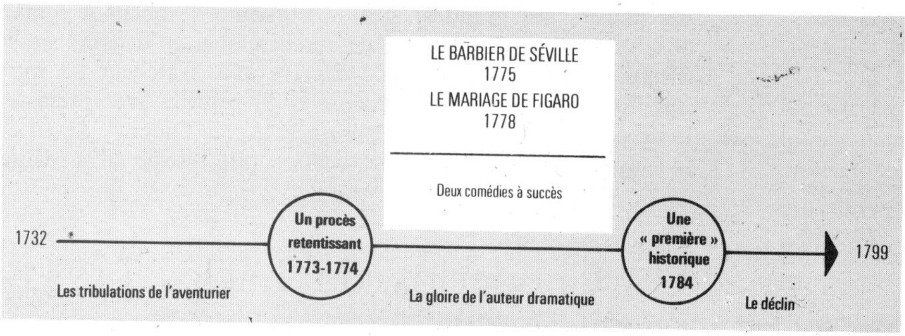

A La carrière de Beaumarchais

LES TRIBULATIONS DE L'AVENTURIER (1732-1774)

Septième enfant d'un horloger de la rue Saint-Denis, Beaumarchais commence par faire l'apprentissage du métier paternel. Il réussit de bonne heure à s'introduire à la Cour; il est successivement contrôleur de la Maison du Roi à Versailles, maître de harpe des filles de Louis XV, négociant, puis, grâce à ses relations avec Pâris-Duverney, financier. Il se marie à deux reprises; il est deux fois veuf. Il voyage, fréquente les salons, anime la Société du Temple. Entre-temps, il se cultive, lit Richardson, nos grands écrivains du XVIe et du XVIIe siècle, ainsi que leurs maîtres antiques. Une vocation le pousse vers le théâtre : la mode est aux spectacles larmoyants et il se réclame de Diderot. Dans son *Essai sur le genre dramatique sérieux* (1767), il révèle un souci d'édification et d'attendrissement, et il témoigne une hostilité résolue au théâtre classique. Ses deux premières pièces illustrent ces idées : dans *Eugénie* (1767), il développe hardiment des thèses féministes; dans *Les Deux Amis* (1770), il évoque la question d'argent et étudie la condition du négociant. Cependant, Beaumarchais se signalait surtout au public par une suite de procès scandaleux : poursuivi pour faux par le comte de la Blache, héritier de Pâris-Duverney, il est justifié par un premier jugement, mais condamné en appel sur rapport du conseiller Goëzman. Il publie contre ce dernier quatre *Mémoires* pleins de mauvaise foi, mais aussi de gaieté et de véhémence. A la suite de cette affaire, Beaumarchais est déchu de ses droits civiques, mais il a conquis la célébrité.

LA GLOIRE DE L'AUTEUR COMIQUE (1775-1784)

Le Barbier de Séville devait ajouter à la popularité du pamphlétaire la gloire de l'auteur comique. La pièce, longtemps interdite à cause des démêlés judiciaires de son auteur, fut triomphalement accueillie dans sa version définitive en quatre actes (février 1775). *Le Mariage de Figaro*, qui est la suite du *Barbier de Séville*, fut entrepris dès 1775, achevé en 1778, censuré pendant six ans. La première représentation, le 27 avril 1784, fut mémorable : comme pour *Tartuffe*, la curiosité du public était avivée par l'attente, et le succès fut éclatant.
Cependant tout réussit à Beaumarchais : il est utilisé par le gouvernement comme agent secret, réintégré dans ses droits civiques; il négocie un fructueux trafic d'armes, triomphe dans l'affaire La Blache, s'assure enfin une autorité considérable à la tête de la Société des Auteurs dramatiques, qu'il a fondée.

Le Barbier de Séville.

Le comte Almaviva a quitté Madrid pour retrouver à Séville une jeune orpheline que son vieux tuteur, Bartholo, séquestre avec l'intention de l'épouser. Il chante à l'aube sous ses fenêtres, quand apparaît son ancien valet, Figaro, présentement barbier et prêt à mettre son esprit industrieux au service des amours du comte (acte I). De connivence avec Figaro et Rosine, le comte se présente chez Bartholo en cavalier et demande à être logé ; mais la jalousie du vieillard déjoue la ruse (acte II). Le comte se travestit en bachelier, élève du maître à chanter de Rosine, Bazile, indisposé, paraît-il. Bazile arrive inopinément : une bourse le convainc qu'il a la fièvre et doit se coucher ; mais Bartholo a surpris des propos non équivoques des jeunes gens (acte III). Il persuade Rosine que son galant la trompe : dans son dépit, Rosine dévoile le projet d'enlèvement du comte. Mais Figaro et le comte entrent par la fenêtre : les amoureux se réconcilient et signent le contrat que le barbon avait préparé pour son propre mariage. La précaution de Bartholo n'a pu empêcher le triomphe de l'amour (acte IV).

Le Mariage de Figaro.

Trois ans ont passé. Figaro est sur le point d'épouser la camériste de la comtesse, Suzanne, mais son projet risque d'être contrecarré par Marceline, à qui il avait promis le mariage, et par le volage Almaviva, qui courtise sa fiancée et délaisse la comtesse, tout en étant jaloux du page Chérubin (acte I). Le maître et le valet engagent une lutte sourde, mais âpre. Figaro berne le comte en lui donnant à croire, par un billet, qu'un galant cherche à voir la comtesse (acte II). Le comte riposte et, grâce à la complicité du juge Bridoison, condamne Figaro à épouser Marceline ; mais brusquement celle-ci découvre en Figaro un fils qu'elle eut jadis de Bartholo (acte III). Pendant qu'on fête les préparatifs de son mariage, Suzanne fixe un rendez-vous au comte (acte IV). Figaro, mis au courant, se croit trompé : mais Suzanne le tire d'erreur et il se jette à ses pieds. Le comte qui le croit aux pieds de sa femme appelle ses vassaux pour être témoins ; mais, à la lumière des flambeaux, il reconnaît la camériste sous les habits de la comtesse ; confondu, il consent au mariage de Figaro (acte V).

LE DÉCLIN (1784-1799)

La verve de Beaumarchais s'épuise. Sa dernière pièce, *La Mère coupable* (1792), marque un retour aux formules du drame bourgeois, larmoyant et moralisateur; elle contient un caractère vigoureusement dessiné, celui de Bégearss, nouveau Tartuffe; mais elle déçoit en représentant affadis et vieillis les personnages des deux comédies précédentes. Il compose enfin un livret d'opéra, *Tarare*, dont le succès est médiocre. Cependant la Révolution, qu'il avait contribué à préparer dans l'opinion, voit en lui un suspect. Sous la Convention, il doit se réfugier à Hambourg. Il revient en France en 1796, mais les dernières années de sa vie, sous le Directoire, sont peu prospères.

B L'originalité de Beaumarchais

Les grands titres de gloire de Beaumarchais sont, avec ses *Mémoires contre Goëzman*, *Le Barbier de Séville* et *Le Mariage de Figaro*. Ces comédies furent en leur temps des dates historiques, par l'âpreté de la satire; elles restent aujourd'hui des dates littéraires, grâce à la verve comique de leur auteur.

LE GÉNIE SATIRIQUE

Le succès considérable des deux comédies de Beaumarchais eut pour raison principale leur actualité aiguë. Il y avait déjà dans *Le Barbier de Séville* de quoi intéresser une opinion publique où la fermentation était vive. Beaumarchais avait placé dans la bouche de Figaro des déclarations assez insolentes à l'égard des puissants : « Aux vertus qu'on exige d'un domestique, votre Excellence connaît-elle beaucoup de maîtres qui fussent dignes d'être valets ? » Mais la satire se fait plus virulente dans *Le Mariage de Figaro*; le terrible monologue de Figaro à l'acte V annonce l'assaut prochain contre la noblesse; et la victoire finale du couple de valets préfigure la victoire du Tiers État.

Ainsi s'explique l'importance historique des comédies de Beaumarchais. Leur auteur a contribué à entretenir l'effervescence dans la bourgeoisie et dans le peuple. Sans doute trouvait-il un public déjà préparé à entendre ses leçons, et *Le Mariage de Figaro* n'est-il pas à proprement parler un acte politique; mais si l'on tient compte des circonstances qui ont accompagné sa genèse et sa publication, on doit y voir le document littéraire le plus significatif sur l'état de l'opinion française à la veille de 1789.

LE GÉNIE COMIQUE

Beaumarchais, en outre, possède un sens profond du comique et marque fortement ses pièces de sa personnalité. Sans doute prend-il son bien où il le trouve : le sujet du *Barbier* n'est certes pas neuf et a déjà été immortalisé dans *L'École des Femmes*. *Le Mariage de Figaro* contient des situations empruntées à Sedaine ou à l'obscur Rochon de Chabannes. Sans doute encore utilise-t-il des procédés qui font songer à Molière, à Regnard ou à la comédie italienne. Il convient toutefois de ne pas exagérer ces dettes. L'habileté que déploie Beaumarchais à nouer et à dénouer les fils d'une intrigue rappelle, plus encore que la technique du théâtre italien, la diplomatie dont il fit preuve dans de délicates négociations. Sa peinture des mœurs et des caractères rejoint la tradition de Molière, mais les chemins empruntés sont nouveaux et l'observation est neuve, car la société à la fin du XVIIIe siècle ne ressemble pas à la société sous Louis XIV. Enfin, la gaieté et le mouvement de son théâtre lui appartiennent en propre : alors que Regnard force le rire par les moyens traditionnels de la farce, Beaumarchais l'entretient par le jaillissement continuel de son esprit.

La manière de Beaumarchais lui est si personnelle que sa postérité dans le théâtre comique contemporain semble à peu près nulle. Il est de ceux qu'on admire, mais qu'on ne saurait imiter, et sans doute est-ce l'hommage le plus flatteur que l'on puisse rendre à l'originalité de son génie.

La Sortie de l'Opéra. Gravure de Moreau le Jeune.

*« L'Opéra de Paris passe, à Paris,
pour le spectacle le plus pompeux,
le plus voluptueux, le plus admirable
qu'inventa jamais l'art humain.
C'est, dit-on, le plus superbe monument
de la magnificence de Louis XIV. »
Ainsi s'exprime Rousseau dans la Nouvelle Héloïse
(II, 13, lettre de Saint-Preux à Julie).
Indépendamment de l'attrait propre au spectacle,
les représentations de l'Opéra fournissaient à la société élégante
une occasion d'étaler le raffinement de son luxe.*

C Les contemporains de Beaumarchais

Les spectacles se multiplient à la fin du XVIIIe siècle, surtout à partir de 1791, date à laquelle la Constituante supprime les monopoles et proclame la liberté des théâtres. Mais, faute de talents véritables, la production dramatique de cette période n'a guère survécu.

LA TRAGÉDIE

Certains auteurs se contentent d'adapter des thèmes déjà exploités. **La Harpe** (1739-1803), surtout connu par ses leçons publiques de littérature qu'il réunit sous le titre de *Lycée*, obtient son premier succès au théâtre avec sa tragédie de *Warwick* (1763); il fait ensuite des essais dans le drame attendrissant et la tragédie philosophique, puis reprend, en les modernisant, des sujets grecs ou latins (*Philoctète*, 1783; *Coriolan*, 1784). **Ducis** (1733-1816), auteur de poésies au rythme facile, essaie d'acclimater Shakespeare en France; mais ses adaptations, assez plates, affadissent les beautés de l'original (*Hamlet*, 1769; *Le Roi Lear*, 1783; *Macbeth*, 1784; *Othello*, 1792).
D'autres, plus originaux, s'inspirent de l'actualité. **Marie-Joseph Chénier** (1764-1811), frère d'André, lance de vibrants appels à la tolérance et à la liberté, dans des tragédies dont les sujets sont empruntés à l'Antiquité et surtout à notre histoire nationale (*Charles IX*, 1789; *Jean Calas*, 1791; *Henri VIII*, 1791; *Caïus Gracchus*, 1792; *Timoléon*, 1794). Le souffle de passion républicaine qui animait ces œuvres explique l'enthousiasme qu'elles soulevèrent en des temps troublés : elles paraissent aujourd'hui déclamatoires et sans originalité réelle.

LA COMÉDIE

Dans les années qui précèdent la Révolution, la comédie de société connaît une grande vogue. Un peu partout, on construit des théâtres privés, sur lesquels amateurs et acteurs de profession jouent dans l'intimité des parades très libres. Certains écrivains se font les pourvoyeurs de ces petites scènes. Ainsi **Collé** (1709-1783) compose pour le duc d'Orléans des comédies ou parades pleines de bonne humeur, qu'il réunit plus tard sous le titre de *Théâtre de société*. **Carmontelle** (1717-1806), lui aussi ordonnateur de fêtes, improvise avec une rare facilité de petites comédies de boudoir (*Proverbes dramatiques*, 1768-1781).
Contemporains de la Révolution, deux auteurs comiques très dissemblables méritent une mention particulière. Le premier, **Collin d'Harleville** (1755-1806), réputé pour sa bonhomie, reprend sans prétention la tradition de Regnard; après avoir fait jouer de gracieuses bluettes (*L'Optimiste*, 1788; *Châteaux en Espagne*, 1789), il écrit, sous le coup d'un accès de fièvre, une comédie plus solide, *Le Vieux Célibataire* (1792). Le second, **Fabre d'Églantine** (1755-1794), réputé pour sa malveillance, prétend faire du théâtre un instrument de propagande révolutionnaire; sa meilleure comédie, *Le Philinte de Molière ou la suite du Misanthrope* (1791), illustre la thèse de Rousseau en donnant à l'ami d'Alceste un rôle odieux. Fabre ne montre pas l'aisance de son rival Collin d'Harleville, mais il possède plus de mordant et de pénétration.

III LES MÉMOIRES

Les mémorialistes sont particulièrement nombreux dans la seconde moitié du XVIIIe siècle. *Les uns, comme Bachaumont ou Marmontel, fournissent de précieux témoignages sur la société de leur temps; d'autres, comme Mme Roland, révèlent l'emprise des idées nouvelles sur certains esprits.*

BACHAUMONT (1690-1771)

Louis Petit de Bachaumont, épicurien et incroyant, fut le secrétaire de Mme Doublet de Persan, qui réunissait à *La Paroisse*, sorte d'académie semi-clandestine, des gens de qualité à l'esprit malicieux. A jour fixe, chacun apportait son butin d'informations confidentielles. Les échos étaient triés et les plus dignes d'intérêt étaient consignés dans un *Journal* par Bachaumont. A la mort de ce dernier, deux « Paroissiens » prirent sa succession. Ainsi parurent, à partir de 1777, les *Mémoires secrets pour servir à l'histoire de la République des Lettres*. La chronique des petits scandales a perdu une partie de sa saveur, mais l'ouvrage renseigne sur les mœurs et les goûts de la société mondaine et il contient de nombreuses notices sur les publications qui paraissaient sous le manteau.

MARMONTEL (1723-1799)

Le jeune paysan limousin Marmontel, après de solides études, entre en relations épistolaires avec Voltaire qui l'attire à Paris. Il se pousse dans le monde des Lettres et acquiert promptement de la célébrité. Diversement doué, il écrit des tragédies, des poésies, des contes moraux et deux romans « philosophiques », *Bélisaire* (1766) et *Les Incas* (1777), le premier en faveur de la tolérance, le second contre l'esclavage. Directeur du *Mercure*, il est nommé secrétaire perpétuel de l'Académie et historiographe du Roi. Pendant la Révolution, il s'installe en Normandie, où il rédige ses *Mémoires d'un père pour servir à l'instruction des enfants*, qui restent son meilleur titre aux yeux de la postérité. Marmontel y évoque son village natal, ses impressions de collégien, et, plus tard, l'atmosphère des salons parisiens, les faits marquants de la vie littéraire et artistique, avec bonhomie et justesse.

MADAME ROLAND (1754-1793)

Marie-Jeanne Phlipon, future épouse de Roland de la Platière, fut élevée de manière très libre. Sous la Révolution, elle réunit dans son salon de la rue Guénégaud les principaux membres de la Gironde et elle fut guillotinée en même temps qu'eux en novembre 1793. Pendant son incarcération, elle rédigea ses *Mémoires*, autant pour occuper ses loisirs forcés que pour justifier sa conduite. Si Mme Roland manque de goût et de pénétration, elle atteint à une réelle grandeur par la pureté de son idéal et surtout par l'énergie et l'enthousiasme qui l'animent aux heures les plus tragiques : « Derrière les grilles et les verrous, écrit-elle à Buzot de sa prison de l'Abbaye, je jouis de l'indépendance de la pensée... et je suis plus paisible avec ma conscience que mes oppresseurs ne le sont avec leur domination... Les tyrans peuvent m'opprimer, mais m'avilir? jamais, jamais! »

IV L'ÉLOQUENCE ET LE JOURNALISME

La discussion des idées nouvelles dans les assemblées révolutionnaires fait naître l'éloquence politique. En même temps, la liberté de la presse émancipe le journalisme.

LES ORATEURS DE LA RÉVOLUTION

Au cours des années révolutionnaires, l'éloquence politique a nettement évolué selon les vicissitudes de la lutte : encore académique au début, elle se libère peu à peu de toute contrainte pour devenir essentiellement une arme de combat.

A la Constituante, **Mirabeau** (1749-1791), fils d'un grand physiocrate, s'impose par sa puissante personnalité. Son génie d'orateur, servi par des moyens physiques exceptionnels, se déploie dans des discours amples, d'une argumentation solide. Tout à tour solennel et familier, sarcastique et pathétique, Mirabeau soulève les passions de son auditoire sans se départir lui-même de son sang-froid.

A la Législative, le chef des Girondins, **Vergniaud** (1753-1793), manie une éloquence plus souple, plus mesurée et plus doucement émue. A la Convention enfin, l'orateur devient un lutteur dont la parole engage les destinées de la nation. **Danton** (1759-1794), farouche et brutal, magnétise les foules par ses improvisations fulgurantes; **Robespierre** (1759-1794), laborieux et catégorique, agit par la logique serrée de son argumentation et par la nerveuse énergie de ses formules. Son collaborateur **Saint-Just** (1769-1794) apparaît comme le plus étonnant orateur de cette dernière période : ses discours, lucides et tranchants « comme des coups de hache », donnent, plus encore que ceux de Robespierre, une impression de force concentrée; Saint-Just est plus qu'un homme d'action, c'est un penseur en actes.

LES JOURNALISTES DE LA RÉVOLUTION

Le journalisme prend surtout de l'extension à partir de 1791. Aux revues de l'Ancien Régime, la *Gazette de France*, le *Mercure de France*, le *Journal des Savants*, qui traitaient de sujets littéraires ou scientifiques, la Révolution substituera le journal quotidien, qui traite de l'actualité politique. De la masse des publicistes révolutionnaires émergent quelques personnalités : André Chénier, Rivarol, Chamfort, qui ont d'autres titres à la notoriété; et surtout **Camille Desmoulins** (1760-1794). Avocat au Parlement de Paris, Camille Desmoulins soulève le peuple dès le 12 juillet 1789 et contribue à la prise de la Bastille. Il rédige presque seul *Les Révolutions de France et de Brabant*, où il prend à partie la royauté, la noblesse, le clergé. Député à la Convention, il stigmatise les excès de la Terreur dans *Le Vieux Cordelier* et il est exécuté avec Danton. Sa prose, désinvolte et malicieuse, dessine des portraits caricaturaux, décoche le trait qui porte, s'orne volontiers de souvenirs antiques ou d'images expressives; mais elle s'anime d'un souffle généreux dans les pages ardentes ou vengeresses que lui inspirent la haine du despotisme et l'amour du bien public.

V LA POÉSIE

Le climat semblait moins que jamais favorable à l'éclosion de poètes, en un temps où la lutte philosophique absorbait l'attention du public. Pourtant les œuvres sont nombreuses et la fin du siècle révèle un poète authentique.

A Prédécesseurs et contemporains de Chénier

LE FOISONNEMENT DES VERSIFICATEURS

Les poètes foisonnent et s'exercent dans les genres les plus divers. **La poésie lyrique** est représentée par *Écouchard-Lebrun* (1729-1807), glorifié sous le nom de Lebrun-Pindare, aussi artificiel et déclamatoire dans ses *Odes* que vif et mordant dans ses *Épigrammes*. **La poésie didactique et descriptive** jouit d'une vogue inconnue jusqu'alors : elle est pratiquée par *Saint-Lambert* (1716-1803), qui, dans *Les Saisons*, évoque avec une élégance guindée les charmes de la vie champêtre; par *Roucher* (1745-1794), auteur du poème des *Mois*, description interminable des travaux de la campagne, entremêlée de considérations philosophiques; par l'illustre *Delille* (1738-1813), auteur des *Jardins* et de *L'Homme des Champs*, ingénieux jusqu'à la minutie et parfois inspiré, mais souvent diffus, monotone et plat. **La poésie élégiaque** est illustrée par trois poètes coloniaux, le nostalgique *Léonard*, né à la Guadeloupe, le voluptueux *Parny* et le gracieux *Bertin*, tous deux nés à l'île Bourbon, ainsi que par le touchant *Gilbert*, qui a du rythme et de l'élan, mais qui versifie avec gaucherie. **La poésie légère** est toujours en honneur : *Florian* (1755-1794), auteur de chansons (*Plaisir d'amour*), est plus connu par ses *Fables*, qui ne manquent ni d'aisance ni de grâce.

LE TRIOMPHE DU PROCÉDÉ

En dépit de quelques tentatives de rénovation, *la poésie de ce temps reste prisonnière des conventions. Les mêmes procédés apparaissent constamment :*

Dans l'inspiration. La poésie ne représente pas le monde réel, mais une sorte de monde idéal qui serait fait pour nos plaisirs. De là cette inspiration artificielle qui recourt aux lieux communs et aux clichés mythologiques; une attitude guindée remplace trop souvent les élans du cœur et l'enthousiasme même a quelque chose de tendu et de glacé.

Dans la langue. Le monde poétique a sa langue, distincte de la prose, car la poésie ne doit être comprise que d'un certain nombre d'initiés. On recourt à des recettes poétiques variées afin de piquer la curiosité ou d'exprimer les pensées de manière gracieuse : ainsi, on proscrit les termes techniques et on va jusqu'à éviter le mot propre (une vache devient une génisse; un cheval, un coursier).

Dans la versification. Enfin les poètes se contentent le plus souvent de reproduire les moules métriques de Malherbe et de Boileau. Ils n'ont pas le courage d'assouplir résolument une versification sèche et monotone, qui s'épuise dans de stériles effets de rythme et d'harmonie.

B La destinée d'André Chénier

André Chénier se consacre d'abord à la poésie en dilettante : il traduit son rêve de beauté grecque en des vers d'une facture délicate, fait entendre de mélancoliques accents d'élégie ou ébauche de grandioses projets d'épopée cosmogonique. Mais la Révolution éclate et fait de l'homme de rêve un homme d'action, du dilettante un partisan : jusqu'au pied de l'échafaud, l'indignation gronde dans ses vers et leur donne une pathétique beauté. Son œuvre, qui se présente comme une suite d'ébauches, a gardé une partie de l'attrait qu'elle eut pour la génération romantique : Chénier est un poète-né, qui retrouve d'instinct les secrets de la véritable poésie.

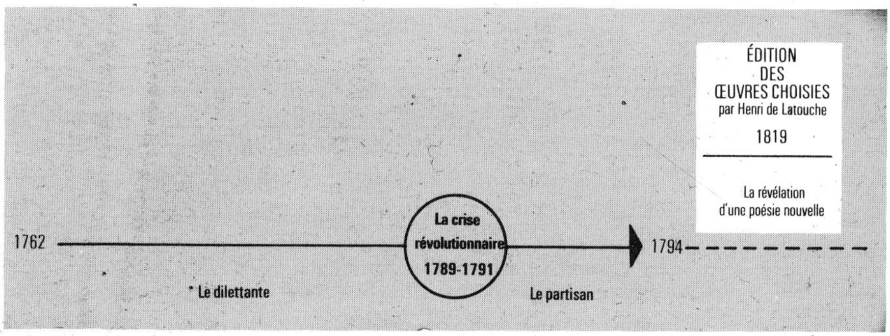

1 *Le dilettante*

CHÉNIER AVANT LA RÉVOLUTION (1762-1789)

André Chénier est né à Galata, près de Constantinople, où son père faisait fonction de consul général. Il vient très jeune habiter Paris avec ses trois frères et sa mère, une Grecque séduisante et cultivée qui réunissait dans son salon des poètes, des artistes et des archéologues : Lebrun-Pindare, David, le peintre néo-grec, chef de l'école classique; l'abbé Barthélemy, qui fera paraître en 1788 son célèbre *Voyage du jeune Anacharsis en Grèce*; le savant helléniste Brunck, éditeur de l'Anthologie grecque. A leur contact, l'esprit du jeune Chénier s'éveille à l'intelligence de la beauté antique. De 1773 à 1781, il fait au collège de Navarre d'excellentes études classiques; il passe ensuite quelques mois aux armées, puis, de retour à Paris, mène de front les plaisirs et le travail : il acquiert une connaissance profonde de la littérature grecque, étudie l'histoire des religions et la philosophie, s'intéresse à la peinture et à la musique. En 1783, le surmenage a altéré sa santé : il accepte de partir en voyage avec les frères Trudaine; il est séduit par les charmes de la vie mondaine à Rome, mais il ne peut aborder aux rivages tant désirés de la Grèce. A son retour, de 1785 à 1787, il se consacre au travail avec plus d'acharnement que jamais; son savoir devient encyclopédique. En 1787, il quitte Paris pour résider à Londres comme secrétaire d'ambassade.

LE POÈTE ANTIQUE : LES IDYLLES OU BUCOLIQUES

La doctrine de l'imitation. *André Chénier a défini sa doctrine littéraire dans l'*Épître à Lebrun sur ses ouvrages (1785). *Il faut, selon lui, profiter de la leçon des maîtres. Or, les maîtres en perfection, ce sont les Anciens. Mettons-nous donc à leur école.* Le poète n'hésite pas à « envahir les richesses des vieux auteurs », à imiter les sentiments et l'expression, le fond et la forme. Qu'importent les accusations de plagiat ! L'invention se concilie avec les « larcins », pourvu que l'art s'applique à les « joindre » d'une « couture invisible » et que le poète, par une sorte d'« innutrition » perpétuelle, assimile les matériaux divers qu'il emprunte. Cette doctrine de l'imitation est assez voisine de celle que La Fontaine définissait dans son *Épître à Huet*. Toutefois, alors que les classiques empruntaient aux anciens surtout des sujets, Chénier cherche en eux des modèles de beauté formelle.

L'illustration de la doctrine. Chénier a écrit ses premiers poèmes entre 1785 et 1787. Les *Idylles* ou *Bucoliques* comprennent des « idylles » proprement dites, c'est-à-dire de petits tableaux de genre, comme *La Jeune Locrienne*, *La Jeune Tarentine*, *Néaere* et des poèmes d'une certaine ampleur, comme *L'Aveugle*, *Le Jeune Malade*, *La Liberté*, *Le Mendiant*.

L'Aveugle.

Les tribulations d'un poète (1-148). Après avoir invoqué Apollon, un vieil aveugle errant est protégé contre des molosses par trois pasteurs qui l'accueillent, lui donnent à manger et l'entraînent à la ville ; le vieillard leur raconte ses aventures malheureuses et commence à chanter.

Le chant du poète (149-256). On se rassemble autour du chanteur : il célèbre les dieux, évoque la guerre et la paix, les mers et les enfers (149-194). Puis, il rappelle quelques légendes célèbres, celles de Vénus, Niobé, Aédon, enfin celle des Centaures et des Lapithes (195-256).

Épilogue (257-270). Les pasteurs sont émus ; hommes et femmes invitent dans leur île l'aveugle harmonieux qui n'est autre que le grand Homère.

Le jeune Malade.

Une mère supplie Apollon, le dieu sauveur, de prendre pitié de son fils, qui souffre en silence d'un mal dévorant et repousse tous les remèdes (1-56). Mais son secret lui échappe : il se meurt d'amour pour une vierge cruelle et il implore sa mère de venir à son secours (57-120). La vieille femme va trouver la jeune fille, et, toute joyeuse, l'amène au chevet de son fils : l'espoir d'un proche mariage hâtera sa guérison (121-138).

La Liberté.

Un chevrier et un berger s'interpellent ; le premier est libre ; l'autre, esclave, fait paître son troupeau sur un terrain aride. Le chevrier, compatissant, s'apitoie sur les maux de la servitude, mais le berger, fermé à tout bon sentiment, s'afflige du bonheur de son compagnon (1-54). Rien ne peut le charmer, ni les beautés de la nature, ni les soins à donner à ses brebis, ni les joies de la piété, ni les douceurs de l'amour. S'il devient maître un jour, il sera intraitable ; le chevrier, lui, sera humain (55-141). Malgré les gestes délicats du chevrier pour adoucir ses malheurs, le berger reste farouche et hérissé, le cœur empoisonné par l'esclavage (142-157).

Le Mendiant.

La fille de Lycus, âgée de dix ans, rencontre un malheureux à l'aspect pitoyable : elle veut fuir, puis s'enhardit, écoute sa prière et l'entraîne à la maison de son père, où une fête est donnée en son honneur (1-71). C'est le festin ; aux supplications du mendiant, Lycus répond par des paroles généreuses : lui aussi fut pauvre autrefois, et il garde une reconnaissance éternelle à Cléotas, qui le tira de sa misère (72-254). Alors le mendiant lui révèle que son bienfaiteur est ruiné et se fait reconnaître, car il n'est autre que Cléotas. Lycus, très ému, lui rend alors tous les devoirs de l'amitié (255-286).

LE POÈTE DU XVIIIe SIÈCLE : LES ÉLÉGIES

Dans les *Élégies,* Chénier s'inspire surtout de la poésie de son temps. *Il y traite les lieux communs chers aux poètes du XVIIIe siècle* : citadin blasé, il rêve d'une vie champêtre et pense avec attendrissement au jour où il possédera une terre rustique; amoureux nostalgique, il cherche « un cœur où reposer le sien », goûte les langueurs de la mélancolie ou regarde l' « asile souhaité de la tombe » et sourit à la mort « volontaire et prochaine ».

Cependant, aux thèmes conventionnels de la poésie classique se mêle parfois une note plus originale; dans le domaine du sentiment surtout, Chénier trouve des accents d'une émotion délicate et assez neuve : sa mélancolie sait à l'occasion s'exprimer sur un ton déjà romantique et l'amour lui a inspiré, particulièrement dans les élégies dédiées à Camille, des vers d'une tendresse douce et caressante :

> Ce qui n'est point Camille est un ennui pour moi...
> J'allais couvrant ses pieds de baisers et de larmes..

LE POÈTE MODERNE : L'HERMÈS ET L'AMÉRIQUE

A Londres, où il s'ennuie, loin de ses amis de France, Chénier rêve à de grands projets poétiques. Vivement frappé par les découvertes récentes de la science, *il conçoit une poésie scientifique, toute chargée de pensée et de philosophie, qui chanterait le monde nouveau et ouvrirait ainsi à l'art un domaine immense.* Il compose alors son petit poème didactique de *L'Invention,* qui devait servir de préface à deux vastes épopées scientifiques, *L'Hermès* et *L'Amérique.* Mais André Chénier n'a laissé que des ébauches de ce vaste dessein.

L'Invention.

Exorde. Invocation aux poètes grecs, dont il faut imiter l'exemple en frayant des voies nouvelles (1-24).

La théorie de l'invention. Il ne faut plus se contenter de suivre les traces de Virgile et d'Homère. Les anciens s'inspiraient de leur temps dans leurs ouvrages ; mais le monde étroit de Démocrite est devenu l'univers immense de Newton : il faut donc renouveler la matière littéraire. Empruntons cependant aux anciens leur manière : « Sur des pensers nouveaux faisons des vers antiques » (25-184).

La réponse aux objections. La science n'est-elle pas trop austère pour fournir une matière à la poésie? Il appartient au poète de découvrir la beauté sous les arides vérités de la science. Notre langue n'est-elle pas trop incolore pour exprimer de pareils sujets? L'objection est sans valeur pour le poète inspiré : tant mieux si les difficultés ferment le sanctuaire de notre poésie aux esprits vulgaires (185-392) !

L'Hermès.

L'Hermès devait être un poème cosmogonique en trois chants.

Chant I. Système de la nature : la matière, la formation du globe, l'apparition des animaux ; les saisons.

Chant II. L'homme : les progrès de l'espèce humaine depuis l'état sauvage jusqu'à la naissance des sociétés ; origine des religions.

Chant III. Les sociétés. la politique, la morale. L'invention des sciences ; l'avenir de l'humanité : la paix universelle.

L'Amérique, complément de l'*Hermès,* devait être un poème de 12 000 vers, à la fois historique et géographique. Le poète se proposait de faire revivre les explorations qui ont abouti à la découverte de l'Amérique et d'évoquer le sol, le climat, les cultures, les mœurs, les coutumes du Nouveau Monde. Une affabulation romanesque eût sans doute donné à certaines parties de l'œuvre un caractère épique.

2 *Le partisan*

CHÉNIER ET LA RÉVOLUTION (1789-1794)

Chénier avait suivi, de Londres, les premiers événements révolutionnaires. Rempli d'enthousiasme pour les idées nouvelles, il quitte son poste diplomatique, fonde avec ses amis les Trudaine « la Société de 89 » et fait paraître en 1790 son *Avis au peuple français sur ses véritables ennemis*, un des plus éloquents morceaux de notre éloquence politique. Mais Chénier, esprit modéré, réprouve les excès révolutionnaires; il défend ses idées à la tribune des Feuillants et se montre hostile aux Jacobins. Considéré comme suspect après l'exécution de Louis XVI, dont il avait préparé la défense avec Malesherbes, il se réfugie à Versailles; le 7 mars 1794, il est arrêté à Passy et incarcéré à Saint-Lazare : c'est là qu'en pleine Terreur il compose des *Odes* et des *Iambes*. Quelques mois plus tard, il est condamné à mort comme « ennemi du peuple » et conduit à l'échafaud.

LE POÈTE AMOUREUX ET LE POÈTE SATIRIQUE

Pendant la période révolutionnaire, Chénier a composé des œuvres d'inspiration très différente. On peut négliger des pièces comme *Le Jeu de Paume*, ode écrite à la manière de Lebrun dans un style pindarique assez pénible. Plus émouvante est *La Jeune Captive*, en dépit des clichés et des grâces surannées. Les *Pièces à Fanny* et les *Iambes* représentent deux pôles opposés du souple talent de Chénier.

La poésie amoureuse : les Pièces à Fanny. Fanny (Mme Lecoulteux), que Chénier connut à Versailles, a inspiré au poète un sentiment profond. Les poèmes qu'il lui a consacrés (*Aux premiers fruits de mon verger; A Fanny malade; Versailles*) sont supérieurs aux *Elégies :* l'inspiration est plus personnelle et plus pure. Chénier, dégagé de toute imitation, se contente de chanter son amour chaste et profond, avec une note de mélancolie voilée.

La satire lyrique : les Iambes. Les *Pièces à Fanny* étaient le chant mélodieux d'une âme sensible; les *Iambes* sont les clameurs farouches d'une âme révoltée. Composés en prison sur de minces bandes de papier, que Chénier faisait parvenir à son père en les cachant dans du linge sale, ils empruntent au tragique de l'heure une part de leur sombre beauté :

> Au pied de l'échafaud j'essaie encor ma lyre ;
> Peut-être est-ce bientôt mon tour...

LA GLOIRE DE CHÉNIER

La gloire de Chénier ne date pas de son temps. On ne connaissait de son vivant que ses articles politiques et deux poèmes. A la mort de Marie-Joseph Chénier, son exécuteur testamentaire confia les manuscrits à Henri de Latouche, qui publia en 1819 la première édition des œuvres de Chénier. Malgré des coupures et des mutilations, la publication fit sensation dans la jeunesse romantique. Par la suite furent publiées des éditions plus complètes; celle de M. Dimoff a fait date.

C La poésie d'André Chénier

1 *Les deux inspirations*

L'œuvre de Chénier nous est parvenue à l'état d'ébauche. Quelle eût été l'économie de l'édifice complet? Du dilettante ou du partisan, lequel eût pris le pas? Ce sont là des problèmes qu'on s'est plu à poser. Bornons-nous à apprécier les vers qu'il a eu le temps d'écrire. *Le dilettante a retrempé notre poésie aux sources grecques; le partisan a renouvelé la satire poétique.*

LE RÊVE DU DILETTANTE

Chénier est un Grec transplanté sur le sol de France et ses Bucoliques *sont l'œuvre d'un poète qui vit par l'imagination sous le ciel de l'Hellade.* Il est imprégné de culture grecque : il a lu Homère et les Homérides, Hésiode, Orphée, les Alexandrins; il est au courant du mouvement de curiosité archéologique qui, à partir de 1770, a provoqué un retour à l'antique. Les personnages et les épisodes de ses *Bucoliques* restituent une atmosphère grecque : ce sont les dieux et les déesses, les héros (*La Mort d'Hercule*), les nymphes et les satyres, un mendiant, un berger et un chevrier (*La Liberté*); ce sont des scènes de la vie grecque : travaux champêtres (*Le Mendiant*), cortèges et chants nuptiaux (*La Jeune Tarentine*). *Bien plus, Chénier s'est fait une âme grecque.* Il exprime l'harmonieux idéal de la nature antique, le goût du repos, de la vie simple et naïve, le sens de la mesure et de la proportion. Comme les Grecs, il a le souci de la beauté formelle : les peintures violentes lui répugnent, mais la grâce l'émeut, qu'il peigne le visage arrondi d'une fillette (*Une Enfant*) ou la troupe dansante de « légères beautés » (*Le Jeune Malade*). Comme les Alexandrins, il se plaît à décrire avec précision des attitudes sculpturales : ainsi Myrto debout sur la proue d'un vaisseau ou Diane dormant tandis que son chien s'assoit près d'elle. Enfin, par la souplesse du rythme et par la sonorité des mots de couleur antique, Chénier reproduit la musicalité du vers grec.

L'INDIGNATION DU PARTISAN

Ce poète délicat, épris de visions harmonieuses, est le même qui a écrit les poésies vengeresses des Iambes. Son cœur a frémi d'indignation et de haine devant le spectacle des exécutions ordonnées, selon lui, au mépris de la justice et de la liberté. Chénier aiguise alors « le burin brûlant de l'iambe » pour marquer d'une flétrissure ineffaçable les « vils scélérats » nourris de massacres, « noirs ivrognes de sang » (*Ils croyaient se cacher dans leur bassesse obscure...*); pour cingler de son mépris la lâcheté de ses amis qui ont négligé de verser quelque baume dans son âme (*Quand au mouton bêlant...*) ou le libertinage grossier de ceux qui, en attendant comme lui la mort, « braillent, boivent, rient » (*On vit, on vit infâme*). Chénier ne songe plus dès lors à imiter ses modèles grecs; c'est de lui-même et de lui seul qu'il tire son inspiration. Tous les sentiments qui l'animent, de la révolte au désespoir, de l'orgueil à l'ironie, s'expriment dans des effusions qui ont l'accent vigoureux et sain de la franchise. Les *Iambes* de Chénier sont, dans notre littérature, un des rares exemples de satire lyrique.

2 *Le talent de Chénier*

Bien que son œuvre contienne d'indiscutables faiblesses, Chénier est le seul poète-né du siècle des philosophes.

LES DÉFAILLANCES DU POÈTE

Il imite de trop près ses modèles. Tout imprégné de souvenirs antiques, il ne sait pas toujours fondre les matériaux empruntés, et certains de ses poèmes, comme *Le Jeune Malade*, donnent l'impression d'un travail de marqueterie savante. *Il a les défauts de la poésie de son temps* : l'abus de la mythologie, un ton assez souvent conventionnel et affecté, une phraséologie maniérée et fade, le culte de la périphrase, des métaphores nobles et des fausses épithètes de nature donnent à ses *Elégies* une allure un peu désuète et ne permettent guère à première vue de les distinguer de celles d'un Delille ou d'un Lebrun. *Enfin, il est souvent victime de sa facilité* : dans sa courte carrière, il a beaucoup produit, et sa plume est parfois assez négligente. La banalité n'est pas rare chez lui, soit dans les sujets, soit même dans la forme, un peu lâche et molle.

LE POÈTE AUTHENTIQUE

Mais chacune de ces faiblesses a sa contrepartie. *Il sait rester original.* S'il imite de trop près ses modèles, son imitation est autre chose qu'un procédé artificiel. Lieux communs et impressions antiques chantent tout naturellement dans sa mémoire et ce que nous prenons pour l'effort industrieux de l'érudit n'est souvent que l'effusion spontanée du poète. *Il est en effet poète d'instinct.* S'il n'a pas toujours échappé aux défauts du pseudo-classicisme, il a sur ses contemporains la supériorité du don poétique. La poésie chez lui émane de partout : de la pensée la plus banale, des mots les plus simples, son instinct fait jaillir l'émotion et le mystère. *Enfin et surtout, il est profondément artiste.* S'il s'est parfois laissé aller à son inspiration, plus souvent il retouche ses poèmes avec des scrupules minutieux, car il a le culte passionné de la forme. Sa faculté maîtresse, c'est un sens inné de l'harmonie; son vers, indolent et gracieux, berce l'oreille par un rythme discret, mais toujours mélodieux et sûr.

OUVRAGES A CONSULTER

Romanciers du XVIIIe siècle, éd. Etiemble, Pléiade, Gallimard. BEAUMARCHAIS. *Théâtre,* éd. Allem, Pléiade, Gallimard. CHÉNIER, *Œuvres complètes,* éd. J. Walter, Pléiade, Gallimard. LACLOS, *Œuvres complètes,* éd. L. Versini, Pléiade, Gallimard. G. POISSON, *Choderlos de Laclos ou l'obstination,* Grasset, 1985.*Les liaisons dangereuses,* éd. R. Pomeau, 2 vol., Imprimerie Nationale, 1981. H. COULET, *Le Roman jusqu'à la Révolution,* coll. U, A. Colin, 1966. L. VERSINI. *Laclos et la tradition,* Klincksieck, 1968. R. POMEAU. *Beaumarchais,* Hatier, 1957. J. FABRE. *André Chénier,* Hatier, 1955.

NÉAERE (fragment)

O! Soit que l'astre pur des deux frères d'Hélène
Calme sous ton vaisseau la vague ionienne,
Soit qu'aux bords de Paestum, sous ta soigneuse main,
Les roses deux fois l'an couronnent ton jardin,
Au coucher du soleil, si ton âme attendrie
Tombe en une muette et molle rêverie,
Alors, mon Clinias, appelle, appelle-moi,
Je viendrai, Clinias, je volerai vers toi.
Mon âme vagabonde à travers le feuillage
Frémira. Sur les vents ou sur quelque nuage
Tu la verras descendre, ou du sein de la mer
S'élevant comme un songe, étinceler dans l'air;
Et ma voix, toujours tendre et doucement plaintive,
Caresser, en fuyant, ton oreille attentive.

Idylles.

Situation du passage.

Néaere, près de mourir, jette un dernier adieu à son amant Clinias : les noms sont grecs, comme le genre auquel appartient le poème; l'inspiration est mélancolique et tendre. Après avoir prié toutes les forces de la nature de rappeler son amour à Clinias, Néaere adresse à son amant un pathétique appel.

Le texte.

La phrase poétique est construite comme une période oratoire : elle s'élève lentement, suspendant la pensée, dans une série de subordonnées (*soit que... soit que... si...*) dont le mouvement est nonchalant et rêveur, jusqu'à l'impérieuse et pathétique apostrophe (*alors, mon Clinias, appelle, appelle-moi...*); le rythme large et souple fait songer au rythme des poètes latins, en particulier de Virgile.
Néaere évoque d'abord Clinias en voyage sur la mer, en deux vers pleins de souvenirs antiques : *O! soit que l'astre pur des deux frères d'Hélène/ Calme sous ton vaisseau la vague ionienne....* Les deux frères d'Hélène, ce sont les Dioscures, Castor et Pollux, qui, changés en constellation, reçurent de Poséidon le pouvoir de calmer les flots et les vents; le vers d'Horace, dans l'*Ode à Virgile*, « *sic fratres Helenae, lucida sidera* », est certainement venu à la mémoire du poète, et les mots « *lucida sidera* » sont à peu près traduits par *l'astre pur*, car l'adjectif *pur*, qui vibre harmonieusement à l'hémistiche, évoque évidemment une qualité de la lumière; quant à *la vague ionienne*, c'est un tour qui semble calqué sur le grec, pour désigner les flots de la mer d'Ionie. Puis Chénier abandonne Horace et l'Ionie pour évoquer, avec Virgile, une ville fleurie de la Calabre; Néaere, dans un nouveau mouvement, imagine Clinias dans son jardin, comme le vieillard de Tarente au livre IV des *Géorgiques : Soit qu'aux bords de Paestum, sous ta soigneuse main, / Les roses deux fois l'an couronnent ton jardin....* Le poète français s'abandonne au caprice de ses souvenirs antiques, et Virgile avant lui avait célébré ces champs de roses de Paestum qui fleurissent deux fois l'an, « *biferique rosaria Paesti* ». Cependant, à la couleur antique se mêlent des élégances pseudo-classiques, aujourd'hui démodées : sous ta *soigneuse* main, *couronnent* ton jardin; elles nous rappellent que Chénier est un poète du XVIIIe siècle.
Au moment où l'on croit la montée de la phrase terminée, elle s'élève encore; mais il y a rupture dans le mouvement, car la nature de la proposition a changé : *si ton âme attendrie...*, et aussi l'indication de temps, *au coucher du soleil*, précède la subordination qui intervient au milieu et non plus au début du vers. Cette rupture donne à la phrase une allure souple, dont l'effet est très agréable pour l'oreille : *Au coucher du soleil, si ton âme attendrie / Tombe en une muette et molle rêverie;* toutes les syllabes de ces deux vers concourent à un effet d'harmonie mélancolique et douce, et aussi le choix de la rime en *ie*, l'allitération *m*uette et *m*olle rêverie.
Après cette évocation rêveuse, voici l'invocation ardente : *Alors, mon Clinias, appelle, appelle-moi, / Je viendrai, Clinias, je volerai vers toi.* Le rythme devient très coupé, les

verbes nombreux donnent au tour de la vivacité; la répétition lyrique (mon *Clinias, appelle, appelle*-moi... *je viendrai, Clinias, je volerai...*) rend le mouvement passionné et pathétique; et ce dernier procédé se rencontre aussi fréquemment chez les poètes anciens. Chez eux aussi Chénier pouvait trouver des exemples de rejets hardis, comme celui du verbe *frémira : Mon âme vagabonde à travers le feuillage / Frémira.* Les vers suivants évoquent les apparitions de l'âme de Néaere et se font suaves et légers comme une ombre : *...Sur les vents ou sur quelque nuage/ Tu la verras descendre, ou du sein de la mer! S'élevant comme un songe, étinceler dans l'air;* la fin de vers *du sein de la mer*, notamment, se soude à l'hémistiche suivant pour donner le sentiment d'une montée légère, aboutissant harmonieusement au mot *songe*, dont la sonorité se prolonge et suspend un moment la phrase à la césure. Quant aux deux derniers vers, ils sont associés de façon assez incohérente au mouvement précédent (*tu verras... ma voix... caresser*) par une négligence peut-être voulue, car les poètes anciens donnaient eux-mêmes l'exemple des libertés avec la grammaire; et le poème se termine par une expression pseudo-classique, *oreille attentive*, mais dans la note musicale qui fait l'unité du poème : *caresser en fuyant ton oreille attentive.*

Conclusion

L'imitation des Anciens. Chénier sent et aime profondément les beautés des ouvrages grecs et latins; son imagination en est tellement imprégnée que ses traductions ressuscitent l'expression, et non seulement l'expression, mais aussi le tour, la grâce antiques. Sa mémoire caresse sans cesse de beaux souvenirs, celui des astres frères d'Hélène, celui des roses de Paestum; sa plume retrouve le mouvement de la phrase virgilienne, et il transpose dans le cadre d'une idylle à la manière grecque un cri d'adieu lyrique. Grâce à ses modèles, par-delà le spirituel et prosaïque XVIIIe siècle, il retrouve la poésie; et, innovant par rapport à ses devanciers, il se permet des audaces, comme le rejet, qui le feront aimer des romantiques.

Les élégances démodées. Pourtant Chénier demeure de son siècle; et il a parfois des tours et des procédés qui trahissent l'influence des pseudo-classiques. On ne peut comprendre, sans les signaler, la nuance réelle de sa poésie. Chez ce contemporain de Delille, le vers, en dehors des rares libertés dues aux Anciens, a une grande régularité; l'adjectif y accompagne fidèlement le substantif comme dans les plus sages de nos alexandrins classiques. Mais le sens profond de la poésie est si fort chez André Chénier que cette part de convention disparaît dans l'ensemble et s'y noie.

L'harmonie. La valeur de ces vers tient à leur beauté musicale, au mouvement de la phrase, à la douceur des rythmes et des syllabes. C'est là que résident, pour un lecteur moderne, l'originalité et le vrai mérite de Chénier : il a une musique à lui, un sentiment de l'harmonie qui lui est propre; son vers a quelque chose de fluide, de tendre et de brillant qui le fait facilement reconnaître. Sur ce point, l'analyse est impuissante; c'est à l'oreille d'apprécier.

SUJETS DE COMPOSITION FRANÇAISE

1 Commenter ces lignes d'un critique contemporain : « Bernardin de Saint-Pierre n'est pas l'introducteur de l'exotisme dans la littérature française..., mais il est le premier de nos grands voyageurs littéraires à faire de l'exotisme, d'un exotisme abondant et précis, un élément essentiel de l'art romanesque. »

2 Le mérite essentiel de Beaumarchais est-il, comme on l'a parfois affirmé, d'avoir réintégré l'intrigue dans la comédie?

3 Félix Gaiffe écrivait en 1931 : « *Le Mariage de Figaro*, malgré son mouvement et sa verve irrésistibles, lance à chaque scène des traits qui ne portent plus et pose vingt problèmes, simples et limpides pour le public de 1784, obscurs et insolubles pour le spectateur, l'interprète et même l'érudit d'aujourd'hui. » Examiner ce jugement.

4 Lettre d'un jeune poète à Henri de Latouche pour le remercier d'avoir fait connaître au public l'œuvre de Chénier.

5 Louis Bertrand écrit dans *La Fin du classicisme et le Retour à l'antique :* « Qu'on étudie d'un peu près *Le Jeune Malade*, le plus vanté des poèmes de Chénier; on y trouvera un véritable pot-pourri des souvenirs classiques; on verra que Chénier y est uniquement préoccupé du souci de placer des réminiscences et des expressions; d'idées intéressantes, il n'y en a pas et pourtant le sujet était beau : c'est l'amour dans ce qu'il y a de plus violent et de plus terrible. Il suffit de songer à Virgile et à Racine, les deux modèles de Chénier, pour sentir la banalité de son développement. » Vous discuterez ce jugement.

6 Selon Pierre Louÿs, « l'histoire de la poésie française n'a que trois pages : création par Ronsard, destruction par Boileau, résurrection par A. Chénier». Expliquer et commenter.

DATES ESSENTIELLES

GRANDES PÉRIODES	ÉVÉNEMENTS HISTORIQUES		DATES LITTÉRAIRES		
1	**1715-1723**	Régence du duc d'Orléans.	**1715-1735**	LESAGE	*Gil Blas.*
			1721	MONTESQUIEU	*Lettres persanes.*
	1723-1774	Règne de Louis XV.			
	1726-1743	Ministère de Fleury.			
			1730	MARIVAUX	*Le Jeu de l'Amour et du Hasard.*
Les progrès de l'esprit philosophique et la fidélité au goût classique			**1731**	ABBÉ PRÉVOST	*Manon Lescaut.*
				VOLTAIRE	*Histoire de Charles XII.*
			1732	VOLTAIRE	*Zaïre.*
			1734	MONTESQUIEU	*Considérations.*
				VOLTAIRE	*Lettres philosophiques.*
			1734-1753	SAINT-SIMON	*Mémoires.*
(1715-1750)	**1740-1786**	Frédéric II roi de Prusse.			
			1746	VAUVENARGUES	*Œuvres.*
			1747	VOLTAIRE	*Zadig.*
	1748	Paix d'Aix-la-Chapelle.	**1748**	MONTESQUIEU	*L'Esprit des Lois.*
2			**1749-1788**	BUFFON	*Histoire naturelle.*
			1750	ROUSSEAU	premier *Discours.*
			1751	VOLTAIRE	*Le Siècle de Louis XIV.*
			1751-1772		Publication de l'*Encyclopédie.*
	1755	Tremblement de terre de Lisbonne.	**1755**	ROUSSEAU	second *Discours.*
	1756-1763	Guerre de Sept Ans.	**1757**	DIDEROT	*Le Fils naturel.*
			1758	ROUSSEAU	*Lettre à d'Alembert.*
Les conquêtes de l'esprit philosophique et l'éclosion de la sensibilité romantique			**1759**	VOLTAIRE	*Candide.*
			1760		Voltaire à Ferney.
			1761	ROUSSEAU	*La Nouvelle Héloïse.*
	1762-1796	Catherine II tsarine de Russie.	**1762**	ROUSSEAU	*Le Contrat social; Émile.*
				DIDEROT	*Le Neveu de Rameau.*
			1765-1770	ROUSSEAU	*Confessions.*
	1774-1791	Règne de Louis XVI.	**1773**	DIDEROT	*Jacques le Fataliste.*
	1774-1776	Ministère de Turgot.	**1775**	BEAUMARCHAIS	*Le Barbier de Séville.*
(1750-1795)	**1776-1781**	Ministère de Necker.	**1776-1778**	ROUSSEAU	*Rêveries.*
			1784	BEAUMARCHAIS	*Le Mariage de Figaro.*
			1785	ANDRÉ CHÉNIER	premières *Idylles;* premières *Élégies.*
			1787	BERNARDIN DE SAINT-PIERRE	*Paul et Virginie.*
	1789-1799	Révolution Française.			
			1794	ANDRÉ CHÉNIER	*Iambes.*

TABLE DES MATIÈRES

Imprimé en France par
Imprimerie Nouvelle, 45800 Saint-Jean-de-Braye
Dépôt légal n° 2107-2-1986

Collection n° 03
Édition n° 14

13/1397/2

RÉFÉRENCES DES ILLUSTRATIONS

AGRACI : 7 (bas); ARTHAUD 51; BIBLIOTHÈQUE NATIONALE : 25 (haut et bas), 39; BRAUN : 19; BRUCKMANN : 59; BULLOZ : 101; GIRAUDON : 85, 95; HACHETTE : II, 2, 5, 7 (haut), 11, 37, 45, 63 (haut et bas), 81, 89, 107, 109, 115, 121 (haut et bas), 133 (haut et bas), 143, 145 (haut et bas), 151.